# 虚拟考古展馆开发技术

金瑛浩 著

XUNI KAOGU ZHANGUAN
KAIFA JISHU

中国纺织出版社有限公司

## 图书在版编目（CIP）数据

虚拟考古展馆开发技术 / 金瑛浩著 . --北京：中国纺织出版社有限公司，2022.12
ISBN 978-7-5229-0217-3

Ⅰ.①虚… Ⅱ.①金… Ⅲ.①博物馆–文物保护–研究 Ⅳ.①G264

中国版本图书馆 CIP 数据核字（2022）第 253452 号

---

责任编辑：毕仕林　国　帅　　责任校对：楼旭红　　责任印制：王艳丽

中国纺织出版社有限公司出版发行
地址：北京市朝阳区百子湾东里 A407 号楼　邮政编码：100124
销售电话：010—67004422　传真：010—87155801
http://www.c-textilep.com
中国纺织出版社天猫旗舰店
官方微博 http://weibo.com/2119887771
北京虎彩文化传播有限公司印刷　各地新华书店经销
2022 年 12 月第 1 版第 1 次印刷
开本：710×1000　1/16　印张：17.75
字数：300 千字　定价：98.00 元

---

凡购本书，如有缺页、倒页、脱页，由本社图书营销中心调换

# 前 言

近些年，3D 技术得到了广泛应用，几乎各个领域都可见到 3D 数字化的存在，人们借助 3D 扫描、VR 虚拟现实技术、全景技术、3D 建模等先进技术，通过对博物馆藏品的三维数据化重建，让观众可以交互浏览，让游客仿佛突破了时空限制，在鲜活的历史场景中行走、触摸和体验，展示出了三维数字技术在文博行业的巨大发展潜力，三维扫描建模技术在加强文物修复、考古发掘、文博展览展示、科学研究、社会教育等方面都将起到革命性作用。

虚拟考古展馆将馆藏文物三维建模数字化模型展示，完全不同于传统的藏品保管做法。文物文博三维模型展示是从文物保护的专业角度出发，遵循和逐步摸索出的一整套全新的、科学的、安全的操作规范、工作流程以及严格的数据采集标准，在传统展示模型的基础上，与地理信息系统结合，增加了 VR 展示漫游、视频监控、各种附属产品的输出、小文物的浏览与展示等功能，可对文物进行放大、缩小、360°旋转、测量等操作，还具有文物数字档案、数字化展陈、文物虚拟修复、考古遗址虚拟漫游、文物高精度复制等功能，可实现文物全方位的观赏、收藏、管理，扩大博物馆在全社会的影响，具有深远意义和发展潜力。

商迪 3D 馆藏文物三维建模数字化交互展示对于提高文物的保护、研究、展示及合理利用，发挥文物的社会功能，具有十分重要的意义，由于文物的真实和不可再生等特性，对那些容易损毁的文物，应尽量减少提取、触摸，商迪 3D 借助 3D 扫描、三维建模技术采集、加工、存储馆藏文物的三维数据，能以无接触、无损害、全方位完全数字化的方式准确、有效地记录文物真实信息，并能在虚拟现实领域以生动的、交互的手段集中展示，这对于实现资源共享、扩展文物展示空间、展示悠久的历史文化资源具有重要的现实意义。

著 者

2022 年 10 月

# 目 录

## 第一章 开发软件介绍 ······················································· 1
1.1 Unity 3D 引擎发展历程 ············································· 1
1.2 Unity 3D 的安装 ······················································ 3
1.3 Unity 3D 界面介绍 ···················································· 6
1.4 Unity 热键 ······························································ 34
1.5 项目模板 ································································ 37
1.6 扩展阅读——严肃游戏 ············································· 39

## 第二章 资源管理与使用 ·················································· 42
2.1 常见资源类型 ························································· 42
2.2 原始对象和占位对象 ················································ 43
2.3 资源包 ··································································· 45
2.4 模型导入流程 ························································· 47

## 第三章 创建真实的地形 ·················································· 50
3.1 创建地形 ································································ 50
3.2 使用 terrain-rgb 图像来生成真实地形 ························· 57
3.3 绘制树木（Paint Trees） ············································ 60
3.4 绘制细节（Paint Details） ·········································· 61
3.5 地形设置（Terrain Settings） ······································ 63
3.6 树（Tree） ······························································ 66

## 第四章 布置虚拟展馆的灯光 ············································ 78
4.1 虚拟场景中灯光照明的构成 ······································ 78
4.2 直接照明（Direct Lighting） ······································· 79

1

4.3　间接照明 …………………………………………………… 83
　　4.4　如何提高图像的渲染质量 ………………………………… 89

## 第五章　展馆的声音系统 ………………………………………… 92
　　5.1　声音的导入设置和音频管理器 …………………………… 92
　　5.2　Audio Source 和 Audio Listener …………………………… 93
　　5.3　Audio Mixer ………………………………………………… 98
　　5.4　Audio Reverb Zone 组件 …………………………………… 103
　　5.5　通过代码实现音效控制 …………………………………… 103

## 第六章　构建真实的物理系统 …………………………………… 113
　　6.1　相关概念 …………………………………………………… 113
　　6.2　刚体组件 …………………………………………………… 117
　　6.3　碰撞体 ……………………………………………………… 119
　　6.4　物理接合 …………………………………………………… 121
　　6.5　角色控制器 ………………………………………………… 123
　　6.6　连续碰撞检测（CCD） …………………………………… 124
　　6.7　物理调试可视化 …………………………………………… 128
　　6.8　物理体属性 ………………………………………………… 132
　　6.9　关节锚点属性 ……………………………………………… 132
　　6.10　盒型碰撞体 ……………………………………………… 142
　　6.11　胶囊碰撞体 ……………………………………………… 142
　　6.12　角色控制器 ……………………………………………… 143
　　6.13　角色关节 ………………………………………………… 146
　　6.14　可配置关节 ……………………………………………… 148
　　6.15　恒定力 …………………………………………………… 157
　　6.16　固定关节 ………………………………………………… 158
　　6.17　铰链关节 ………………………………………………… 159
　　6.18　网格碰撞体 ……………………………………………… 161

    6.19　刚体 ································································································· 164

    6.20　球形碰撞体 ······················································································· 169

    6.21　弹簧关节 ··························································································· 170

    6.22　布料 ································································································· 171

    6.23　车轮碰撞体 ······················································································· 183

    6.24　地形碰撞体 ······················································································· 187

    6.25　物理材质 ··························································································· 188

    6.26　物理系统操作方法 ············································································· 190

第七章　场馆中的漫游 ······················································································ 198

    7.1　摄像机的属性 ····················································································· 198

    7.2　摄像机的应用 ····················································································· 200

    7.3　使用正交投影做 2DUI ········································································ 202

第八章　展馆中的动画 ······················································································ 204

    8.1　动画工作流程 ····················································································· 204

    8.2　相关术语 ····························································································· 206

    8.3　Animation 编辑器 ················································································ 206

    8.4　制作动画 ····························································································· 208

    8.5　外部来源的动画 ·················································································· 212

第九章　展馆的导航系统 ·················································································· 214

    9.1　导航系统 ····························································································· 214

    9.2　让人物在展馆中行走 ·········································································· 216

    9.3　导航技术详解 ····················································································· 221

    9.4　导航网格构建组件 ·············································································· 231

    9.5　导航网格表面（NavMesh Surface） ·················································· 232

    9.6　导航网格修改器（NavMesh Modifier） ············································· 234

    9.7　导航网格修改器体积（NavMesh Modifier Volume） ························ 235

9.8 导航网格链接（NavMesh Link） ············································· 236
9.9 导航网格构建组件 API ····················································· 238
9.10 导航网格代理（NavMesh Agent） ········································ 240
9.11 导航网格障碍物（Nav Mesh Obstacle） ·································· 242
9.12 网格外链接（Off-Mesh Link） ············································ 244
9.13 高级导航网格烘焙设置 ···················································· 246
9.14 常用代码 ································································· 260

**参考文献** ············································································ 273

虚拟考古展馆开发技术彩图

# 第一章　开发软件介绍

　　虚拟考古展馆的出现和发展与游戏行业的发展密不可分。当今时代，游戏产业迅速发展，其经济规模不亚于任何一项互联网及创意领域，并仍然以极高的速度不断扩大市场规模及整体销售额。本书中的"游戏"一词是一种泛指，不仅包括传统意义上应用于娱乐领域的游戏，还包括严肃游戏。严肃游戏（serious game），是电子游戏的一种，最初被定义为"以应用为目的的游戏"，具体来讲，是指以教授知识技巧、提供专业训练和模拟为主要内容的游戏。严肃游戏自20世纪80年代诞生以来，已经广泛应用于军事、医学、工业、教育、科研、培训等诸多领域。2016年以来，"严肃游戏"一词还包括虚拟现实（VR，virtual reality）、增强现实（AR，augmented reality）、混合现实（MR，mixed reality 或称 hybrid reality）甚至"元宇宙（metaverse）"等领域的应用。

　　游戏作品涵盖了越来越多的类型，优秀的游戏作品更是层出不穷。在各种各样游戏的背后，最根本的便是开发这些游戏所利用的游戏引擎。Unity 引擎是近几年最受游戏开发者欢迎的游戏开发引擎之一，在排行榜前一千的免费手游中，有38%的游戏使用 Unity 引擎制作。它拥有强大的平台兼容性，但它的发展历程却不是一蹴而就的。

## 1.1　Unity 3D 引擎发展历程

　　游戏的起源是电子游戏。电子游戏于1952年面世，在真空管计算机的平台上，开发出第一款电子游戏——井字棋游戏，并在1958年10月18日研发出游戏《双人网球》。

　　Atari 时期在不久之后到来，标志着第一个游戏市场的出现，被称为"雅达利时代"，在这个时代，玩家素质低、游戏概念不清、大量厂商浑水摸鱼成为这个时代最为鲜明的特征，而电子游戏《ET》也被研发面世。紧接着，在20世纪70年代，文字式游戏出现，并伴随着日本另一大厂商——Taito 的加入，经典游戏《太空侵略者》被开发，《吃豆人》《创世纪》等游戏也相继出现。在20世纪80年代，世嘉、Atari、任天堂则开始将游戏界的竞争引向游戏机硬件方面。

　　20世纪80年代末期，显卡的出现使电子游戏出现转折，与此同时，任天堂推出 Game Boy，更打开了便携式游戏机的发展空间，但此时游戏引擎还尚未出现。

20世纪90年代，copcom推出街头霸王，Pentium芯片面世，《仙剑奇侠传》《神话传说》等经典游戏也相继被推出，任天堂也被世嘉Sega Saturn与索尼的Plag Station击败。1992年，3D Realms公司/Apoges公司发布的小游戏《德军司令部》和id Software公司的射击游戏《Doom》，成为引擎诞生初期的两部代表作，而Doom引擎也成为第一个被用于授权的引擎。在1993年底，Raven公司采用改进后的Doom引擎开发了《投影者》游戏，这也成为游戏史上第一例成功的嫁接。

Quake引擎是第一款完全支持多边形模型、动画以及粒子特效的真正意义上的3D引擎。在1994年，通过Quake引擎开发出了游戏《雷神之锤》。之后，Quake引擎开发的游戏《Quake》，其中游戏的操作方式建立了FPS游戏标准。

一年之后，id Software公司又再次推出《雷神之锤2》。通过使用一套全新的引擎，充分利用3D加速和OpenGL技术，在图像和网络方面有了质的飞跃，也成功奠定了id Software公司在3D引擎市场上的霸主地位。1999年，id公司的Quake Ⅲ又一次独霸市场，Epic Megagames（EPIC）公司却在此时退出了Unreal引擎，并且很快推出了Unreal2引擎，同时进行了升级，成为Unreal2.5，开发了众多知名游戏，包括《汤姆克兰西之细胞分裂2：明日潘多拉》《天堂2》《荒野大镖客》等。游戏引擎的高速发展进一步推动了游戏产业的扩大。

21世纪，家用游戏形成三足鼎立局面，游戏领域空前发展，随之游戏引擎也得到空前发展。2002年，Direct9时代到来，EPIC又推出了支持64位的HDRR高精度动态渲染、多种类光照和高级动态阴影特效的Unreal3引擎，并提供了强大的编辑工具。同时，Monolith公司的Lith Tech引擎迅速崛起，而代表作便是《F.E.A.R》以及《F.E.A.R2》。之后，MAX-FX引擎、Geo-Mod引擎、Serious引擎等各种引擎相继出现。此时，丹麦的Joachion与德国的Nicholas Francis非常喜欢做游戏，因此邀请了来自冰岛的David成立了团队Over the Edge Entertainment，开发了第一代版本的unity引擎，而unity公司也于2004年在丹麦诞生，并在2005年将公司总部设立在了美国旧金山，同时发布了Unity1.0引擎版本。至此，Unity引擎正式诞生。

起初它只能应用于MAC平台，主要针对WEB项目和VR（虚拟现实）的开发。这时的它并不起眼，直到2008年推出windows版本，并开始支持iOS和Wii，才逐步从众多的游戏引擎中脱颖而出，并顺应移动游戏的潮流而变得炙手可热。2009年的时候，Unity的注册人数已经达到了3.5万，荣登2009年游戏引擎的前五名。2010年，Unity开始支持android，继续扩大影响力。其在2011年开始支持PS3和XBOX360，则可看作全平台的构建完成。

## 1.2 Unity 3D 的安装

### 1.2.1 创建 Unity ID

访问 Unity 中文官网，点击右上角的头像图标，如图 1-1 所示，选择"创建 Unity ID"。

图 1-1　创建 Unity ID 页面

然后根据系统的指引创建属于自己的 Unity ID。这个 ID 可以在各个 Unity 版本之间通用，但只能在一台计算机上使用。如果在其他计算机上使用需要重新登录。

### 1.2.2 下载并安装 Unity Hub

Unity Hub 是一个独立应用程序，可简化查找、下载和管理 Unity 项目和安装内容的方式。此外，还可以手动将已安装在计算机上的 Editor 版本添加到 Hub。

可将 Hub 用于以下目的：

（1）管理 Unity 账户和 Editor 许可证。

(2) 创建项目，将默认版本的 Unity Editor 与项目关联，并管理安装的多个 Editor 版本。

(3) 设置 Unity 的首选版本，但也可以从 Project 视图轻松启动其他版本。

(4) 在不启动 Editor 的情况下管理和选择项目构建目标。

(5) 同时运行两个 Unity 版本。请注意，为了防止本地冲突和其他奇怪场景，应该一次只在一个 Editor 实例中打开一个项目。

(6) 将组件添加到目前已安装的 Editor 中。通过 Unity Hub 下载 Editor 版本时，可以在初始安装期间或以后的日期查找和添加其他组件（如特定的平台支持、Visual Studio、脱机文档和标准资源）。

(7) 使用项目模板来快速启动常见项目类型的创建过程。在创建新项目时，Unity 的项目模板提供了常用设置的默认值。项目模板可批量预设目标游戏类型或视觉保真度级别的设置。

使用上一步注册的 Unity ID 登录 Unity 中文官网。然后单击右上角的"下载 Unity"按钮进入下载界面。在该界面中单击"下载 Unity Hub"。下载完后立即安装 Unity Hub。

### 1.2.3 安装 Unity 3D

登录 Unity Hub 后，登录右上角的偏好设置按钮✿，然后进入"许可证管理"界面。

单击"激活许可证"。建议初学者选样 Unity 个人版即可，如图 1-2 所示，等需要真实项目开发的时候再选样加强版或专业版。

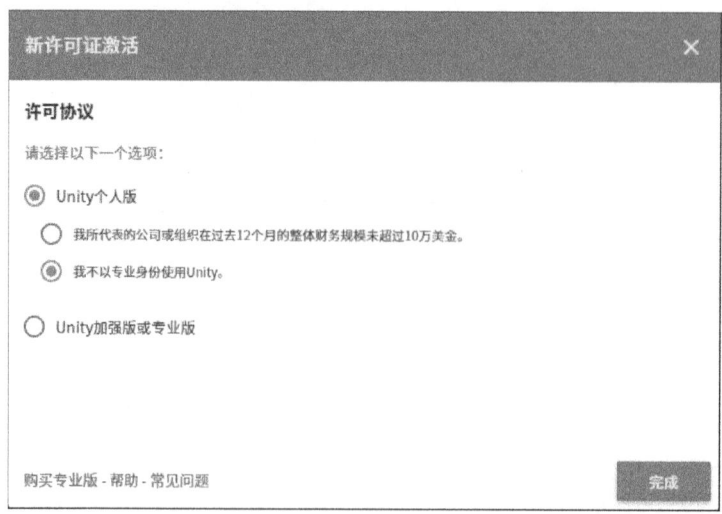

图 1-2　激活许可证页面

许可证激活以后，单机左上角的"返回"按钮回到 Unity Hub 的主界面，然后单击左侧的"安装"按钮进入安装界面，再单击右上角的"安装"按钮，如图 1-3 所示，打开"添加 Unity 版本"窗口。

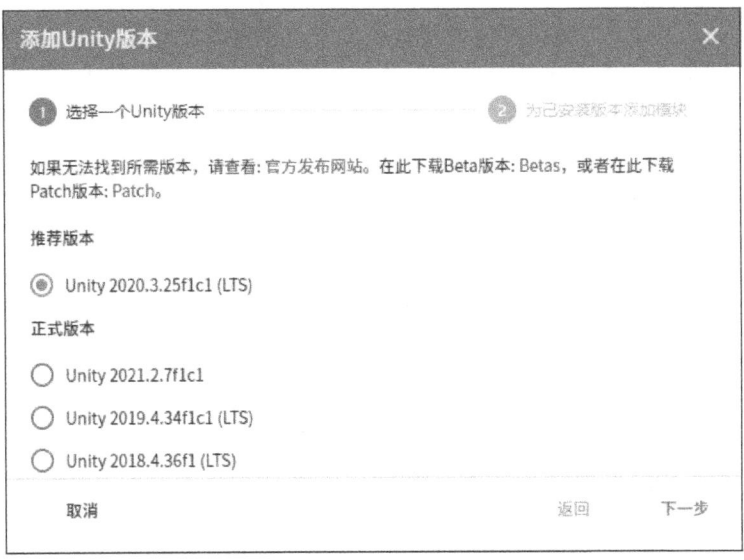

图 1-3　添加 Unity 版本页面

在该窗口中列出了一些常用的版本。如果该列表中没有需要的版本，可以单击"官方发布网站"链接，直接到网站上下载。

本书以 Unity2018.4.35f 版本为例，单击"官方发布网站"链接。找到所需要的版本，如图 1-4 所示，然后选择"从 Hub 下载"。

图 1-4　从 Hub 下载页面

经过短暂几秒会出现要选择的"模块"列表，这些模块可以在安装 Unity 的时候一起安装上，也可以在需要的时候再安装。第一次安装的时候，如图 1-5 所示，除了 Documentation 以外的组件全都不选，这样安装速度快并且不容易失败。

安装完成以后，可以在 Unity Hub "安装"界面中看到所有已经安装的 Unity 版本。如图 1-6 所示，点开每个版本右上角可以管理各种模块。

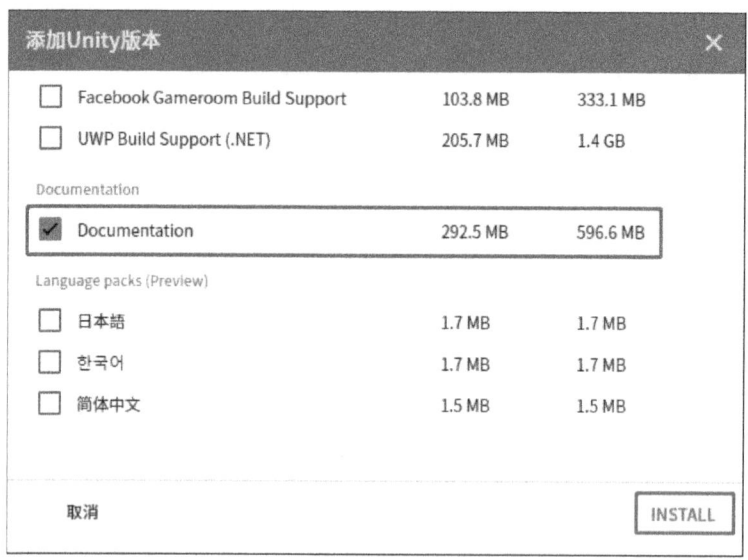

图 1-5　添加 Unity 版本页面

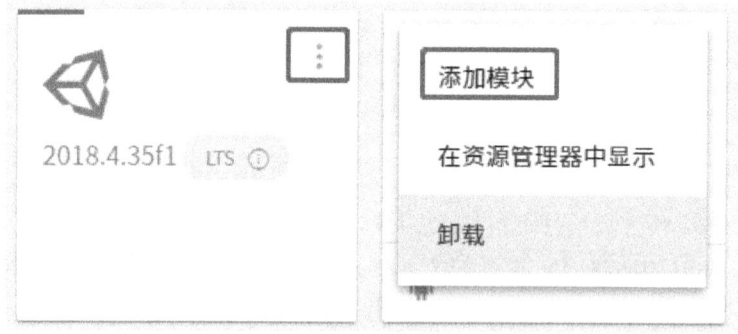

图 1-6　添加模块页面

## 1.3　Unity 3D 界面介绍

### 1.3.1　首次启动 Unity

打开 Unity Hub，单击右上角的"新建"按钮，然后指定打开此项目所用的 Editor 版本。

系统会弹出创建新项目的窗口，如图 1-7 所示。

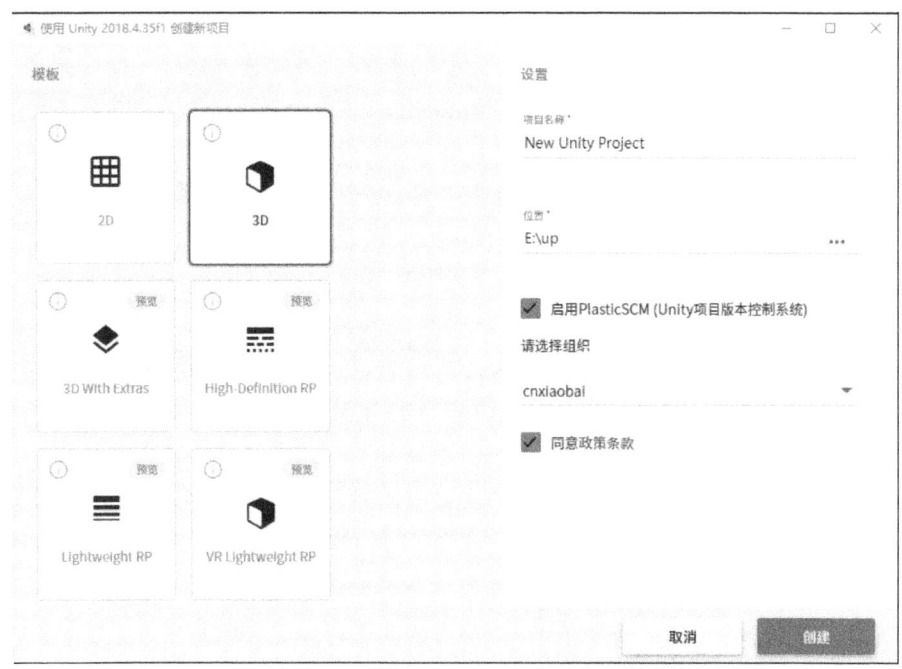

图1-7　创建新项目页面

项目名称/Project name：设置项目的名称。此名称是主项目文件夹的名称，该文件夹用于存储与项目相关的资源、场景和其他文件。

Unity 版本/Unity Version：选择要用于创建项目的 Editor 版本。只有在 Hub 中安装了多个版本的 Editor 时，才能使用该下拉菜单。

位置/Location：使用此设置可定义计算机文件系统中存储项目的位置。项目的位置默认为计算机上的主文件夹。要更改位置，请在 Location 字段中输入所需存储位置的文件路径。或者单击 Location 字段中的省略号图标，这将打开计算机的文件浏览器（Explorer、Finder 或 Files，具体取决于计算机的操作系统），在文件浏览器中，导航到要存储项目的文件夹，然后单击 Select Folder 或 Open。

模板/Template：选择项目模板。项目模板基于项目的共同最佳实践而提供预选的设置。这些设置针对 Unity 支持的所有平台上的 2D 和 3D 项目进行了优化。默认模板类型为 3D。

在早期的版本中还会有"Add Asset Package"的按钮。使用此按钮可将预先生成的内容添加到项目。Unity 随附的资源包中包括预制的模型、粒子效果和示例脚本，以及其他有用的工具和内容。要将 Unity 提供的资源包导入到项目中，请单击 Add Asset Package 按钮，然后勾选要导入的每个资源包左侧的复选框，并单击 Done。创建项目时，Unity 会自动导入所选资源。Add Asset Package 屏幕还包含从

Unity Asset Store 下载的资源。此外，也可以在创建项目后添加资源包。要在 Unity Editor 中执行此操作，请选择 Assets>Import Package，然后选择要导入的包。

注意，对于初学者可以将"启用 PlasticSCM（Unity 项目版本控制系统）"前的对号取消。

完成以上操作后，单击"创建"按钮。Unity 会自动生成所需文件，创建项目，并打开该项目。

### 1.3.2　Unity 3D 界面

Unity 3D 的 Editor 主窗口由选项卡式窗口组成，这些窗口可重新排列、分组、分离和停靠。因此，Editor 的外观可能因项目和开发者而异，具体取决于个人偏好以及正在进行的工作类型。

Windows 的默认布局目标是便于实际访问最常用的窗口。如果还不熟悉 Unity 中的不同窗口，可通过选项卡中的名称识别它们。最常见和最有用的窗口显示在默认位置，如图 1-8 所示。

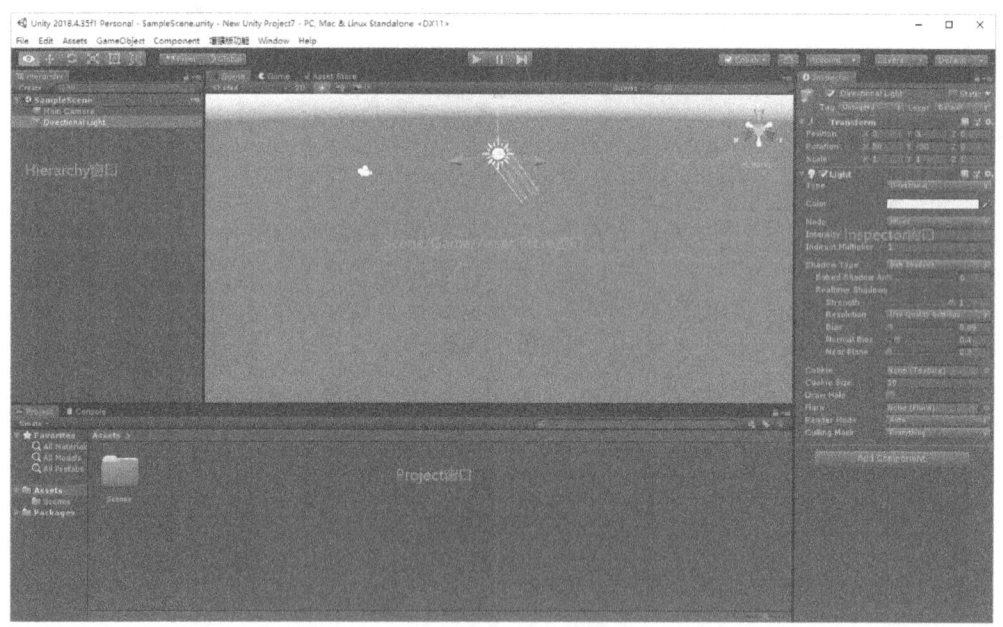

图 1-8　默认布局页面

#### 1.3.2.1　Project 窗口

Project 窗口显示可在项目中使用的资源库。将资源导入项目时，它们会显示在此处。

在图 1-9 所示的视图中，可访问和管理属于项目的资源。

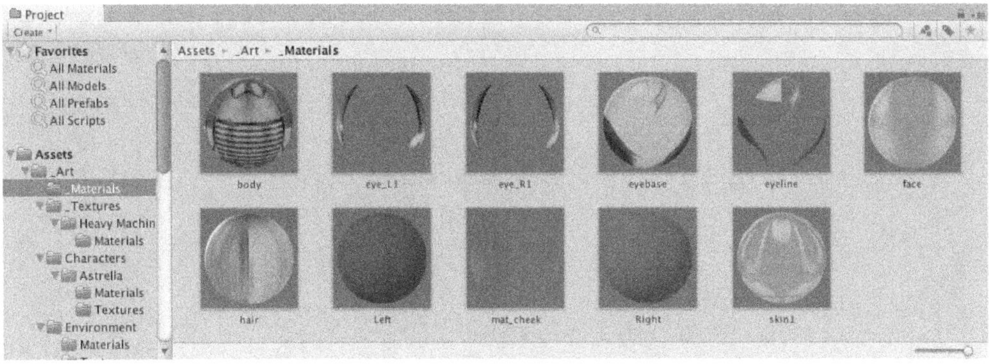

图 1-9　资源面板页面

　　浏览器的左侧面板将项目的文件夹结构显示为层级列表。通过单击从列表中选择文件夹时，文件夹内容将显示在右侧面板中。可单击小三角形来展开或折叠文件夹，显示文件夹包含的任何嵌套文件夹。单击时按住 Alt 键将以递归方式展开或折叠所有嵌套文件夹。

　　各个资源在右侧面板中显示为图标，这些图标指示了资源的类型（脚本、材质、子文件夹等）。可使用面板底部的滑动条调整图标大小，如果滑动条移动到最左侧，这些图标将替换为层级列表视图。滑动条左侧的空白位置显示当前选定项，包括该项的完整路径（如果正在执行搜索）。

　　项目结构列表上方是 Favorites 部分，可在其中保存常用项以方便访问。可将所需项从项目结构列表拖动到 Favorites 部分，也可在此处保存搜索查询结果。

　　面板上方是一个"痕迹导航路径"，显示当前正在查看的文件夹的路径。可单击此路径的单独元素，以便围绕文件夹层级视图轻松导航。搜索时，此栏会更改为显示正在搜索的区域（根 Assets 文件夹、所选文件夹或 Asset Store）以及 Asset Store 中可用的免费和付费资源计数（以斜线分隔）。Unity 的 Preferences 窗口的 General 部分中有一个选项可禁止显示 Asset Store 命中计数。

　　窗口顶部边缘是浏览器的工具栏。位于工具栏左侧的 Create 菜单允许将新资源和子文件夹添加到当前文件夹（图 1-10）。右侧的一组工具用于搜索项目中的资源。

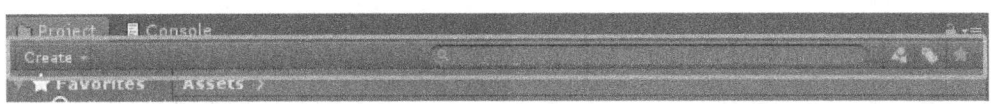

图 1-10　Create 视图页面

Window 菜单提供了切换到 Project 视图单列版本（基本上就是没有图标视图的层级结构列表）的选项。如图 1-11 所示，该菜单旁边的锁图标允许使用与 Inspector 锁类似的方式"冻结"视图的当前内容（即阻止其他地方的事件更改这些内容）。

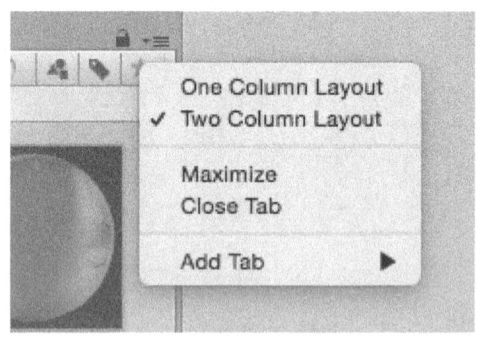

图 1-11 "冻结"视图页面

在右上角，选择下拉菜单可更改视图布局，然后单击锁图标可冻结视图。

搜索浏览器具有强大的搜索功能，对于在大型或不熟悉的项目中查找资源特别有用。如图 1-12 所示，基本搜索将根据搜索框中输入的文本过滤资源。

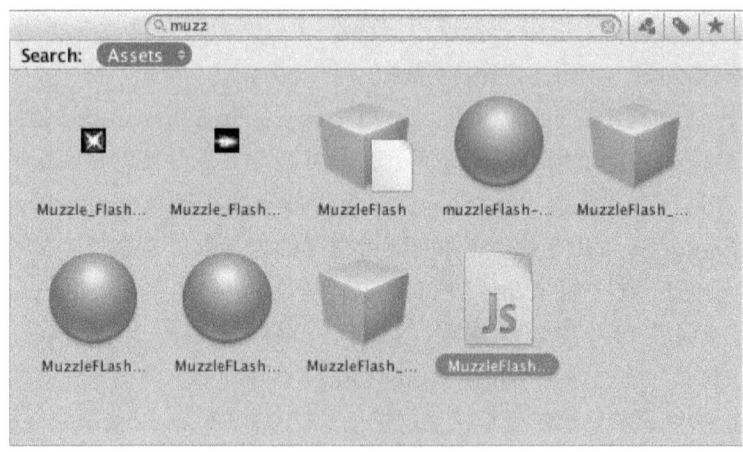

图 1-12 搜索页面

如果输入多个搜索词，则搜索范围会缩小，因此如果输入 coastal scene，只会查找名称中同时包含"coastal"和"scene"的资源（即搜索词通过 AND 逻辑结合）。

搜索栏右侧有3个按钮。第一个按钮可根据资源类型进一步过滤搜索到的资源，如图1-13所示。

继续向右的下一个按钮根据资源标签来过滤资源（可在Inspector中为资源设置标签）。由于标签的数量可能非常庞大，因此标签菜单有自己的迷你搜索过滤框，如图1-14所示。

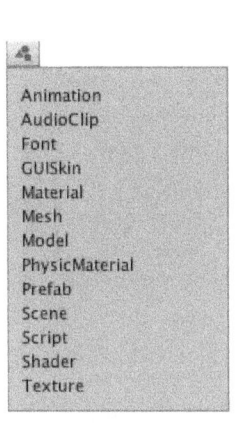 

图1-13　过滤资源　　图1-14　迷你搜索过滤框页面

请注意，这些过滤条件的工作原理是在搜索文本中添加额外的搜索词。以"t:"开头的搜索词按指定的资源类型进行过滤，而"l:"按标签过滤。如果知道要查找的具体内容，可直接在搜索框中输入这些搜索词，无须使用菜单。一次可搜索多个类型或标签。添加几个类型将使搜索扩展以便包括所有指定的类型（即多个类型通过OR逻辑结合）。如图1-15所示，添加多个标签会将搜索范围缩小到具有任意指定标签的项（即多个标签将通过OR逻辑组合在一起）。

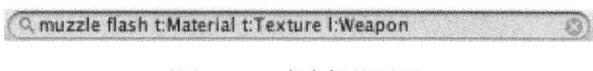

图1-15　多个标签页面

最右边的按钮通过将项添加到资源列表的Favourites部分来保存搜索。

如图1-16所示，Project Browser的搜索也可应用于Unity Asset Store中可用的资源。如果从痕迹导航栏的菜单中选择"Asset Store"，则会显示Asset Store中与查询匹配的所有免费和付费资源。按类型和标签搜索的工作方式与Unity项目相同。首先根据资源名称检查搜索查询词，然后按顺序检查资源包名称、资源包标签和资源包描述

11

(因此，名称中包含搜索词的项的排名将高于资源包描述中包含该搜索词的项）。

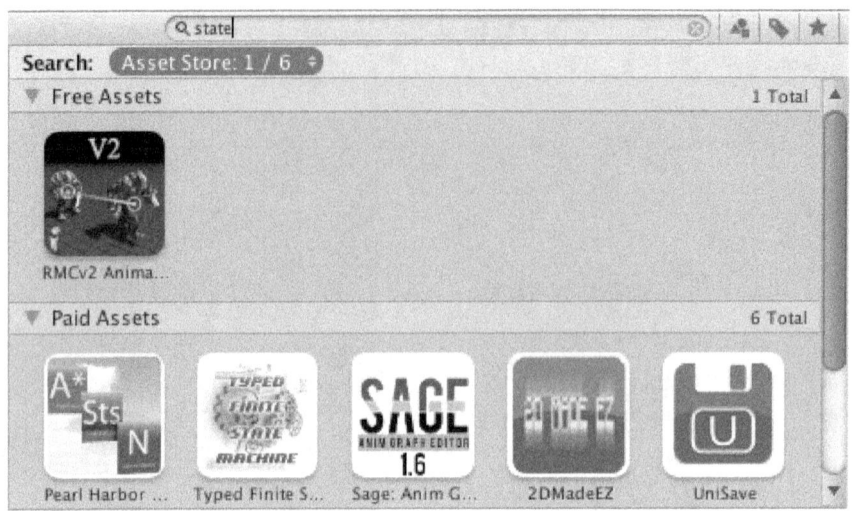

图 1-16  Search 页面

如果从列表中选择一项，该项的详细信息将显示在 Inspector 中，同时还提供购买和/或下载选项。有些资源类型在此部分中提供了预览，因此可以在购买前旋转 3D 模型。Inspector 还提供了一个选项允许在常规 Asset Store 窗口中查看资源以了解更多详细信息。

当浏览器视图获得焦点时，可使用以下键盘快捷键（表 1-1）。请注意，其中一些快捷键仅在视图使用双列布局时才起作用（可使用右上角的面板菜单在单列和双列布局之间切换）。

表 1-1  快捷键

| 快捷键 | 功能 |
| --- | --- |
| F | 定格所选项（即，在包含文件夹中显示所选资源） |
| Tab | 在第一列和第二列之间移动焦点（两列） |
| Ctrl/Cmd+F | 聚焦搜索字段 |
| Ctrl/Cmd+A | 选择列表中的所有可见项 |
| Ctrl/Cmd+D | 复制所选资源 |
| Delete | 删除并显示对话框（Win） |
| Delete+Shift | 删除而不显示对话框（Win） |
| Delete+Cmd | 删除而不显示对话框（OSX） |

续表

| 快捷键 | 功能 |
|---|---|
| Enter | 开始重命名所选项（OSX） |
| Cmd+向下箭头 | 打开所选资源（OSX） |
| Cmd+向上箭头 | 跳转到父文件夹（OSX，两列） |
| F2 | 开始重命名所选项（Win） |
| Enter | 打开所选资源（Win） |
| Backspace | 跳转到父文件夹（Win，两列） |
| 向右箭头 | 展开所选项（树视图和搜索结果）。如果该项已展开，则将选择其第一个子项 |
| 向左箭头 | 折叠所选项（树视图和搜索结果）。如果该项已折叠，则将选择其父项 |
| Alt+向右箭头 | 将资源显示为预览时展开项 |
| Alt+向左箭头 | 将资源显示为预览时折叠项 |

#### 1.3.2.2　Scene/Game 视图

可使用工具栏中的按钮来控制 Editor 播放模式以及查看发布的游戏的播放情况。在播放模式下，所做的任何更改都是暂时的，在退出播放模式后将会重置。Editor UI 会变暗来提醒此情况。

（1）Scene 视图。Scene 视图可用于直观导航和编辑场景。根据正在处理的项目类型，Scene 视图可显示 3D 或 2D 透视图。

Scene 视图是正在创建的世界的交互式视图。Scene 视图可用于选择和定位景物、角色、摄像机、光源和所有其他类型的游戏对象，能够在 Scene 视图中选择、操作和修改对象是开始使用 Unity 必须掌握的必要技能。

（2）Game 视图。从游戏中的摄像机渲染 Game 视图，如图 1-17 所示，该视图代表最终发布的游戏，需要使用一个或多个摄像机来控制玩家在玩游戏时实际看到的内容。

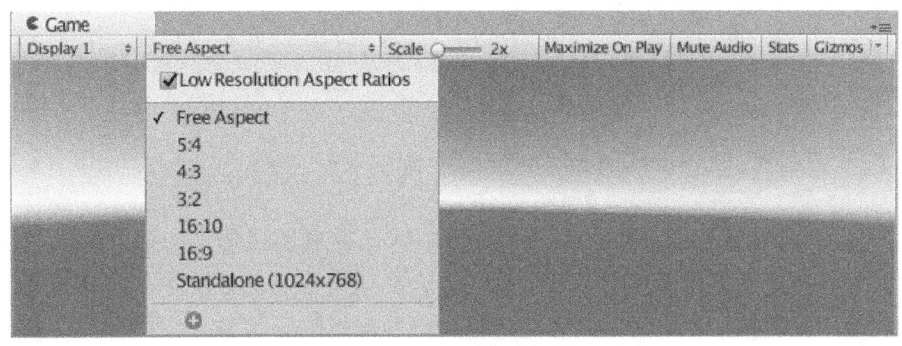

图 1-17　渲染视图页面

①显示屏　如果场景中有多个摄像机，可单击此按钮从摄像机列表中进行选择。默认情况下，此按钮设置为 Display 1（可以在摄像机模块中的 Target Display 下拉菜单下将显示分配给摄像机）。

②Aspect　可选择不同值来测试游戏在具有不同宽高比的显示器上的显示效果。默认情况下，此设置为 Free Aspect。

——Low Resolution Aspect Ratios　如果要模拟更旧显示屏的像素密度，请选中此框。选择宽高比后，此功能会降低 Game 视图的分辨率。Game 视图位于非 Retina 显示屏上时，此复选框始终处于启用状态。

③Scale 滑动条　向右滚动可放大并更详细地检查游戏屏幕的区域。设备分辨率高于 Game 视图窗口大小的情况下，该滚动条还可缩小视图以查看整个屏幕。当游戏停止或暂停时，也可以使用滚轮和鼠标中键来执行此操作。

④Maximize on Play　单击按钮启用，进入播放模式时，使用此按钮可使 Game 视图最大化（Editor 窗口的 100%）以便进行全屏预览。

⑤Mute audio　单击按钮启用，进入播放模式时，使用此按钮可将任何游戏内的音频静音。

⑥Stats　单击此按钮可以切换 Statistics 覆盖层，其中包含有关游戏音频和图形的渲染统计信息。这对于在播放模式下监控游戏性能非常有用。

⑦Gizmos　单击此按钮可切换辅助图标的可见性。要在播放模式下仅查看某些类型的辅助图标，请单击 Gizmos 一词旁边的下拉箭头，然后仅选中要查看的辅助图标类型的复选框。

如图 1-18 所示，右键单击 Game 选项卡可以显示 Game 视图的高级选项。

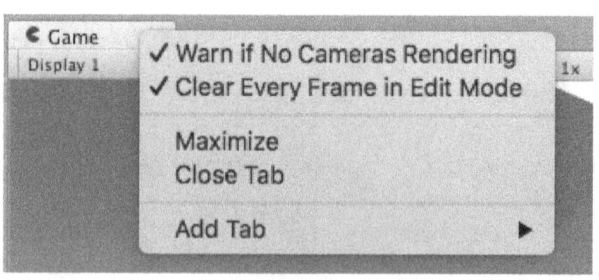

图 1-18　Game 视图页面

⑧Warn if No Cameras Rendering　此选项默认为启用状态，如果没有摄像机渲染到屏幕，会显示警告。这对于诊断意外删除或禁用摄像机等问题非常有用。除非故意不使用摄像机来渲染游戏，否则应将此选项保持启用状态。

⑨Clear Every Frame in Edit Mode　此选项默认为启用状态，在游戏未播放时，

会每帧清除 Game 视图。这可以防止在配置游戏时出现拖尾效果。除非在未处于播放模式时依赖于前一帧的内容，否则应将此选项保持启用状态。

（3）Gizmos 菜单。Gizmos 菜单包含用于控制对象、图标和辅助图标的显示方式的许多选项。此菜单在 Scene 视图和 Game 视图中均可用。单击 Scene 视图或 Game 视图的工具栏中的 Gizmos 按钮，即可访问 Gizmos 菜单。Scene 视图中的 Gizmos 按钮，如图 1-19 所示。

图 1-19　Gizmos 按钮页面

Scene 视图或 Game 视图窗口之上的 Gizmos 菜单如图 1-20 所示。

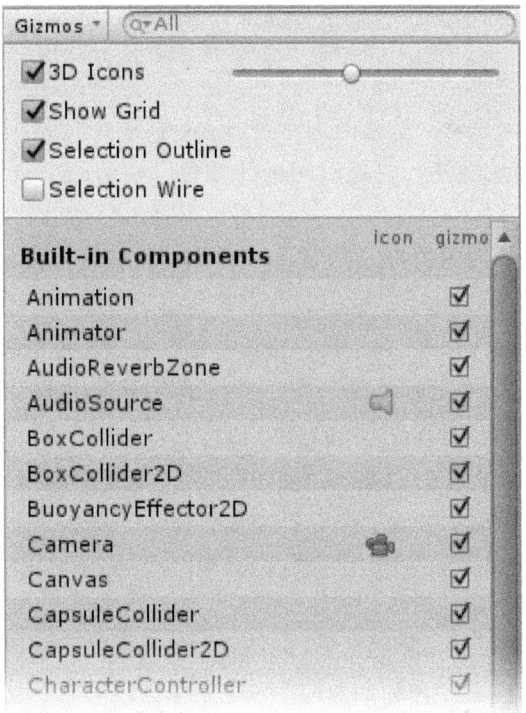

图 1-20　Gizmos 菜单页面

①3D Icons　3D Icons 复选框控制是否在 Scene 视图中由 Editor 绘制 3D 组件图标（例如光源和摄像机的图标）。

勾选 3D Icons 复选框后，组件图标由 Editor 根据组件与摄像机的距离进行缩放，并被场景中的游戏对象遮挡。可使用滑动条来控制外观的总体大小。未勾选 3D Icons 复选框时，以固定大小绘制组件图标，且这些图标始终绘制在 Scene 视图中所有游戏对象之上。

可以在 Game 视图或 Scene 视图中显示图标。图标是扁平、公告牌式覆盖层，可以用来清楚地指示在处理游戏时游戏对象在游戏中的位置。摄像机图标和光源图标便是内置图标的示例，还可以将您自己的图标分配给游戏对象或各个脚本。摄像机和光源的内置图标如图 1-21 所示。

图 1-21　内置图标页面

②Show Grid　Show Grid 复选框用于在 Scene 视图中打开（选中）和关闭（取消选中）标准场景测量网格。要更改网格的颜色，请访问 Edit>Preferences>Colors，然后更改 Grid 设置。

此选项仅在 Scene 视图的 Gizmos 菜单中可用；无法在 Game 视图的 Gizmos 菜单中启用该选项。

③Selection Outline　选中 Selection Outline 可以通过彩色轮廓来显示所选的游戏对象，并用另一种彩色轮廓显示其子项。默认情况下，Unity 以橙色突出显示所选游戏对象，而以蓝色突出显示子游戏对象。

此选项仅在 Scene 视图的 Gizmos 菜单中可用，无法在 Game 视图的 Gizmos 菜单中启用该选项。

要更改 Selection Wire 的颜色，请选择 Edit>Preferences>Colors，然后更改 Selected Wireframe 设置。

④Built-in Components　Built-in Components 列表决定了具有图标或辅助图标的所有组件类型是否显示图标和辅助图标。

### 1.3.2.3　Hierarchy 窗口

Hierarchy 窗口是场景中每个对象的分层文本表示形式。场景中的每一项都在层级视图中有一个条目，因此这两个窗口本质上相互关联。层级视图显示了对象之间相互连接的结构。

Hierarchy 窗口会列出当前场景中的每个游戏对象（在本书中称为"对象"）。

其中一些对象是资源文件的直接实例（如 3D 模型），其他则是预制件的实例，这是构成游戏大部分内容的自定义对象。在场景中添加和删除对象时，这些对象也会在层级视图中相应显示和消失。

默认情况下，对象在 Hierarchy 窗口中按其生成顺序列出。可以通过向上或向下拖动对象，或通过使对象成为"子"或"父"对象来对其重新排序。

（1）父子化。Unity 使用一种称为父子化的概念。创建一组对象时，最顶层对象或场景被称为"父对象"，而在其下面分组的所有对象被称为"子对象"或"子项"。还可以创建嵌套的父子对象（称为顶级父对象的"后代"）。

在图 1-22 中，Child 和 Child 2 是 Parent 的子对象。Child 3 是 Child 2 的子对象，也是 Parent 的后代。

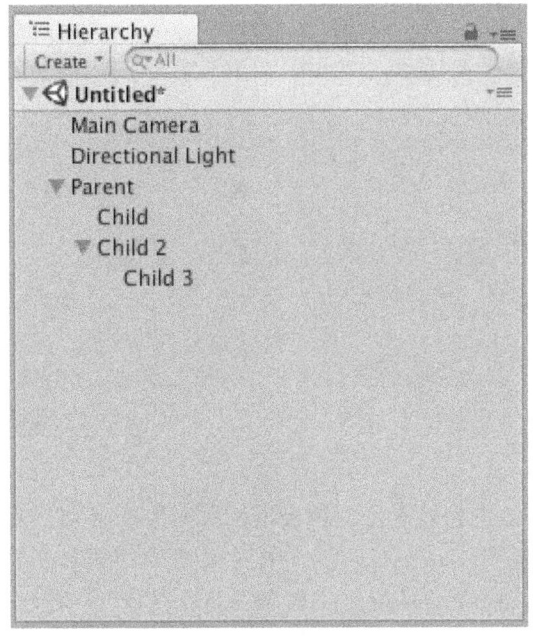

图 1-22　父子对象页面

单击父对象的下拉箭头（位于其名称的左侧）可显示或隐藏其子项。在按住 Alt 键的同时单击下拉箭头可以切换父对象的所有后代对象（不仅仅包括直接子对象）的可见性。

要使任何对象成为另一对象的"子项"，请将目标子对象拖放到层级视图中的目标父对象上。在图 1-23 中，Object 4（选定对象）被拖到目标父对象 Object 1（以蓝色胶囊形状突出显示）上。

还可以将对象拖放到其他对象旁边,使这些对象成为"同级",即同一父对象下的子对象。将对象拖到现有对象的上方或下方,直到出现水平蓝线,然后将对象放下,即可将其放在现有对象旁边。

在图1-24中,Object 4(选定对象)被拖动到Object 2与Object 3之间(以蓝色水平线指示),从而作为这两个对象的同级而放置在父对象Object 1(以蓝色胶囊形状突出显示)之下。

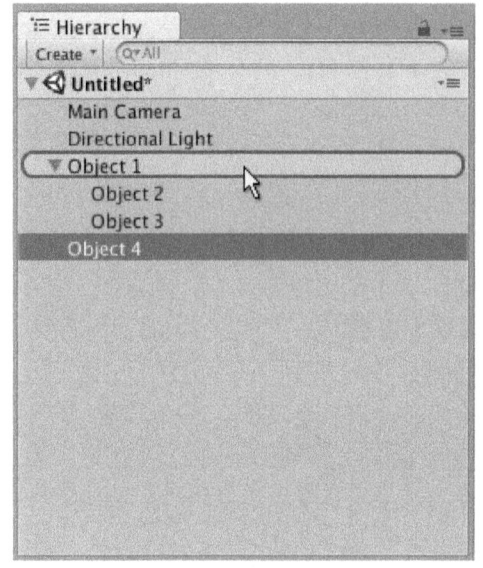
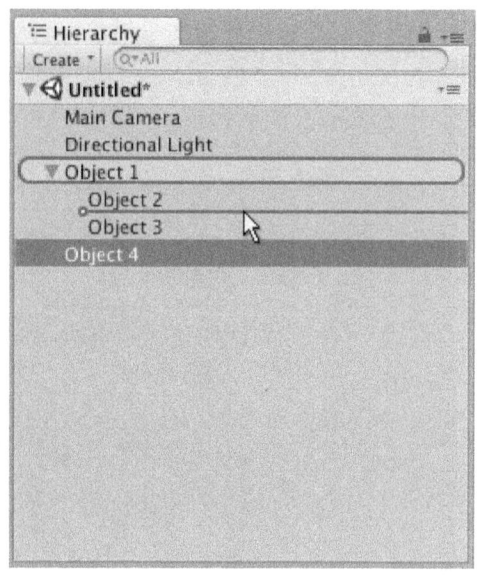

图1-23  创建子对象　　　　　　　　图1-24  同级子对象页面

父子化一个最重要的特性是子对象会继承父对象的移动、旋转和缩放。

(2)字母数字排序。Hierarchy窗口中对象的顺序可以更改为字母数字顺序。在菜单栏中,选择Edit>Preferences(在Windows中)或者选择Unity>Preferences(在OS X中),启动Preferences窗口。选中Enable Alpha Numeric Sorting。

选中此复选框时,如图1-25所示,Hierarchy窗口的右上角会出现一个图标,允许在Transform排序(默认值)或Alphabetic排序之间切换。

(3)多场景编辑。多场景编辑允许同时在Editor中打开多个场景,并简化运行时场景管理。在Editor中打开多个场景的功能允许创建大型流媒体世界,并在协作场景编辑时改进工作流程。

要打开新场景并将其添加到层级视图中的当前场景列表,如图1-26所示,请在场景资源的上下文菜单中选择Open Scene Additive,或将一个或多个场景从Project窗口拖动到Hierarchy窗口中。

第一章 开发软件介绍

图 1-25 视图切换页面

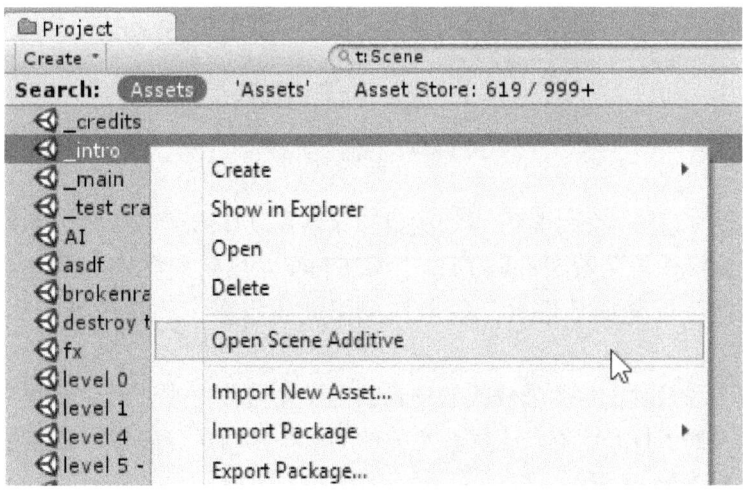

图 1-26 添加新场景页面

在 Editor 中打开多个场景时，如图 1-27 所示，每个场景的内容将在 Hierarchy 窗口中单独显示。每个场景的内容都显示在场景分隔栏下方，该分隔栏会显示场景的名称及其保存状态。

19

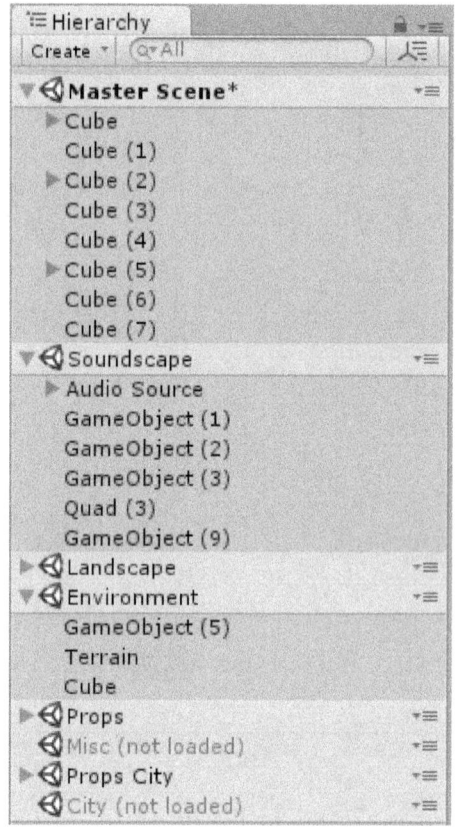

图 1-27 分隔栏页面

　　场景存在于层级视图中时，可加载或卸载场景以显示或隐藏每个场景中包含的游戏对象。此操作与在 Hierarchy 窗口中添加和删除场景的操作不同。层级视图中的场景分隔栏可折叠场景内容，如果加载了大量场景，此功能有助于导航层级视图。

　　处理多个场景时，每个被修改的场景都需要保存其更改，因此可能有多个未保存的场景同时处于打开状态。未保存更改的场景将在场景分隔栏中的名称旁边显示一个星号，如图 1-28 所示。

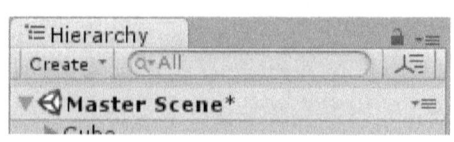

图 1-28 未保存场景状态页面

每个场景都可以通过分隔栏中的上下文菜单进行单独保存。从 File 菜单中选择 "Save Scene" 或按 Ctrl/Cmd+S 将保存对所有打开场景的更改。

如图 1-29 所示，场景分割栏中的上下文菜单允许对所选场景执行其他操作。

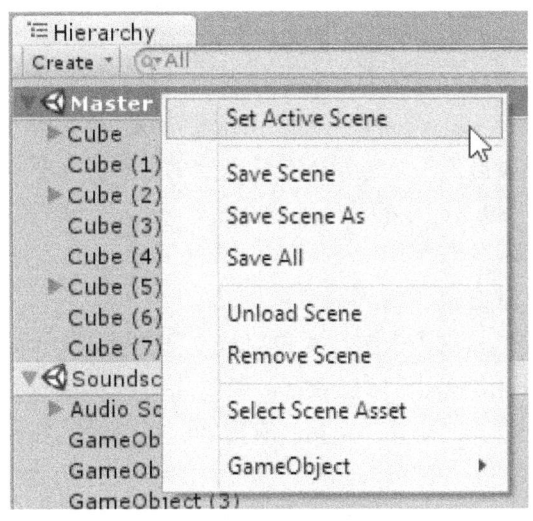

图 1-29　分隔栏菜单页面

①设置活动场景：允许指定在哪个场景中创建新的游戏对象。总有一个场景被标记为活动场景。

②保存场景：只保存对所选场景所的更改。

③将场景保存为：将当前选择的场景保存为新的场景资源。

④保存所有：保存所有的场景。

⑤卸载场景：卸载场景，但是在层次面板中保留场景的名称。

⑥移除场景：从层次面板中卸载并移除所选择的场景。

⑦选择场景资源：在项目窗口中选择场景的全部资源。

⑧游戏物体：允许开发者为选择的游戏对象提供一个子菜单。子菜单是 Unity 菜单的一个镜像。

通过在拖动场景时按住 Alt，可将场景添加到层级视图，同时使其保持卸载状态。这样允许在稍后需要时再加载场景。可使用 Project 窗口中的 Create 菜单创建新场景。新场景将包含游戏对象的默认设置。

为避免每次重新启动 Unity 时都必须设置层级视图，或为了方便存储不同的设置，可使用 Editor Scene Manager. Get Scene Manager Setup 获取一个描述当前设置的 Scene Setup 对象列表。然后，可将这些对象序列化为 Scrip table Object 或其他对象以及可能要存储的有关场景设置的所有其他信息。要恢复层级视图，只需重新创建 Scene Setup 列表并使用 Editor Scene Manager. Restore Scene Manager Setup。

若要在运行时获取加载的场景列表，只需使用 Get Scene At 获取 scene Count 并遍历这些场景。

可通过 Game Object. Scene 获取游戏对象所属的场景，并可使用 Scene Manager. Move Game Object To Scene 将游戏对象移动到场景的根目录。

建议避免使用 Dont Destroy On Load 来保持需要在多次场景加载后仍存在的管理器游戏对象。相反，应创建一个包含所有管理器的管理器场景，并使用 Scene Manager. Load Scene（< path >, Load Scene Mode. Additive）和 Scene Manager. Unload Scene 来管理游戏进度。

#### 1.3.2.4 Inspector 窗口

Unity Editor 中的项目由多个游戏对象组成，而这些游戏对象包含脚本、声音、网格和其他图形元素（如光源）。Inspector 窗口（有时称为"Inspector"）显示有关当前所选游戏对象的详细信息，包括所有附加的组件及其属性，并允许修改场景中的游戏对象的功能。

Inspector 窗口可用于查看和编辑当前所选对象的所有属性。如图 1-30 所示，由于不同类型的对象具有不同的属性集，因此 Inspector 窗口的布局和内容会有所不同。

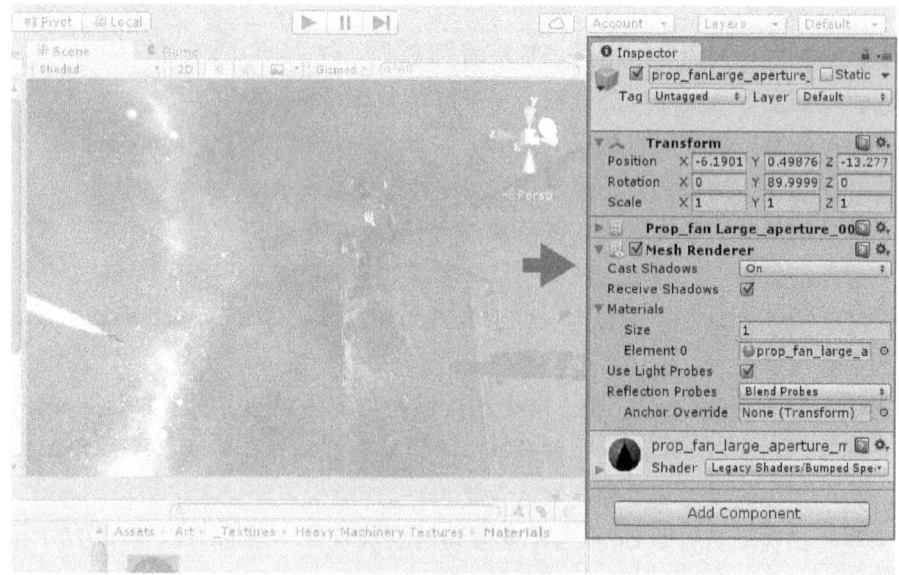

图 1-30 属性窗口页面

(1)检查游戏对象。使用 Inspector 可以查看和编辑 Unity Editor 中几乎所有内容（包括物理游戏元素，如游戏对象、资源和材质）的属性和设置，以及 Editor 内的设置和偏好设置。

在 Hierarchy 或 Scene 视图中选择游戏对象时，Inspector 将显示该游戏对象的所有组件和材质的属性。使用 Inspector 可以编辑这些组件和材质的设置。

(2)检查脚本变量。当游戏对象附加了自定义脚本组件时，Inspector 会显示该脚本的公共变量，可以像编辑 Editor 的内置组件的设置一样将这些变量作为设置进行编辑。这意味着可以轻松地在脚本中设置参数和默认值，而无须修改任何代码。

(3)检查资源。在 Project 窗口中选择资源后，Inspector 将显示关于如何导入资源和在运行时（游戏在 Editor 中或已发布的版本中运行时）使用该资源的设置。

每种类型的资源都有一组不同的设置，以下各图显示了 Inspector 的一些示例，其中展示了其他资源类型的导入设置。

模型导入设置窗口的 Model 选项卡如图 1-31 所示。

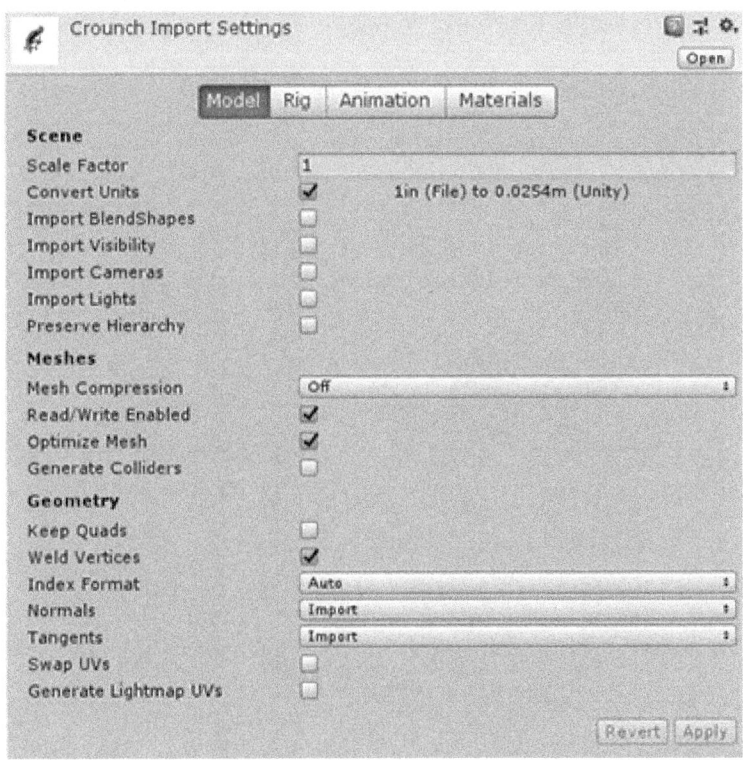

图 1-31　Model 选项卡页面

如图 1-32 所示，音频剪辑导入设置窗口：

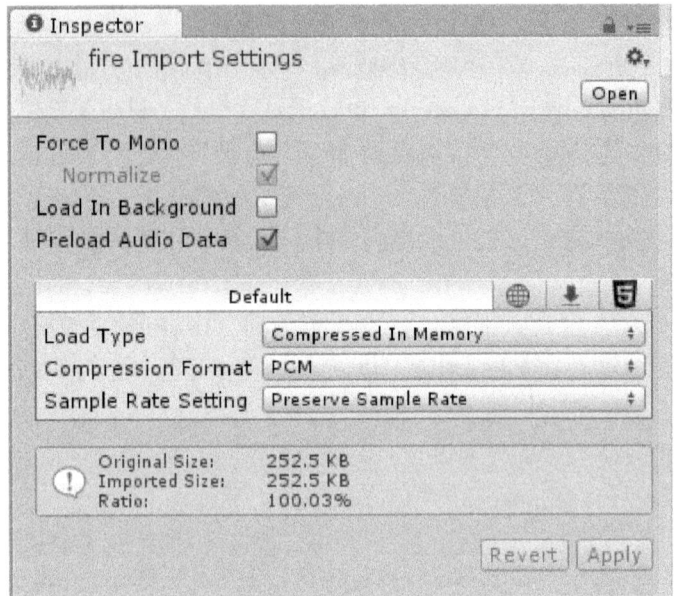

图 1-32　音频剪辑页面

纹理导入设置窗口，如图 1-33 所示。

图 1-33　纹理设置页面

（4）预制件。如果选择了预制件，则 Inspector 窗口中会提供一些额外的选项。
（5）项目设置，如图 1-34 所示。

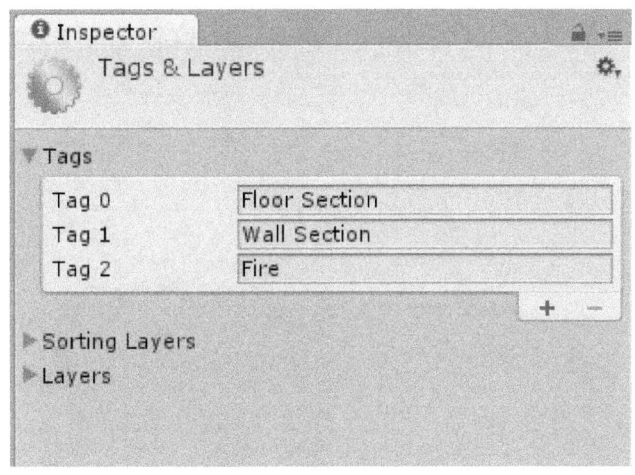

图 1-34　项目设置页面

选择任何项目设置类别（菜单：Editor>Project Settings）时，这些设置将显示在 Inspector 窗口中。

（6）图标和标签。可为游戏对象和脚本分配自定义图标。这些图标显示在 Scene 视图中，同时还有光源和摄像机等游戏对象的内置图标。

（7）对组件重新排序。要在 Inspector 窗口中对组件重新排序，请将组件的标题从一个位置拖放到另一个位置。拖动组件标题时，如图 1-35 所示，会出现蓝色插入标记。此标记显示了拖动标题时可以将组件放置到的位置。

只能对一个游戏对象上的组件重新排序，不能在不同的游戏对象之间移动组件。还可以将脚本资源直接拖放到期望的位置。

选择多个游戏对象时，Inspector 会显示所选的多个游戏对象共有的所有组件。要一次性重新排序所有这些共有组件，请选择多个游戏对象，然后在 Inspector 中将组件拖放到新位置。

在 Inspector 窗口中为组件指定的顺序便是在查询用户脚本中的组件时需要使用的顺序。如果以编程方式查询组件，将得到在 Inspector 中显示的顺序。

（8）分配图标。Unity 允许为游戏对象和脚本分配自定义图标。这些图标与光源和摄像机等的内置图标一起显示在 Scene 视图中。使用 Gizmos 菜单可控制在 Scene 视图中绘制图标的方式。

①游戏对象 Select Icon 按钮。要更改游戏对象的图标，请在 Hierarchy 窗口或

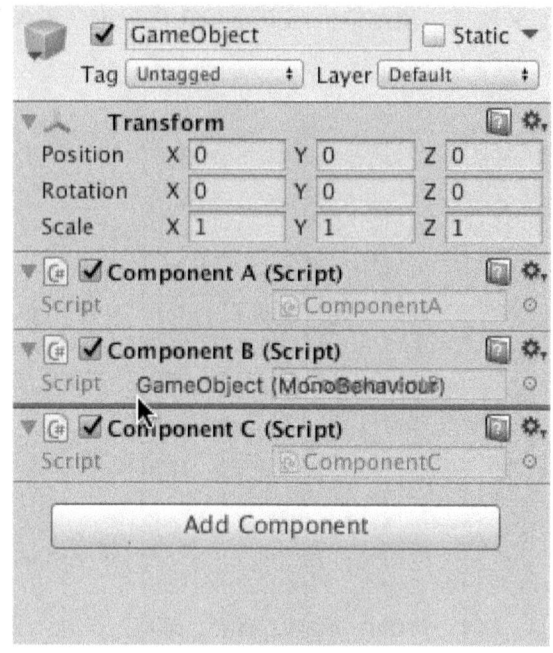

图 1-35 组件重新排序页面

Scene 视图中选择游戏对象，然后在 Inspector 窗口中的游戏对象名称左侧单击 Select Icon 按钮（蓝色立方体，在图 1-36 中用红色方框突出显示）。

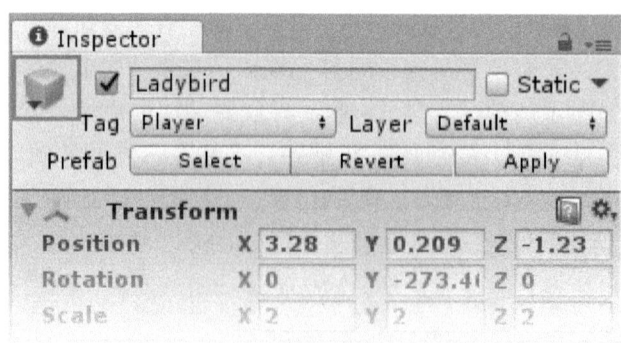

图 1-36 更改游戏对象图标页面

将图标分配给游戏对象后，图标将在 Scene 视图中显示在该游戏对象（以及之后的任何重复项）的上方。还可以将图标分配给预制件，从而将图标应用于场景中该预制件的所有实例。

②脚本 Select Icon 按钮。要为脚本指定自定义图标，请在 Project 窗口中选择脚本，然后在 Inspector 窗口中的脚本名称左侧单击 Select Icon 按钮（C#文件图标，在图 1-37 中以红色方框突出显示）。

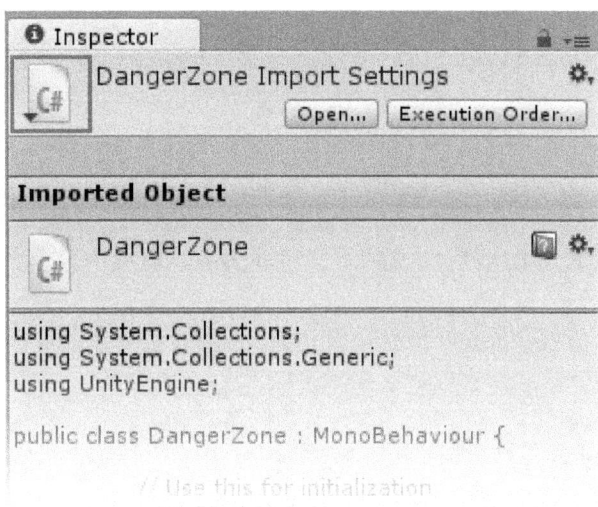

图 1-37　Select Icon 按钮页面

为脚本分配某个图标后，Scene 视图中任何附加了此脚本的游戏对象上方都会显示此图标。

③Select Icon 菜单。如图 1-38 所示，无论是为游戏对象还是脚本分配图标，弹出的 Select Icon 菜单都是相同的：

图 1-38　Select Icon 菜单页面

Select Icon 菜单包含若干个内置图标。单击某个图标将其选中，或单击 Other... 从项目资源中选择要用作图标的图像。内置图标分为两类：标签图标和纯图像图标，如图 1-39 所示。

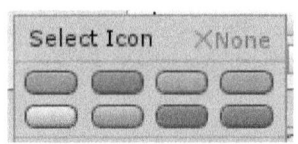

图 1-39　标签图标

将标签图标分配给游戏对象或脚本，可在 Scene 视图中显示游戏对象的名称，如图 1-40 所示。

图 1-40　分配了标签图标的游戏对象

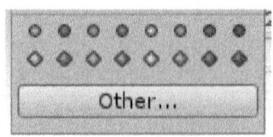

图 1-41　纯图像图标

纯图像图标不显示游戏对象的名称，如图 1-41 所示，这些图标对于分配可能没有可视表示的游戏对象（如导航路点）那样有用。分配图标后，即可在 Scene 视图中查看并单击该图标来选择和移动本来不可见的游戏对象（图 1-42）。

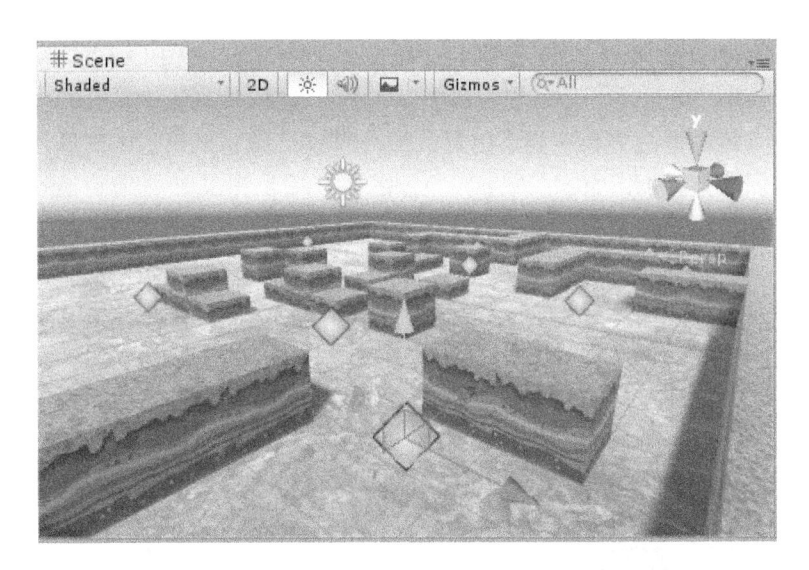

图 1-42　分配给多个不可见游戏对象的黄色菱形图标

项目中的任何资源图像也可以用作图标。例如，骷髅头图标可用于指示关卡中的危险区域，如图 1-43 所示。

图 1-43　代表危险区域的骷髅头

图 1-43 中骷髅头图像已分配给脚本。附加了该脚本的任何游戏对象上都会显示此图标。

（9）编辑属性。"属性"是可以在 Inspector 中编辑的组件的设置和选项。属性可以大致分为"引用"（链接到其他对象和资源）或"值"（数字、复选框、颜色等）。

①引用。可以通过将相应类型的对象或资源拖放到 Inspector 中的属性来分配引用。例如，网格过滤器（Mesh Filter）组件需要在项目中某处引用网格资源。最初创建该组件时，未分配引用（图 1-44）。

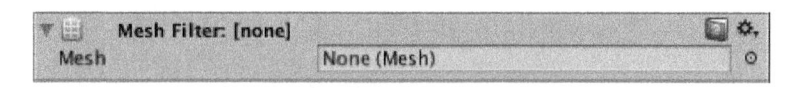

图 1-44　未分配引用界面

但可以通过将网格资源放到组件上来向其分配网格（图 1-45）。

图 1-45　分配引用界面

还可以使用对象选择器（Object Picker），为引用属性选择对象。如果单击 Inspector 中属性右侧的小圆圈图标，则会显示如图 1-46 所示窗口。

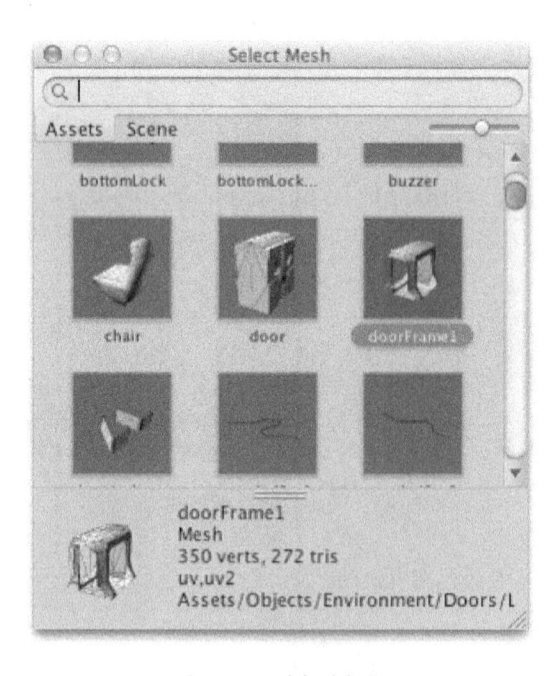

图 1-46　对象选择器

对象选择器可用于搜索和选择场景或项目资源中的对象（窗口底部的信息面板可以根据需要而升高和降低）。为引用属性选择对象只需在选择器中双击该对象即可。

引用属性为组件类型（例如变换组件）时，可以将任何对象拖到该属性上。Unity 会查找此对象上该类型的第一个组件，然后将其分配给该引用。如果对象没有任何正确类型的组件，将拒绝该分配。

②值。大多数值都可以用熟悉的文本框、复选框和菜单进行编辑，具体取决于这些值的类型（为方便起见，也可以通过在属性名称标签上拖动鼠标来上移或下移数值）。但是，有一些更复杂类型的值具有自己的特定编辑器。这些类型的描述如下：

A. 颜色　Unity 使用自己的拾色器，但是在 Mac OS X 上，可以在 Preferences 中选用系统拾色器（菜单：Unity>Preferences，然后从 General 面板选择 Use OS X Color Picker）。

B. 渐变　在图形和动画中，通常需要在空间或时间上逐渐将一种颜色混入另一种颜色。渐变是颜色渐进的可视表现，用于显示主要颜色（称为停靠点）以及这些颜色之间的所有中间色。沿着渐变条底部的向上箭头表示停靠点，可以通过单击停靠点来将其选中，停靠点的值将显示在颜色框中，单击该框时将打开标准拾色器。在渐变条下方单击可以创建新的停靠点，只需单击并拖动即可更改任何停靠点的位置，还可以使用 ctrl/cmd+delete 来移除停靠点。渐变条上方的向下箭头也是停靠点，但是这些停靠点对应于该点处渐变的 Alpha（透明度）。默认情况下，有两个停靠点设置为 100% Alpha（即完全不透明），但可以添加和编辑任意数量的停靠点，具体操作方式与颜色停靠点的方式大致相同。

C. 曲线　曲线是一个线形图，显示对输入变化值（在 X 轴上）的响应（在 Y 轴上）。曲线在 Unity 中的各种不同上下文中使用，尤其可用于动画，并且具有许多不同的选项和工具。

D. 数组　脚本将数组公开为公共变量时，Inspector 将显示值编辑器，从而编辑数组的大小以及其中的值或引用。减小 Size 属性时，将移除数组末尾的值。增加大小时，会将当前的最后一个值复制到添加的所有新元素中。这在设置具有大致相同值的数组时非常有用。可以先设置第一个元素，然后更改大小以将其复制到其他所有元素。

（10）一次编辑多个对象。选择了两个或更多对象时，可以一起编辑这些对象共有的组件（将提供的值复制到所有选定对象）（图 1-47）。

如果所有选定对象的属性值相同，则将显示该值，否则，将该值显示为短划线字符。只有所有对象共有的组件才会显示在 Inspector 中。如果任何选定对象具有其

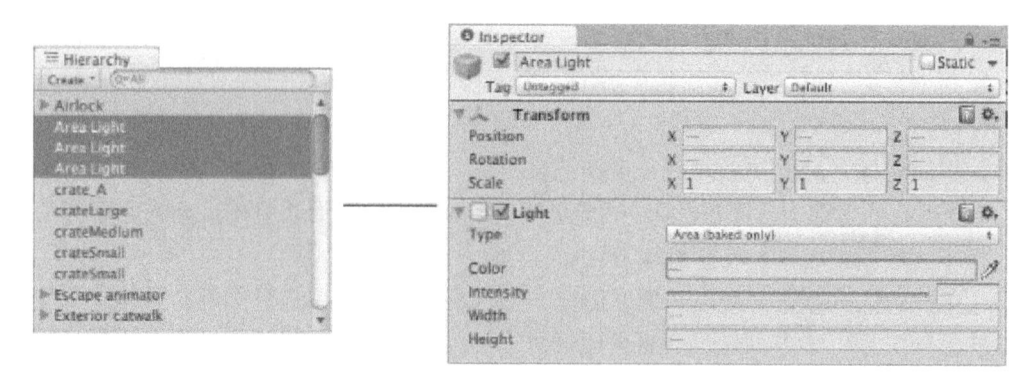

图1-47 一次编辑多个对象

他对象上不存在的组件，则Inspector将显示一条消息，指出某些组件已隐藏。属性的上下文菜单（通过右键单击属性名称标签来打开）的某些选项允许从任何所选组件设置属性值。

需要注意的是，也可以一次编辑预制件的多个选定实例，但常规的Select、Revert和Apply按钮将不可用。

（11）Inspector选项。Inspector Lock和Inspector Debug模式是两个有助于完成工作流程的选项。

①Lock。通常，Inspector显示当前所选对象的详细信息，但有时需要在使用其他对象时将一个对象保留在Inspector中。为实现此目的，Inspector提供了Lock模式，使用Inspector窗口右上角的小挂锁图标即可激活该模式。请注意，可以同时打开多个Inspector（菜单：Inspector选项卡菜单的Add Tab），这样就可以保持一个Inspector锁定并使用第二个Inspector来显示当前选择的对象。下面的示例演示了如何添加新选项卡并将其锁定以使其保留所需视图。如图1-48所示，结果是两个Inspector窗口都可见，每个窗口显示不同的内容。

②Debug/Normal模式。选项卡菜单上的另一个选项是在Normal模式和Debug模式之间选择。通常，Inspector会显示资源或组件的自定义编辑器（如有），但有时直接查看属性会很方便。Debug模式只显示属性而不显示自定义编辑器，对于脚本，该模式还显示私有变量（但是这些变量的值不能像公共变量的值那样进行编辑）（图1-49）。

与Lock模式一样，Debug/Normal模式分别应用于每个Inspector，因此可以同时打开两个Inspector来查看两个视图。

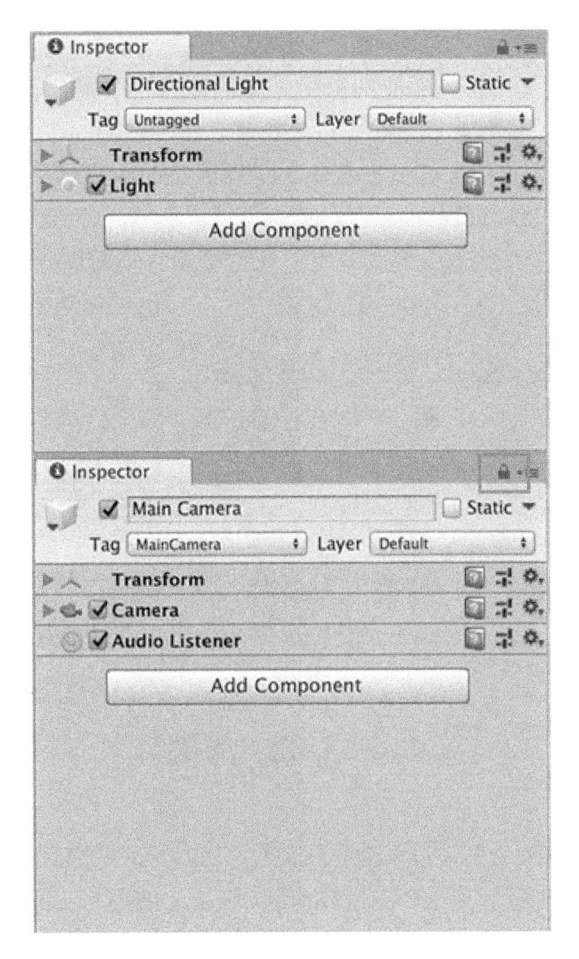

图 1-48　打开两个窗口

图 1-49　在 Debug 模式下看到的脚本，带有灰显的私有变量

#### 1.3.2.5 工具栏

工具栏提供对最基本工作功能的访问。左侧包含用于操作 Scene 视图及其中对象的基本工具。中间是播放、暂停和步进控制工具。右侧的按钮用于访问 Unity 云服务和 Unity 账户，然后是层可见性菜单，最后是 Editor 布局菜单（提供一些备选的 Editor 窗口布局，并允许保存自定义布局）。

工具栏不是窗口，是 Unity 界面中唯一无法重新排列的部分。

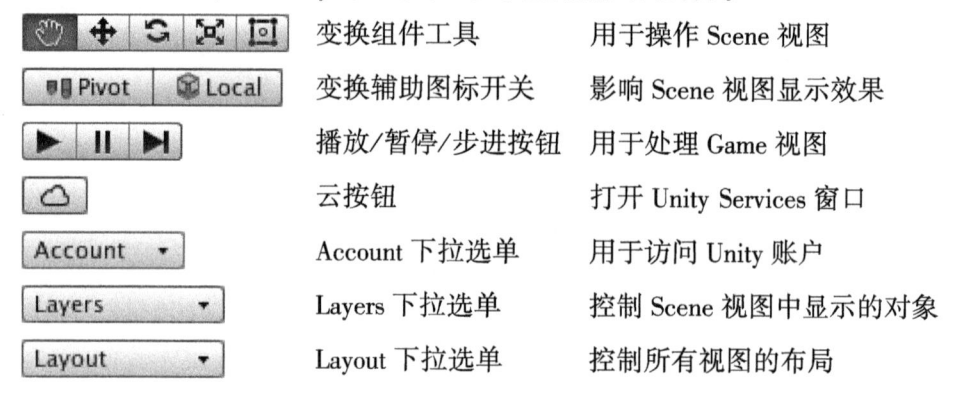

| 图标 | 名称 | 功能 |
| --- | --- | --- |
| | 变换组件工具 | 用于操作 Scene 视图 |
| Pivot / Local | 变换辅助图标开关 | 影响 Scene 视图显示效果 |
| ▶ ‖ ▶│ | 播放/暂停/步进按钮 | 用于处理 Game 视图 |
| ☁ | 云按钮 | 打开 Unity Services 窗口 |
| Account ▼ | Account 下拉选单 | 用于访问 Unity 账户 |
| Layers ▼ | Layers 下拉选单 | 控制 Scene 视图中显示的对象 |
| Layout ▼ | Layout 下拉选单 | 控制所有视图的布局 |

## 1.4 Unity 热键

这一节概要介绍默认的 Unity 键盘快捷键。如果命令的击键中出现 Ctrl/Cmd，表示应在 Windows 上使用 Control 键，在 Mac OS X 上使用 Command 键。

（1）工具部分（表1-2）。

表1-2 按键与功能

| 按键 | 功能 |
| --- | --- |
| Q | Pan |
| W | Move |
| E | Rotate |
| R | Scale |
| T | Rect Tool |
| Z | Pivot Mode toggle |
| X | Pivot Rotation Toggle |
| V | Vertex Snap |
| CTRL/CMD+LMB | Snap |

(2) 游戏对象部分（表 1-3）。

**表 1-3　按键与功能**

| 按键 | 功能 |
| --- | --- |
| Ctrl/Cmd+Shift+N | New empty game object |
| Alt+Shift+N | New empty child to selected game object |
| Ctrl/Cmd+Alt+F | Move to view |
| Ctrl/Cmd+Shift+F | Align with view |
| Shift+F 或连按两次 F | Locks the scene view camera to the selected Game Object |

(3) 窗口部分（表 1-4）。

**表 1-4　按键与功能**

| 按键 | 功能 |
| --- | --- |
| Ctrl/Cmd+1 | Scene |
| Ctrl/Cmd+2 | Game |
| Ctrl/Cmd+3 | Inspector |
| Ctrl/Cmd+4 | Hierarchy |
| Ctrl/Cmd+5 | Project |
| Ctrl/Cmd+6 | Animation |
| Ctrl/Cmd+7 | Profiler |
| Ctrl/Cmd+9 | Asset store |
| Ctrl/Cmd+0 | Version Control |
| Ctrl/Cmd+Shift+C | Console |

(4) 编辑部分（表 1-5）。

**表 1-5　按键与功能**

| 按键 | 功能 |
| --- | --- |
| Ctrl/Cmd+Z | Undo |
| Ctrl+Y（仅限 Windows） | Redo |
| Cmd+Shift+Z（仅限 Mac） | Redo |
| Ctrl/Cmd+X | Cut |

续表

| 按键 | 功能 |
| --- | --- |
| Ctrl/Cmd+C | Copy |
| Ctrl/Cmd+V | Paste |
| Ctrl/Cmd+D | Duplicate |
| Shift+Del | Delete |
| F | Frame (centre) selection |
| Ctrl/Cmd+F | Find |
| Ctrl/Cmd+A | Select All |
| Ctrl/Cmd+P | Play |
| Ctrl/Cmd+Shift+P | Pause |
| Ctrl/Cmd+Alt+P | Step |

（5）选择部分（表1-6）。

表1-6 按键与功能

| 按键 | 功能 |
| --- | --- |
| Ctrl/Cmd+Shift+1 | Load Selection 1 |
| Ctrl/Cmd+Shift+2 | Load Selection 2 |
| Ctrl/Cmd+Shift+3 | Load Selection 3 |
| Ctrl/Cmd+Shift+4 | Load Selection 4 |
| Ctrl/Cmd+Shift+5 | Load Selection 5 |
| Ctrl/Cmd+Shift+6 | Load Selection 6 |
| Ctrl/Cmd+Shift+7 | Load Selection 7 |
| Ctrl/Cmd+Shift+8 | Load Selection 8 |
| Ctrl/Cmd+Shift+9 | Load Selection 9 |
| Ctrl/Cmd+Alt+1 | Save Selection 1 |
| Ctrl/Cmd+Alt+2 | Save Selection 2 |
| Ctrl/Cmd+Alt+3 | Save Selection 3 |
| Ctrl/Cmd+Alt+4 | Save Selection 4 |
| Ctrl/Cmd+Alt+5 | Save Selection 5 |
| Ctrl/Cmd+Alt+6 | Save Selection 6 |
| Ctrl/Cmd+Alt+7 | Save Selection 7 |

续表

| 按键 | 功能 |
| --- | --- |
| Ctrl/Cmd+Alt+8 | Save Selection 8 |
| Ctrl/Cmd+Alt+9 | Save Selection 9 |

（6）资源部分（表 1-7）。

表 1-7　按键与功能

| 按键 | 功能 |
| --- | --- |
| Ctrl/Cmd+R | Refresh |

（7）动画部分（以下动画热键仅适用于 Animation 窗口）（表 1-8）。

表 1-8　按键与功能

| 按键 | 功能 |
| --- | --- |
| Shift+逗号 | First Keyframe |
| Shift+K | Key Modified |
| K | Key Selected |
| Shift+句点 | Last Keyframe |
| 句点 | Next Frame |
| Alt+句点 | Next Keyframe |
| 空格 | Play Animation |
| 逗号 | Previous Frame |
| Alt+逗号 | Previous Keyframe |

## 1.5　项目模板

　　项目模板基于不同类型项目的共同最佳实践而提供预选的设置。这些设置针对 Unity 支持的所有平台上的 2D 和 3D 项目进行了优化。

　　模板可加快准备初始项目、目标游戏类型或视觉保真度的过程。通过使用模板，使用者可能发现一些未曾了解的设置以及可编程渲染管线、着色器图和后期处理等功能。创建项目时，选择用于初始化项目的模板。

　　Unity 提供的模板类型有以下几种。

（1）2D。配置 2D 应用程序的项目设置，包括纹理（图像）导入、Sprite Packer、Scene 视图、光照和正交摄像机。

（2）3D。配置使用 Unity 内置渲染管线的 3D 应用程序的项目设置。

（3）3D With Extras（Preview）。配置使用 Unity 内置渲染器和后期处理功能的 3D 应用程序的项目设置。此项目类型包括新的后期处理栈、几个用于快速启动开发的预设以及一些示例内容。

（4）High Definition RP（Preview）。配置使用高端平台［支持 Shader Model 5.0（DX11 及更高版本）］的项目设置。此模板是使用可编程渲染管线（SRP）构建的，这是一种现代渲染管线，包括高级材质类型和可配置的混合平铺/集群延迟/前向光照架构。此模板还包括新的后期处理栈、几个用于快速启动开发的预设以及一些示例内容。此模板为项目添加以下功能：

①SRP。

②后期处理栈，后期处理栈使美术师和设计师能够使用适合美术师的界面将全屏滤镜应用于场景。

高清渲染管线目前正在开发中，因此需考虑到该功能可能不完整且可能会随时发生变化（API、UX、范围）。因此，未包括在常规 Unity 支持中。Unity 正在寻求有关该功能的反馈。

（5）Lightweight RP（Preview）。配置以性能为主要考虑因素的项目以及使用主要烘焙光照解决方案的项目设置。此模板是使用可编程渲染管线（SRP）构建的，这是一种现代渲染管线，包括高级材质类型和可配置的混合平铺/集群延迟/前向光照架构。此模板还包括新的后期处理栈、几个用于快速启动开发的预设以及一些示例内容。使用轻量级管线可减少项目的绘制调用次数，因此提供了适合低端硬件的解决方案。此项目模板使用以下功能：

①SRP。

②Shader Graph 工具，此工具允许使用可视节点编辑器而无须编写代码来创建着色器。

③后期处理栈，后期处理栈使美术师和设计师能够使用适合美术师的界面将全屏滤镜应用于场景。

轻量级渲染管线目前正在开发中，因此需考虑到该功能可能不完整且可能会随时发生变化（API、UX、范围）。因此，未包括在常规 Unity 支持中。

（6）［XR］VR Lightweight RP（Preview）。对于使用主要烘焙光照解决方案的虚拟现实（VR）项目，配置以性能为主要考虑因素的项目设置。此模板是使用可编程渲染管线（SRP）构建的，这是一种现代渲染管线，包括高级材质类型和可配置的混合平铺/集群延迟/前向光照架构。此模板还包括新的后期处理栈、几个用于快速启动开发的预设以及一些示例内容。在使用此模板之前，确保为要开发的设备准备好正确的 SDK。此项目模板使用以下功能：

①VR-Unity。VR 允许直接从 Unity 中以虚拟现实设备为目标，而无须项目中的任何外部插件。

②SRP。

③Shader Graph 工具。此工具允许使用可视节点编辑器而无须编写代码来创建着色器。

④后期处理栈。后期处理栈使美术师和设计师能够使用适合美术师的界面将全屏滤镜应用于场景。

轻量级渲染管线目前正在开发中，因此需考虑到该功能可能不完整且可能会随时发生变化（API、UX、范围）。因此，未包括在常规 Unity 支持中。

## 1.6　扩展阅读——严肃游戏

2002 年，华盛顿特区伍德罗威尔逊国际学者中心（Woodrow Wilson International Center for Scholars）发起了"严肃游戏计划"（Serious Games Initiative），目的是鼓励解决政策和管理问题的游戏的设计和开发。2003 年，国际游戏开发者协会（IGDA）的活动负责人罗卡（Jason Della Rocca）在 China Joy 大会上进行了名为《"严肃"游戏：游戏对社会经济的潜在影响》的主题发言，他把"严肃游戏"定义为"不以娱乐为主要目的游戏"，并列举了用于训练市长的《模拟城市》、训练董事长的《虚拟领导》、训练员工的《直言者》、训练海军陆战队员的《DOOM》等经典游戏作品。

在 2004 年和 2005 年"严肃游戏峰会"（Serious Games Summit）上，参与会议的大多数人对严肃游戏的定义是：

①远远超越传统游戏市场的互动科技应用，包括人员训练、政策探讨、分析、视觉化、模拟、教育以及健康与医疗。

②能够解决其他方面的问题，诸如训练军人适应异国的文化、让人们在工作时发挥团队精神、教导儿童理解科学原理。

2012 年应用（严肃）游戏高峰会上，对严肃游戏和应用游戏的概念做了进一步的界定。中国传媒大学动画与数字艺术学院游戏设计系主任、教授，中视典数字科技有限公司首席战略官费广正就应用游戏的基本概念、社会价值、如何促进应用以及设计原则、开发模式等问题进行了阐述。费老师认为，应用游戏不是游戏的严肃化，而是游戏概念的扩大。应用游戏的行业范围不应仅仅停留在娱乐行业，而是要扩大到各个领域各个行业的知识传播、技能培训、情趣培养等方面。该会议所提出的严肃游戏定义的重点体现在作用和形式上面。从游戏者的角度上来说，如果严肃游戏没有可以让人着迷的魅力，那么这所谓的严肃游戏和教科书之间的区别也就不存在了。严肃游戏的本质体现在以下两点：第一，严肃游戏可以结合传统游戏的表现手法与自身的科学机理应用于新的受众领域；第二，严肃游戏也同时具有传统电子游戏的本质特征。

目前严肃游戏的应用范围远远超越了传统游戏市场的互动科技应用，并且能够用来辅助解决很多方面的问题，这在严肃游戏的定义中已经提到过。在当前的技术条件以及市场环境的制约下，严肃游戏的应用领域主要在以下几个方面：

①教育培训。教育是严肃游戏的一个重要应用领域。电脑专家利用游戏相关技术开发教育软件，让人们在玩游戏的过程中接受教育。Square Enix 公司首席运营官乙部一郎表示，希望借助拓展游戏开发领域，使游戏产业逐步为更广泛的社会群体所认同并成为新的主流媒体。严肃游戏将成为日后游戏产业拓展业务领域的重要手段，同时也能够使这一产业为更多的普通消费者所接受和认可。

严肃游戏还可以应用于知识和技能的培训，例如各种驾驶技术培训、团队合作培训、服务生培训、技术工人操作培训，甚至连各种家电产品的说明书都可以做成严肃游戏。严肃游戏产业在美国发展迅猛，占据了全美每年上千亿美元企业培训市场的相当份额，而且在以惊人的速度增长。

在中国，很多教育机构早在很多年前就开始使用互动课件的形式授课，这些多媒体课件其实就可以被视为是一种早期的严肃游戏，虽然它们的互动性还过于简单，还不能被视为是绝对意义上的游戏，但是它们存在的目的就是为了通过互动体验的环节向用户传递信息。

2004年，北京的前线网络公司为了配合 CAA 大陆汽车俱乐部的一次以交通安全知识普及为主题的社会活动，向消费者宣传"驾车要系安全带""儿童乘车安全""不要酒后驾车"和"不要超速"4个汽车驾驶员的基本常识，为 CAA 设计开发了一款名为《驾车高手》的严肃游戏，可以说这款严肃游戏是早期中国市场上比较完善的严肃游戏之一，当时《驾车高手》游戏除了在 CAA 的官方网站展示，也被新浪、搜狐等知名网站转载，产生了一定的社会效应。

②军事战争。随着计算机技术和人工智能的发展，各个国家军队开始利用先进技术开发各种模拟真实战斗的训练游戏。在玩游戏的同时，提高军官的指挥能力以及士兵应对各种战场情况的能力。虽然目前严肃游戏在军事领域中最大的贡献是在于知识宣传，但是严肃游戏也同样可以胜任复杂的军事训练任务。在这一方面，美国走在了世界的前列。美国陆军是现在美国严肃游戏市场上最大的买家，牢牢占据了整个市场的半壁江山。1994年，美国海军陆战队成立了世界上第一个游戏军事训

练机构，1995年，美国空军和陆军紧随其后，把游戏作为军队训练的一种辅助手段。美军利用计算机游戏来模拟即将到来的巷战，从而对不熟悉巷战的士兵进行有针对性的训练。利用计算机游戏辅助军事训练一方面可以激发军官与士兵的训练热情、提高战术素养，另一方面还可节省训练经费，最重要的是这是一种安全的方式，可以避免士兵在训练中受伤。

③医疗卫生。医学是严肃游戏涉及的又一应用领域。目前严肃游戏在医疗卫生上主要是利用计算机游戏来治疗各种心理障碍。美国圣地亚哥科技园的虚拟现实医学中心目前正在做这方面的试验和探索，科技人员运用高级三维虚拟现实技术和设备（数据目镜、数据手套等）来治疗诸如恐高、恐飞、恐车、演讲障碍等心理疾病。具有虚拟现实元素的计算机游戏，无疑给这类疾病的治疗带来新的契机。这种技术在治疗外伤导致的精神压抑、成瘾行为等疾病方面也具有广阔的应用前景，能在一些会引起患者痛苦的治疗手段中起到分散患者注意力的作用，比如牙科治疗、理疗、化疗等。另外，结合虚拟现实交互设备的严肃游戏还可以用于医疗手术中的仪器操作训练。

# 第二章 资源管理与使用

资源是指可以在游戏或项目中使用的任何文件。资源可能来自 Unity 外部创建的文件，例如 3D 模型、音频文件、图像或 Unity 支持的任何其他类型的文件，如图 2-1 所示，还有一些可以在 Unity 中创建的资源类型，例如动画控制器（Animator Controller）、混音器（Audio Mixer）或渲染纹理（Render Texture）等。

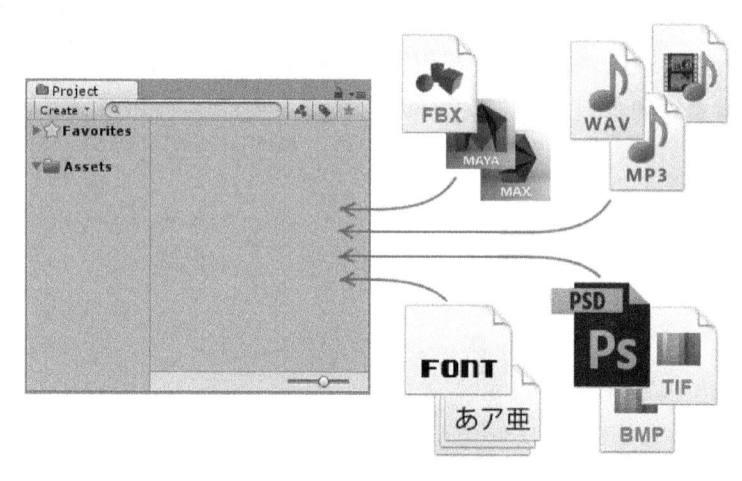

图 2-1 可以导入 Unity 的部分资源类型

## 2.1 常见资源类型

### 2.1.1 图像文件

Unity 支持最常见的图像文件类型，例如 BMP、TIF、TGA、JPG 和 PSD。如果将分层的 Photoshop（psd）文件保存到 Assets 文件夹中，Unity 会将它们导入为展平的图像。

### 2.1.2 FBX 和模型文件

由于 Unity 支持 FBX 文件格式，因此可以从任何支持 FBX 的 3D 建模软件导入数据，Unity 也支持本机导入 SketchUp 文件。

另外还可以使用原生格式（如 max、blend、mb 和 ma）从最常见的 3D 建模软件中保存 3D 文件。Unity 在 Assets 文件夹中找到这些文件时，会通过回调 3D 建模软件的 FBX 导出插件来导入它们。但是，建议将它们导出为 FBX 格式。

### 2.1.3 网格和动画

无论使用哪种 3D 建模软件，Unity 都会从每个文件中导入网格和动画，网格文件不需要导入动画。如果需要使用动画，则可以从单个文件导入所有动画，或导入单独的文件，每个文件包含一个动画。

### 2.1.4 音频文件

如果将未压缩的音频文件保存到 Assets 文件夹中，Unity 会根据指定的压缩设置来导入音频文件。

### 2.1.5 其他资源类型

虽然在 Unity 中可以选择各种方式来压缩、修改或以其他方式处理资源，但在任何情况下，Unity 都不会修改原始的源文件。导入过程会读取源文件，并在内部创建一个可直接用于游戏的资源标识，与所选的导入设置相匹配。如果修改资源的导入设置，或者对 Asset 文件夹中的源文件进行更改，则会导致 Unity 再次导入资源以反映这些更改。

导入原生 3D 格式要求 3D 建模软件与 Unity 安装在同一台计算机上。这是因为 Unity 要使用 3D 建模软件的 FBX Exporter 插件来读取文件，也可以直接从应用程序导出为 FBX 格式并保存到 Projects 文件夹中。

### 2.1.6 标准资源

Unity 附带多个标准资源，这些资源是大多数 Unity 客户广泛使用的资源集合，包括 2D、Cameras、Characters、Cross Platform Input、Effects、Environment、Particle Systems、Prototyping、Utility、Vehicles。Unity 使用"资源包"将标准资源导入和导出项目。如果在安装 Unity 时选择不安装标准资源，可以访问 Asset Store，从其中下载这些资源。

## 2.2 原始对象和占位对象

Unity 可以使用通过建模软件创建的任何形状的 3D 模型，还可以直接在 Unity

43

中创建许多原始对象类型，即立方体（Cube）、球体（Sphere）、胶囊体（Capsule）、圆柱体（Cylinder）、平面（Plane）和四边形（Quad）。这些对象通常很有用（例如，平面通常用作平坦的地面），它们也可用于快速创建占位对象和原型以便用于测试。可使用 Game Object>3D Object 菜单上的相应项将任何这些原始对象添加到场景中。

### 2.2.1 立方体（Cube）

这是一个边长为一个单位的简单立方体，经过纹理化后使图像在六个面中的每个面上重复。就目前而言，立方体在大多数游戏中并不是十分常见的对象，但在经过缩放后，可用于创建墙壁、柱子、盒子、台阶和其他类似物品。此外，立方体也是一个方便的占位对象，供程序员在开发期间成品模型尚不可用时使用。例如，可以使用大致正确尺寸的细长盒体对车身进行粗略建模，虽然这种对象不适合最终游戏，但可作为测试汽车控制代码的简单代表性对象。由于立方体的边长为一个单位，因此可通过在旁边添加立方体并比较尺寸来检查导入到场景中的网格的比例。

### 2.2.2 球体（Sphere）

这是一个单位直径（即 0.5 单位半径）的球体，经过纹理化后使整个图像环绕一次，让顶部和底部"收缩"到两极。球体显然可用于表示球、行星和飞弹，但半透明球体也可制作一个很好的 GUI 工具来表示效果的半径。

### 2.2.3 胶囊体（Capsule）

胶囊体是一个两端有半球形帽的圆柱体。此对象的直径为一个单位且高度为两个单位（主体为一个单位，两个半球形帽各为半个单位）。胶囊体经过纹理化后使图像恰好环绕一次并收缩到每个半球的顶点。虽然真实世界中这种形状的对象不多，但胶囊体是可用于原型设计的占位对象。特别是对于某些任务，圆形对象的物理性质有时优于盒体。

### 2.2.4 圆柱体（Cylinder）

这是一个高度为两个单元且直径为一个单元的简单圆柱体，经过纹理化后使图像围绕主体的管状环绕一次，但也分别出现在两个扁平的圆形端。圆柱体非常适合用于制作柱子、杆和轮子，但应该注意碰撞体的形状实际上是一个胶囊体（Unity 中没有原始圆柱体碰撞体）。如果需要将精确的圆柱形碰撞体用于物理目的，应在建模程序中创建适当形状的网格，并附加网格碰撞体。

## 2.2.5 平面（Plane）

这是一个边长为 10 个单位的扁平正方形，位于局部坐标空间的 XZ 平面内。平面经过纹理化后使整个图像在正方形内只出现一次。平面适用于表示大多数平坦表面，例如地板和墙壁。有时也需要使用平面在 GUI 和特殊效果中显示图像或电影。虽然平面可以用于这样的目的，但更简单的四边形原始对象通常更适合此类任务。

## 2.2.6 四边形（Quad）

四边形原始对象类似于平面，但其边长仅为一个单位，并且表面位于局部坐标空间的 XY 平面中。此外，四边形仅分为两个三角形，而平面包含两百个。在场景对象必须仅用作图像或电影的显示屏幕的情况下，四边形非常有用。简单的 GUI 和信息显示面板可以使用四边形实现，而粒子、精灵和"冒充者"图像（替代远处观看的实体对象）也可以用四边形实现。

## 2.3 资源包

Unity 使用两种类型的资源包：一是 Unity Asset Store 中提供的资源包，允许共享和重复使用 Unity 项目和资源集合。二是 Unity 资源包，可通过 Package Manager 窗口获取。可以使用此类型的资源包导入各种资源，包括直接在 Unity 中导入插件。

Unity 标准资源（Standard Assets）和 Unity Asset Store 中的项目以资源包的形式提供，这些资源包是 Unity 项目中的文件和数据的集合，或项目的元素，它们被压缩并存储在一个类似于 zip 文件的文件中。与 zip 文件一样，资源包在解压缩后保持其原始目录结构，其中还包括资源的源数据（例如导入设置和指向其他资源的链接）。

### 2.3.1 导入自定义资源包

可以导入已从自己的项目或其他 Unity 用户创建的项目导出的自定义资源包。要导入新的自定义资源包，请执行以下操作：

（1）打开要向其中导入资源的项目。

（2）选择 Assets＞Import Package＞Custom Package…以调出文件资源管理器（Windows）或 Finder（Mac）。

(3) 从资源管理器或 Finder 中选择所需的资源包，此时将显示 Import Unity Package 对话框，其中预先选中了资源包中的所有项，可以直接安装。

(4) 选择 Import，然后 Unity 会将资源包的内容放入到 Assets 文件夹中，可以从 Project 视图中访问此文件夹。

### 2.3.2 升级标准资源

升级 Editor 时不会自动升级标准资源。在 Unity 中创建新项目时，可以选择在项目中包含标准资源集合。Unity 会将所选的资源从 Unity 安装文件夹复制到新项目的文件夹。这意味着，如果将 Unity Editor 升级到较新版本，则已导入项目的标准资源不会升级，必须手动升级这些资源。

在现有安装中，更高版本的标准资源在行为方面可能有所不同（例如，出于性能或质量原因），更高版本可能会使项目在外观或行为方面有所不同，因此可能需要重新调整其参数。在决定重新安装之前，请检查资源包内容和 Unity 的发行说明。

### 2.3.3 导出资源包

使用 Export Package 可创建使用者自己的自定义资源包：

(1) 打开要从中导出资源的项目。

(2) 从菜单中选择 Assets>Export Package…以弹出 Exporting Package 对话框。

(3) 在此对话框中，通过单击复选框来选择要包含在资源包中的资源。

(4) 将 include dependencies 复选框保持选中状态，即可自动选择所选资源使用的所有资源。

(5) 单击 Export 以打开文件资源管理器（Windows）或 Finder（Mac），然后选择要存储资源包文件的位置。

(6) 为资源包命名，并将其保存任何所需位置。

导出资源包时，Unity 也可以导出所有依赖项。例如，如果选择一个场景并导出包含所有依赖项的资源包，那么也将导出场景中出现的所有模型、纹理和其他资源。这是导出大量资源的快捷方法，无须手动定位所有资源。

### 2.3.4 更新资源包

有时使用者可能希望更改资源包的内容并创建资源包的更新版本，为此需要执行以下操作：

(1) 选择希望纳入资源包中的资源文件（选择未更改的文件和新文件）。

(2) 如上文的导出资源包中所述，导出文件。

可以重命名更新的资源包，而 Unity 会将其识别为更新，因此可以使用增量式命名方式，例如：MyAssetPackageVer1、MyAssetPackageVer2。

不建议从资源包中删除文件，然后使用相同名称来替换这些文件，Unity 会将这些文件识别为不同且可能发生冲突的文件，因此在导入这些文件时会显示警告符号。如果已删除文件，随后决定恢复此文件，最好给此文件提供一个与原名不同但相关的名称。

## 2.4 模型导入流程

（1）适当地减面。如图 2-2、图 2-3 所示，执行 Maya 的 display 菜单下的 headsupdisplay 下的 polycount 命令，可在左上角看到当前物体点、线、面的数量。此命令只适合于查看多边形物体的点、线、面的数量。一个简单的方法是选定物体的面然后在 Polygon 模式下执行 Mesh→Reduce 命令。对于 Zbrush 等软件制作的高模也可以使用手动拓扑的方式来减少面。

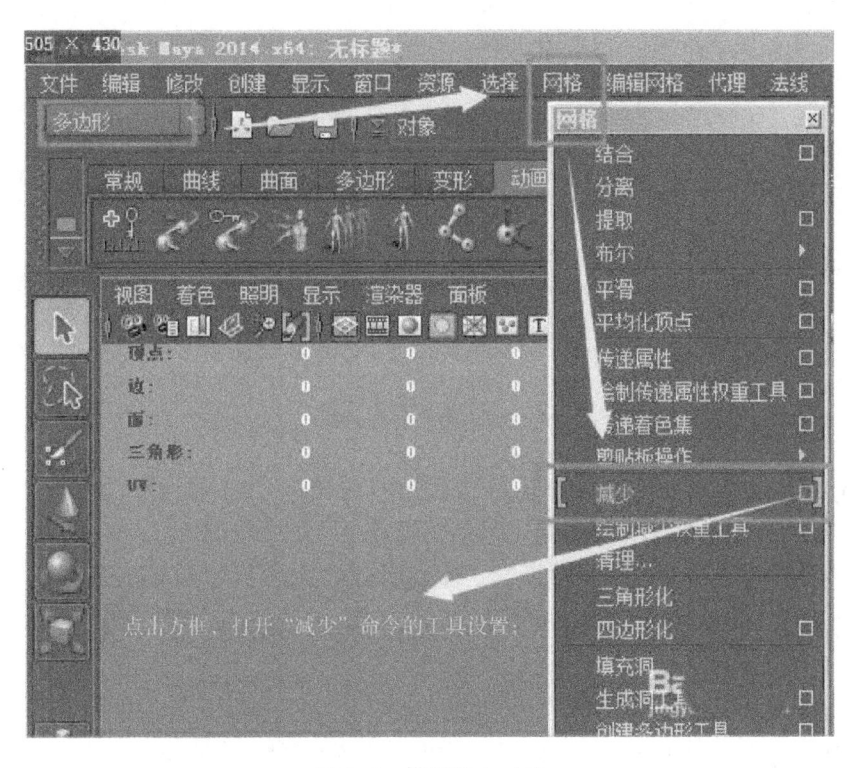

图 2-2 模型导入（1）

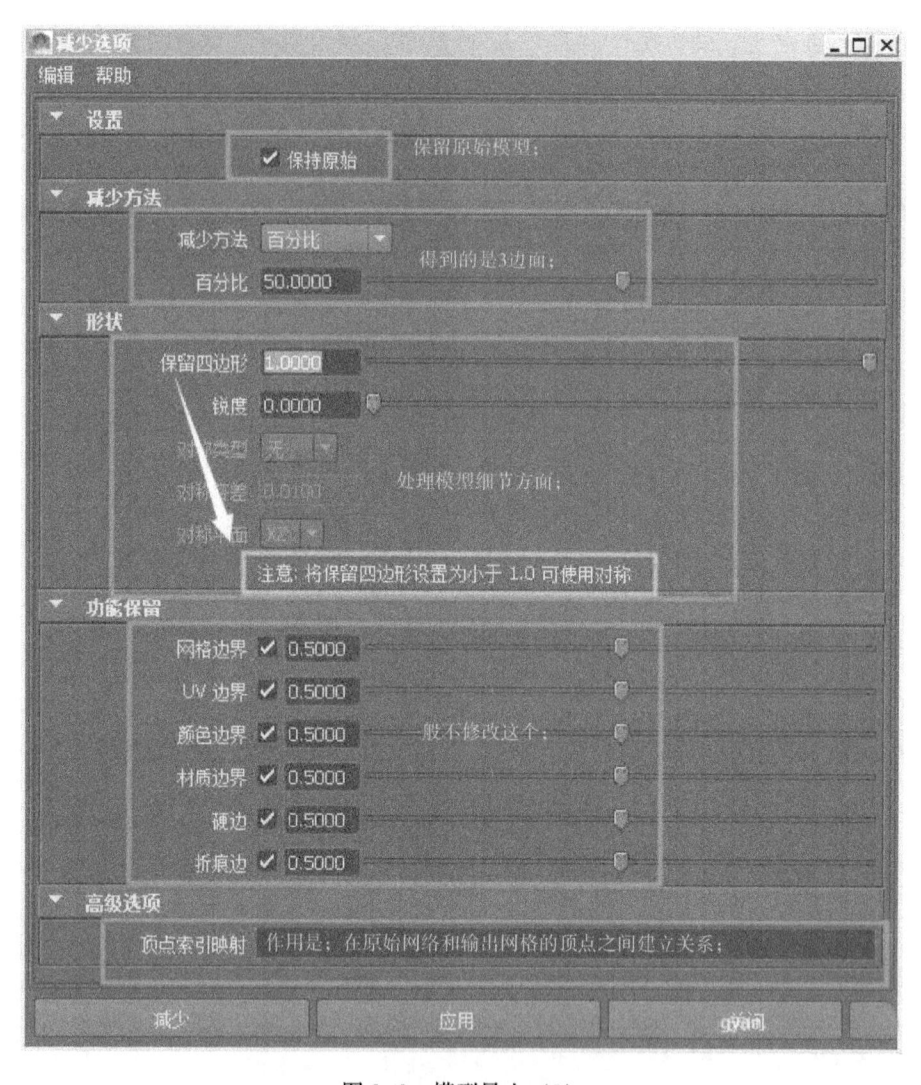

图 2-3 模型导入（2）

（2）UV 贴图。熟悉 Maya 的开发人员可以在 Maya 中为模型展开 UV。但是不建议在 Maya 中绘制贴图。对于要求不高的场景中，可以用 Maya 烘焙一个简单的贴图，并将贴图导出以后在 PS 中绘制。现在行业内比较流行的做法是在 Substance Designer 或者 Substance Painter 中绘制。

（3）检查模型。

①检查是否有多余的模型。

②检查是否有多于 4 边的面，这一步可以把多点多线的问题一并解决。

③检查是否有三线共边，是否有重叠面。

④检查法线正反。
⑤检查是否有错误的开放边。
⑥查看软硬边显示是否得当。
（4）删除模型历史记录（但不要删掉 smooth 的历史）。
（5）清除大纲。清除 outliner 中无用节点。
（6）按照要求摆放模型位置、坐标轴位置，然后坐标归零。
（7）冻结变换。
（8）导出选中的模型，FBX。
（9）检查缩放。
（10）设定材质。

# 第三章　创建真实的地形

Unity3D 中的地形类似于 Maya 中使用置换贴图来变形高段数的多边形平面，其原理是自动创建一个中等多边形密度的 mesh plane（多边形平面），然后指定一张 16bit 的灰阶图作为 height map（高差图），并根据 mesh 各个顶点所对应的灰度数值沿着 Y 轴改变该顶点的高度，形成高低起伏的复杂地形。

Unity3D 内置了一套简单的 brush（笔刷）工具来方便用户对地形物体的编辑修改。

Splat：地形所使用的贴图，即 Terrain Texture，术语叫 Splat 或者 Splat map。

Splat Alhpa Map：地形贴图布局图，用图的 rgba 各个通道来表示贴图在地形上的使用，project 界面里展开地形即可看见，术语叫 Splat Alpha Map，或者 Alpha Map。

## 3.1　创建地形

如图 3-1 所示，通过菜单 GameObject>3D Object>Terrain 可以创建一个 Terrain（地形）。或者点击"Hierarchy"视图的"Create"，在下拉框中选中"3D Object"→"Terrain"。

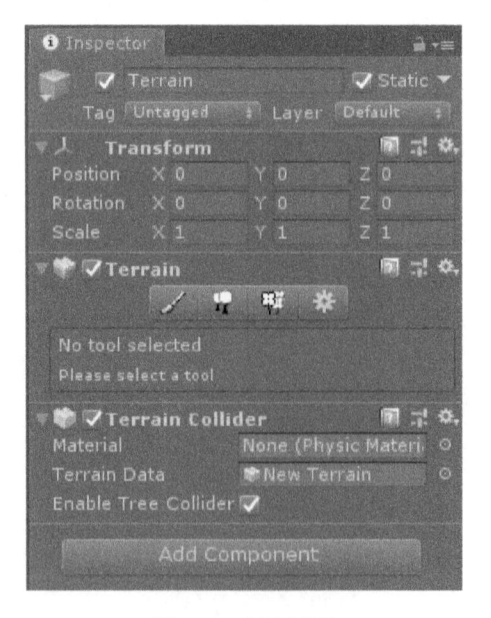

图 3-1　创建地形

## 3.1.1 创建相邻地形（Create Neighbor Terrains）

选择工具后，Unity 会突出显示所选"地形"图块周围的区域，指示使用者可以在其中放置新的连接图块的空间。

图 3-2 创建相邻地形

左键单击区域，将自动生成一片空白的 Terrain，并在 Assets 文件夹中生成一个新的 assets 文件。

需要注意的是：

（1）默认情况下，Unity 在 Terrain 的 Terrain Settings 中启用"Auto connect"。当自动连接被启用，地形系统会自动管理周边地形之间的连接，并且会自动连接到具有相同 Grouping ID 的相邻 Terran。

（2）在极少数情况下，如果更改 Grouping ID 或为一个或多个图块禁用自动连接，则可能会失去图块之间的连接。要在地形图块之间重新创建连接，请单击 Inspector 面板中 Terrain settings 中的"reconnect"按钮。如果两个相邻的图块具有相同的分组 ID，并且两个图块都启用了自动连接，"重新连接"会但仅连接这两个相邻的 Terrain。

## 3.1.2 升高或降低地形（Raise or Lower Terrain）

单击 Paint Terrain 按钮，然后在下拉菜单中选择"Raise or Lower Terrain"，如图 3-3 所示。

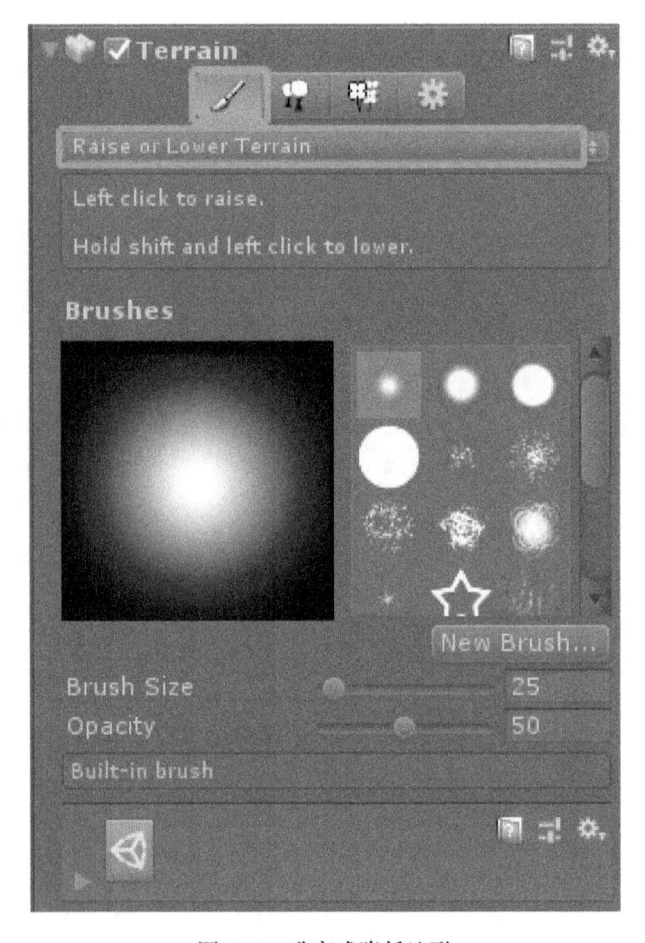

图 3-3　升高或降低地形

从调色板 Brushes 中选择一个画笔，然后单击左键并将其拖动到 Terrain 对象上以提高地形高度直到最大高度（在地形设置中的 Terrain Height 值）。在按住 Shift 键的同时单击左键并拖动以降低地形高度直到地形高度降为 0。

（1）Brushes：可以选择不同的笔刷形状来进行绘制工作，简单来说就好像在 Photoshop 里面绘制一张 16bit 色深的灰阶图。

（2）Brush Size：控制画笔工具的大小以创建不同的效果，从大山峰到小细节。

（3）Opacity：确定画笔的强度，值越大改变地形速度越快。

由于每一次改变地形，unity 默认都会自动生成光照贴图，导致性能减弱，可以关闭 Baking，在 windows 菜单→rendering→lighting setting→取消勾选最下面的 auto Generate，如图 3-4 所示。

第三章 创建真实的地形

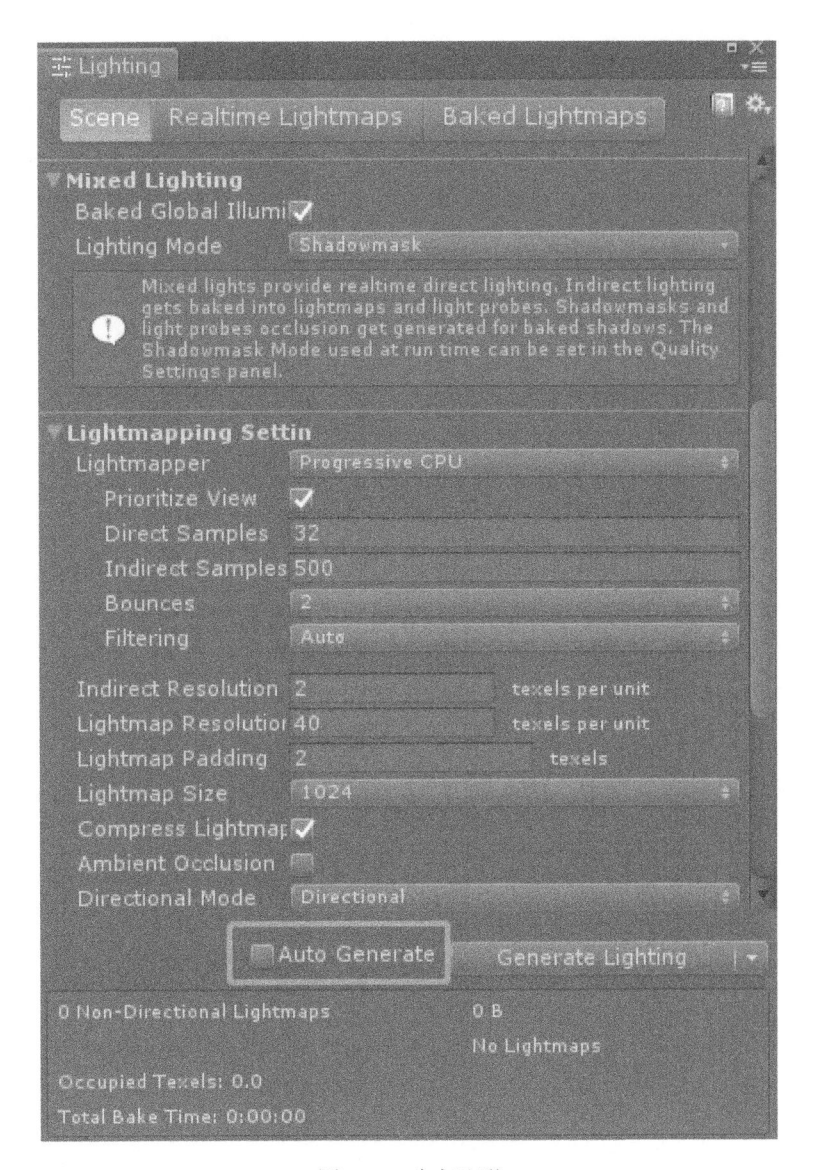

图 3-4 改变地形

## 3.1.3 绘制纹理（Paint Texture）

使用"Paint Texture"工具将诸如草、雪或沙之类的纹理添加到 Terrain 中。它使我们可以将平铺纹理的区域直接绘制到 Terrain 上。如图 3-5 所示，在 Inspector 面板中，单击"绘制地形"图标，然后选择从"Brushes"工具列表中绘制纹理。

53

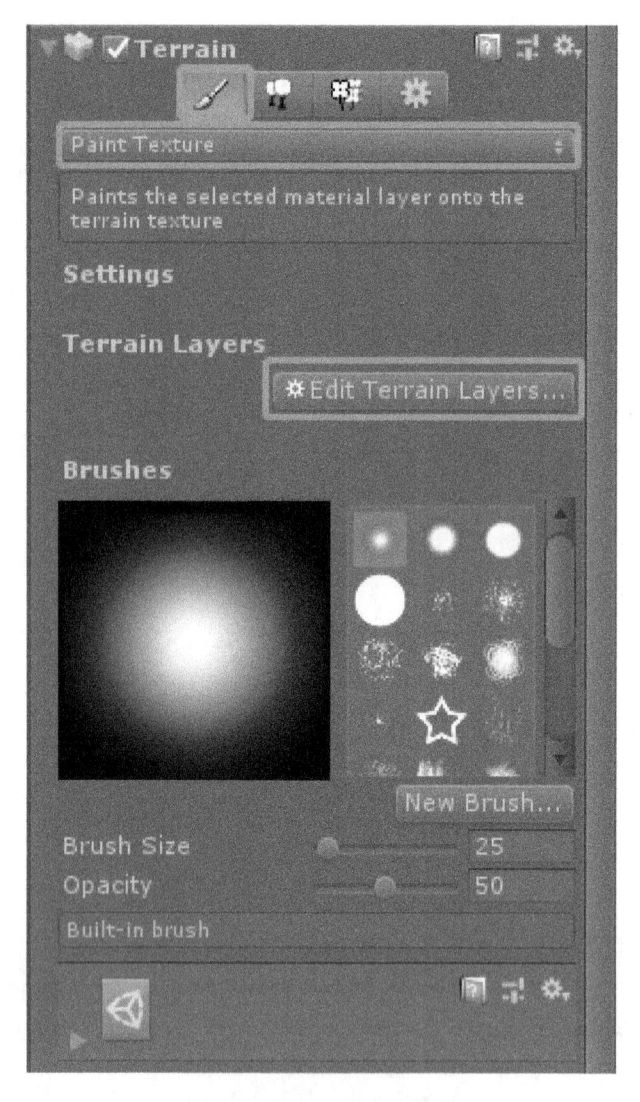

图 3-5  Paint Texture 使用

使用方法：

（1）要配置该工具，必须首先单击"Edit Terrain Layers"按钮以添加"地形图层"。我们添加的第一个 Terrain 图层将使用配置的纹理泛洪填充我们的 Terrain，我们可以添加多个地形图层。但是，每个图块支持的地形层数取决于我们的特定渲染管线。

（2）接下来，我们选择画笔进行绘画。笔刷是基于纹理的资产，该纹理定义笔刷的形状。从内置画笔中选择或创建自己的画笔。

（3）最后，在 Scene 视图中查看，单击左键并在"Terrain"上拖动光标以创建平铺纹理区域。

| 属性 | 作用 |
| --- | --- |
| Opacity | 确定画笔的强度，值越大，改变地形速度越快 |
| Brush Size | 控制画笔工具的大小 |

需要注意的是：
①应用于地形的第一个地形层将自动成为基础层，并扩展到整个景观。
②我们可以使用其他地形图层绘制区域以模拟不同的地面，例如草、沙漠或雪。要在草木乡村和沙滩之间逐渐过渡，可以选择应用不同透明度可变的纹理。
③我们可以跨越图块边界进行绘制，以使相邻区域具有自然的有机外观。
④地形系统会将选定的地形图层添加到您绘制的任何地形上。
⑤绘制纹理时可以使用官方提供的纹理资源。导入 Standard Assets 资源包，在 Assets \ Standard Assets \ Environment \ TerrainAssets \ SurfaceTextures 下有默认的纹理。

## 3.1.4 设置高度（Set Height）

如图 3-6 所示，使用"Set Height"工具来调整"Terrain 区域的高度中的特定值。

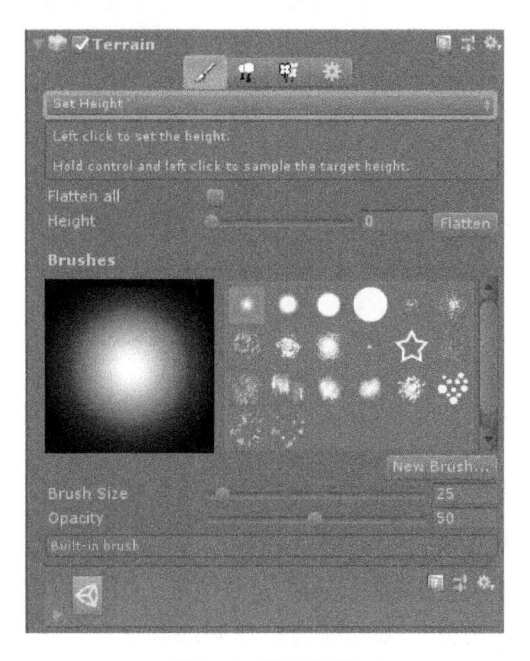

图 3-6 设置高度

Set Height 对于在场景中创建平坦的水平区域很有用，例如高原或人造特征（如道路、平台和台阶）。

使用"Set Height"工具绘画时，单击左键在 Terrain 上拖动，它将降低当前高于目标高度的地形区域，并升高低于目标高度的区域。

| 属性 | 作用 |
| --- | --- |
| Height | Set Height 工具的目标高度 |
| Brush Size | 控制画笔工具的大小以创建不同的效果，从大山峰到小细节 |
| Opacity | 确定画笔的强度，值越大，改变地形速度越快 |

需要注意的是：

①如果您按下在 Height 属性旁"Flatten"按钮，它将使当前选中那一块 Terrain 图块均达到您指定的目标高度。例如，如果您希望景观同时包括地面以上的丘陵和地面以下的山谷，这对设置升高的地面很有用。

②如果勾选了 Flatten all 按钮，再按下"Flatten"按钮时，它将调平场景中的所有 Terrain，并移动到目标高度。

### 3.1.5 光滑高度（Smooth Height）

"Smooth Height"工具可以平均附近区域，使景观柔和并减少突然变化的外观，它不会显著提高或降低地形高度。

使用包含高频图案的画笔绘画后，平滑处理特别有用。这些笔刷图案倾向于将尖锐的锯齿状边缘引入到景观中，但是您可以使用"Smooth Height"工具来软化该粗糙度。

使用"Smooth Height"工具绘画时，单击左键在 Terrain 上拖动。

| 属性 | 作用 |
| --- | --- |
| Opacity | 确定画笔的强度，值越大，改变地形速度越快 |
| Brush Size | 控制画笔工具的大小 |

### 3.1.6 Stamp Terrain

如果使用"Brushes"来创建自定义画笔，该"纹理"表示具有特定地质特征（例如山丘）的高度图，则 Stamp Terrain 很有用。

使用 Stamp Terrain 工具，您可以选择现有的画笔并单击以选用它。在 Terrain 中每次单击都会引发 Terrain 中出现所选笔刷形状的"Stamp Height"。要将 Stamp

Height 乘以百分比，请移动 Opacity 滑块以更改其值。例如，Stamp Height 为 200，Opacity 为 50%，则将每个 Stamp 的高度设置为 100。

Max↔Add 让我们选择是将 Stamp 的高度添加到地形的当前高度，还是取两者中的最大高度。

如果将"Max↔Add"设置为 0，然后在地形上标记，Unity 会将 Stamp Height 与标记区域的当前高度进行比较，并将最终高度设置为较高的值。

如果将"Max↔Add"设置不为 0，然后在地形上标记，Unity 会将 Stamp Height×(Max↔Add) 的值添加到标记区域的当前高度，以便最终高度是两个值的总和。

| 属性 | 作用 |
| --- | --- |
| Stamp Height | 标记的高度 |
| Max↔Add | 选择最大还是添加 |
| Opacity | 确定画笔的强度，值越大，改变地形速度越快 |
| Brush Size | 控制画笔工具的大小 |

## 3.2 使用 terrain-rgb 图像来生成真实地形

与我们平时所熟悉的黑白高度图相比，mapbox 提供的 rgb 图像通常看起来是蓝绿色，在一些临近像素的颜色可能会出现极大的差别。这是由于 terrain-rgb 使用了 RGB 三个通道来共同表示某个区域的海拔高度，比起只使用了一个有效通道的灰度图包含了更多信息，但可读性也变差了。

在获取了高度图后，我们首先要做的是将它转换为高度数据。首先准备好生成地形的各种参数：

[SerializeField]
Texture2D tex2d;//高度图
[SerializeField]
int sx=20;//mesh 在 x 和 y 方向的分段数量
[SerializeField]
int sy=20;
[SerializeField]
float width=100;//生成的 mesh 的尺寸,正方向的边长
[SerializeField]

float heightscale=1;//添加一个系数来调整生成的地形 y 方向的缩放,
　　　　　　　　//如果要制作真实比例的地形

以及生成一个 mesh 所需的一些数据:

Mesh mesh;

Vector3[ ]_vertices;

Vector2[ ]_uvs;

int[ ]_triangles;

把一张高度图案中 sx×sy 的块数切割,获得的顶点数量是（sx+1)×(sy+1)。要确保采样的点在高度图的边缘像素上,每个顶点之间相差的距离（tex2d.width-1)/sx 和（tex2d.height-1)/sy,之后按照顺序依次采样,并将获取的颜色换算成高度。

由于 mesh 的顶点数据保存在 vertices 中,所以在从高度图中取样的同时,顺便把 vertices 也准备好。地形的整体尺寸是 width 时,每个顶点在 x 和 z 方向的跨度就是 width/sx 和 width/sy,而 y 值就是刚刚通过颜色换算出的高度。与 heightscale 相乘是为了让结果比较直观,与事后调整 scale 达到的是同样的效果,实际使用的时候可以酌情添加。

接下来准备 Triangles 数组。根据官方文档中的解释,Mesh.triangles 储存的是 vertices 中顶点的排列顺序（The array is a list of triangles that contains indices into the vertex array)。

将顶点用横线和竖线连接起来后,整个地形就被划分成了 sx×sy 个小方块,接下来将每个小方块拆分为两个三角面,每个三角面对应三个顶点。

```
void setMeshTriangles()
{
    int sum=Mathf.FloorToInt(sx*sy*6);////每格两个三角形,6个顶点
    _triangles=new int[sum];
    int index=0;
    for(int yy=0;yy<sy;yy++)
    {
        for(int xx=0;xx<sx;xx++)
        {
            int self=xx+(yy*(sx+1));
            int next=xx+(yy+1)*(sx+1);
            _triangles[index]=self;
            _triangles[index+1]=next+1;
            _triangles[index+2]=self+1;
```

```
            _triangles[index+3] = self;
            _triangles[index+4] = next;
            _triangles[index+5] = next+1;
            index+=6;
        }
    }
}
```

接下来，如果需要给地形贴图的话，就需要设定一下每个顶点的 uv，如果什么也不做的话，每个点都是默认值（0，0）。设定 uv 时，只要将 0~1 的值平均分配给每个顶点即可。

```
void setUV()
{
    _uvs = new Vector2[(sx+1) * (sy+1)];
    float u = 1.0F/sx;
    float v = 1.0F/sy;
    for(int yy = 0; yy<=sy; yy++)
    {
        for(int xx = 0; xx<=sx; xx++)
        {
            int self = xx+yy * (sx+1);
            _uvs[self] = new Vector2(xx * u, yy * v);
        }
    }
}
```

最后，生成 mesh，并用已经准备好的几个数组为其赋值。

```
void DrawMesh()
{
    mesh = new Mesh();
    gameObject.AddComponent<MeshFilter>().sharedMesh = mesh;
    ////给 mesh 赋值
    mesh.Clear();
    mesh.vertices = _vertices;
    mesh.uv = _uvs;
```

```
        mesh.triangles=_triangles;
        mesh.RecalculateNormals();////重置法线
        mesh.RecalculateBounds();////重置范围
    }
```
再添加 meshrender，让生成的地形显示出来。
```
        gameObject.AddComponent<MeshRenderer>();
```
这样，一个根据真实地理数据制作的地形就生成出来了，将这块地形所对应的卫星图作为材质贴在上面，一块真实世界的地形就完成了。

## 3.3　绘制树木（Paint Trees）

如图 3-7 所示，点击 Edit Trees...→Add Tree→选择。

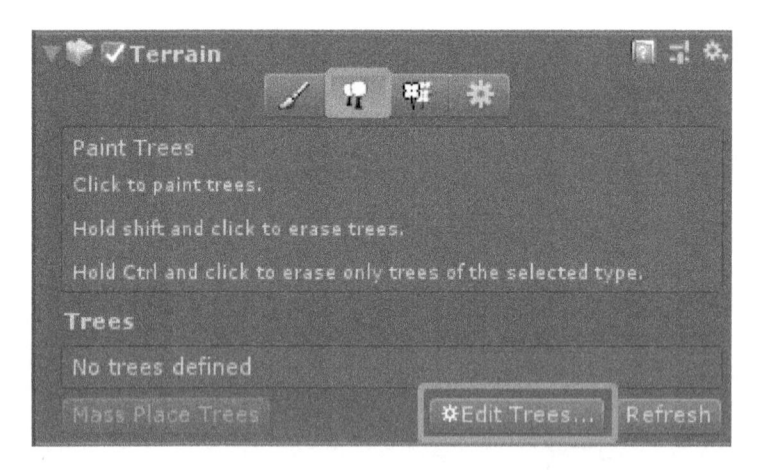

图 3-7　绘制树木

绘制树木的过程：

（1）按下左键拖动开始刷树。

（2）按住 Shift 键重复操作可以删除已经刷出来的全部种类的树。

（3）按住 Ctrl 键左键拖动可以删除当前选择种类的树。

| 属性 | 作用 |
| --- | --- |
| Brush Size | 笔刷大小，控制可以添加树的区域的大小 |
| Tree Density | 树的密度，设置在"Brush Size"定义的区域上绘制的树的平均数量 |

续表

| 属性 | 作用 |
|---|---|
| Tree Height | 树的高度（Y轴缩放），如果勾选 Random，系统自动随机生成不同高度的树，而树的高度的范围取决于中间的白色滑块，白色滑块的范围可以调整 |
| Lock Width to Height | 默认情况下，树的模型比例锁定了，因此，树总是始终按比例缩放，但是，我们可以禁用"Lock Width to Height"选项，可以在下面参数 Tree Width 里分别指定宽度（其中 X 和 Z 轴，也就是横截面一定是等比例缩放的）|
| Color Variation | 颜色的随机变化程度，会自动让不同的树的颜色产生一定的差异 |

## 3.4 绘制细节（Paint Details）

一个地形可能有草丛和其他小物体（如岩石），可以用 Paint Details 来刷细节（图 3-8）。

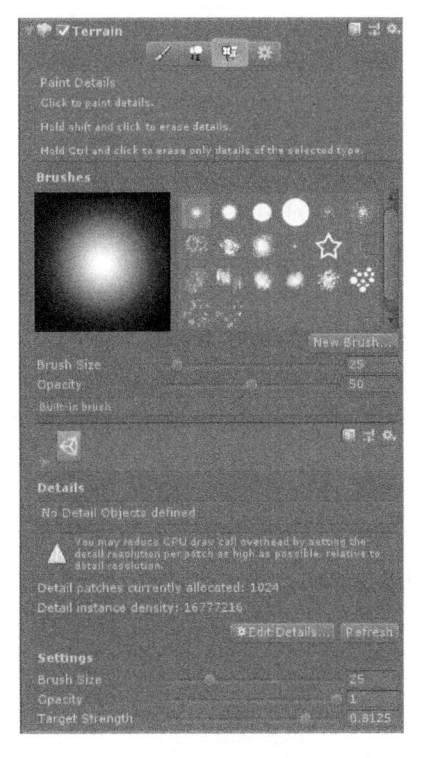

图 3-8 绘制细节

最初，地形没有可用的草或细节。在检查器中，单击"编辑细节"按钮以显示带有"添加草纹理"和"添加细节网格"选项的菜单。单击任一选项以打开一个窗口，可以在其中选择资产以添加到地形以进行绘制。

①添加草贴图：在 Details 栏点击 Edit Details...→Add Grass Texture，打开 Add Grass Texture 面板设置新建"草贴图"的参数。

②添加细节物体：在 Details 栏点击 Edit Details...→Add Details Mesh，打开 Add Details Mesh 面板设置新建"细节物体"的参数。

绘制细节的步骤：

①按下左键拖动开始刷细节物体。

②按住 Shift 键重复操作可以删除已经刷出来的全部种类的细节物体。

③按住 Ctrl 键左键拖动可以删除当前选择种类的细节物体。

| 属性 | 作用 |
| --- | --- |
| Detail | 选择一张花或者草的贴图 |
| Min Width、Max Width、Min Height、Max Height | 单个草物体的最大最小的宽高值 |
| Noise Spread | 增加其在所选范围中分布的随机性 |
| Healthy Color | 细节物体的健康颜色 |
| Dry Color | 细节物体的干枯颜色 |
| Render Mode | 细节物体的渲染模式。选择 Grass，细节物体会被压扁成一个薄片，然后用草的渲染方式来渲染；选择 Vertex Lit，细节物体接收的光照模式为顶点照亮 |

需要注意的是：

①点击 Detail 旁的小圆点来选择的细节物体。

②Unity 在 Min Width 和 Max Width 值以及 Min Height 和 Max Height 值之间，随机取值进行缩放。Unity 对细节物体的 x 和 z 轴都使用 Width 缩放，对 y 轴使用 Height 缩放。Noise Spread、Healthy Color 和 Dry Color 值的作用与草一样。

| 属性 | 作用 |
| --- | --- |
| Detail Texture | 选择一张花或者草的贴图 |
| Min Width、Max Width、Min Height、Max Height | 单个草物体的最大最小的宽高值 |
| Noise Spread | 增加其在所选范围中分布的随机性 |
| Healthy Color | 草的健康颜色 |

续表

| 属性 | 作用 |
| --- | --- |
| Dry Color | 草的干枯颜色 |
| Billboard | 勾选后就以一张贴图永远面向 Camera 生成单个草物体。取消勾选就会以贴图十字交叉的样子来生成单个草物体 |

需要注意的是：

①Detail Texture 是代表草的贴图。可以用贴图来表示类似物体，例如铁丝网、花朵之类的。

②Min Width、Max Width、Min Height 和 Max Height 值用来指定所生成的上部和下部的大小限制草团块。为了营造出真实的外观，以随机的"嘈杂"模式生成草，并散布着裸露的斑块。

③Noise Spread 值控制裸露和草皮斑块的近似大小，值越高，在指定区域内会出现更多的变化。Unity 使用 Perlin noise 算法，Noise Spread 指的是在 Terrain 的 x、y 位置与图像之间应用的缩放比例。

④交替出现的草块在中心处比边缘处"更健康"，并且在健康颜色和干枯颜色设置中设置的颜色代表草的健康程度。

⑤最后，勾选 Billboard 选项后，贴图将自动旋转，让它们始终面对 Camera。当我们要显示草丛茂密的草地时，这个操作很关键，因为草是二维的，从侧面看不到。但是，在稀疏的草丛中，玩家可能会看到单个贴图的旋转，从而产生奇怪的效果。

## 3.5 地形设置（Terrain Settings）

（1）Base Terrain：基本地形设置（如图 3-9、图 3-10 所示）。

①Draw：是否显示该地形。

②Pixel Error：贴图和地形之间的准确度，值越高越不准，但系统负担越小。

③Pixel Map Dist：在多少距离以外地形贴图将自动转为较低分辨率（以提高效率）。

④Cast Shadow：是否投射阴影（如果是很平的地形可以不投射阴影）。

⑤Material：地形使用的材质类型。

⑥Reflection Probes：地形是否会被反射探球所计算（是否能出现在反射贴图里面）。

⑦Thickness：在发生碰撞时，该地形向-y方向延伸的厚度（用来防止高速物体穿过较薄的地形）。

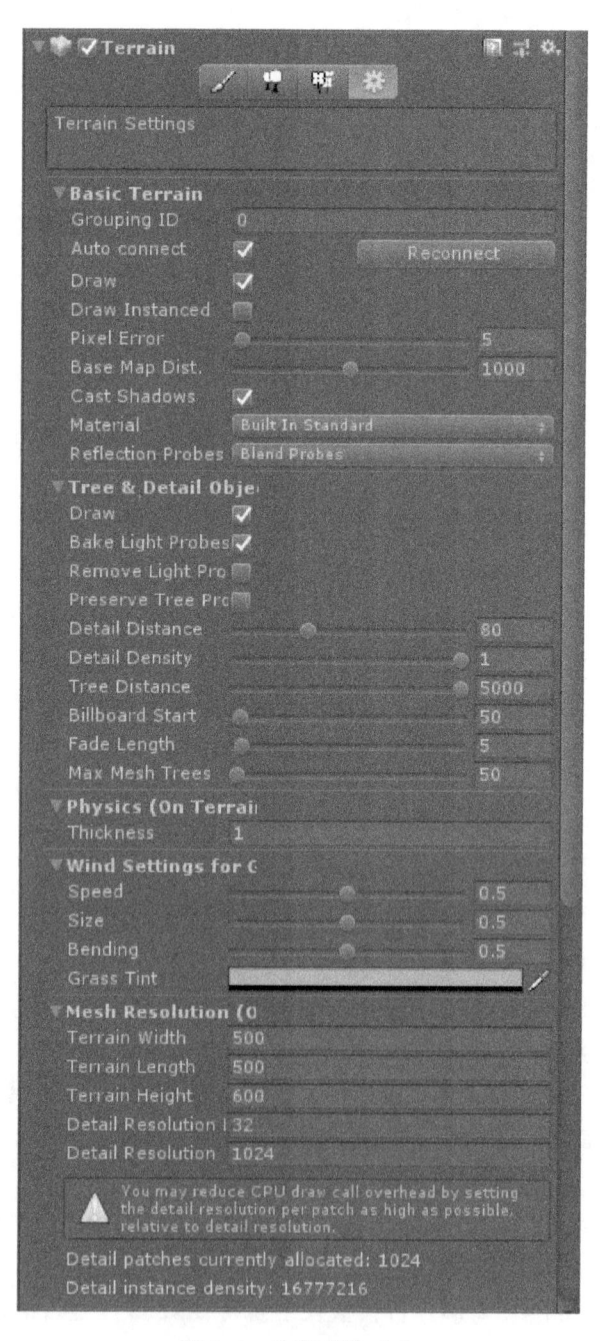

图3-9 地形设置（1）

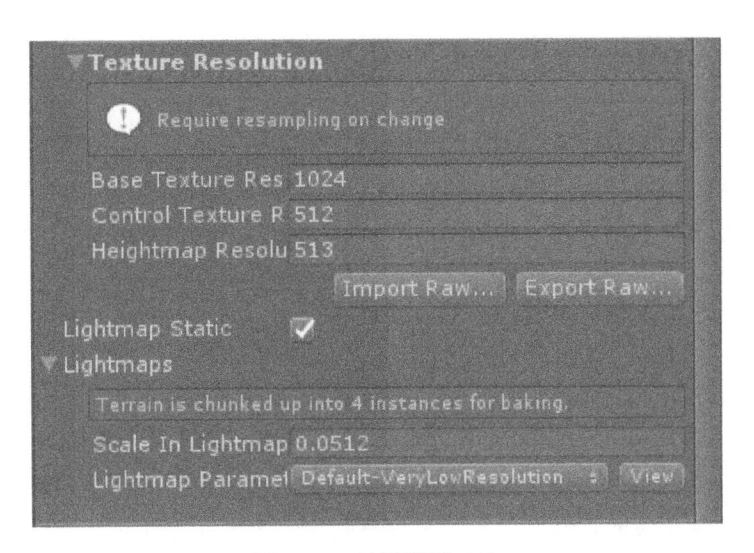

图 3-10　地形设置（2）

（2）Tree & Detail Objects：树和细节物体。

①Detail Distance：在多少米视距范围内显示 Details 物体。

②Collect Detail Patches-Detail Density：Details 物体的密度（1 单位面积内最多出现多少个 Detail 物体）。

③Tree Distance：在多少米视距范围内显示 Tree 物体。

④Billboard Start：多少米以外 Tree 物体开始显示为一张贴图。

⑤Fade Length：从多少米以外 Tree 物体开始被逐渐替换成贴图。

⑥Max Mesh Trees：场景中最多出现多少棵真正的多边形树（也就是说超过这个数量的树不论距离摄影机的距离有没有达到标准都会被替换成一张贴图），这个值太小的话，"跳帧"现象会非常明显。

（3）Wind Settings for Grass：风和草的设定。

①Speed：风速。风速越快，草的摆动幅度越大。

②Size：草的基础大小。

③Bending：草物体被风吹弯的最大程度。

④Grass Tint：对草物体统一添加一个颜色，通常会设置为与地面颜色接近的颜色。

（4）Resolution：分辨率。

①Terrain Width：地形最大宽度（米）。

②Terrain Length：地形最大长度（米）。

以上这两个属性的默认面积是 500×500，可以在这里改变整个地形的面积。

③Terrain Height：地形最大高度（米），这个值是我们能够刷出的地形高度的最大值。

④Heightmap Resolution：刷出来的高差图的分辨率，513 的话代表一个像素值控制大概 1 米区域的地貌，由于我们的笔刷是按照像素来规定大小的，如果我们在一个较低的 Heightmap Resolution 下刷好地面以后修改 Heightmap Resolution 为一个较高的值，会发现我们刷好的范围会变成一个角落里的一小块地形，所以千万不要刷到一半的时候再去修改这个数值。

⑤Detail Resolution：细节分辨率

⑥Detail Resolution Per Patch：每个补丁的细节分辨率

⑦Control Texture Resolution：控制贴图的分辨率，所谓控制贴图是指控制各层贴图的"透明通道"的分辨率，比如基层贴图是泥土，上层贴图是草地，那么草地贴图本身是完全覆盖的，但通过一个"控制贴图"的灰度来决定每个点草地贴图与泥土贴图如何融合。

⑧Base Texture Resolution：对于很远处的地形，Unity3D 会切换成显示一个自动创建好的"融合"了各层贴图效果的 Basemap，这样比去计算多层贴图融合要高效很多，这个参数是设置 Basemap 的分辨率的。

（5） Heightmap：

这里可以导入 RAW 图像作为 heightmap 使用，或者将当前的 heightmap 导出成 RAW 图像。我们可以从地理数据库中获得真实的某一地区的地形高差图，也可以利用第三方工具创建地形，然后将高差图导出给 Unity3D 使用。

要注意的是，Heightmap Resolution 是指水平方向的分辨率，而不是地形的垂直分辨率，地形垂直分辨率取决于高差图的色深范围。如果是普通 jpg 或者 png 图片做高差图的话，垂直分辨率就是 256，代表最多能表达 256 个不同高度，用这样的垂直分辨率刷高山区域，很容易出现"梯田"状的结果，所以最好使用 16bit 或 32bit 色深的高动态图片来做高差图。

## 3.6 树（Tree）

通过菜单 GameObject>3D Object>Tree 可以为当前场景创建一个 Tree（树），同时还会把相应的 Tree asset 资源存放在项目文件夹中，如图 3-11 所示。

Tree 是标准的 Fractal（分形）结构，按"第一层主干上长出数根枝干，然后枝干上又各自长出数根细枝……最后细枝上长出多片树叶"这样一层层搭建而来，如图 3-12。Maya 中的笔刷树也是用的这种构成方法，但 Unity3D 相对来说更简化了一些。

第三章 创建真实的地形

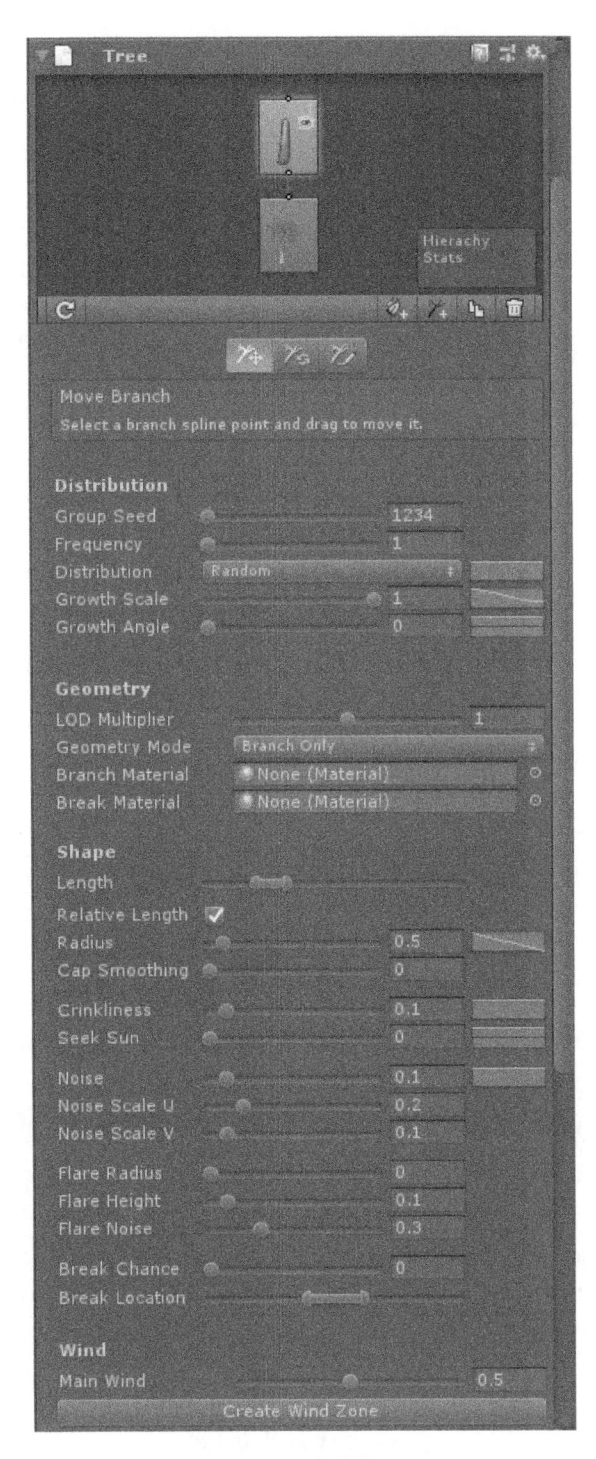

图 3-11 存放资源

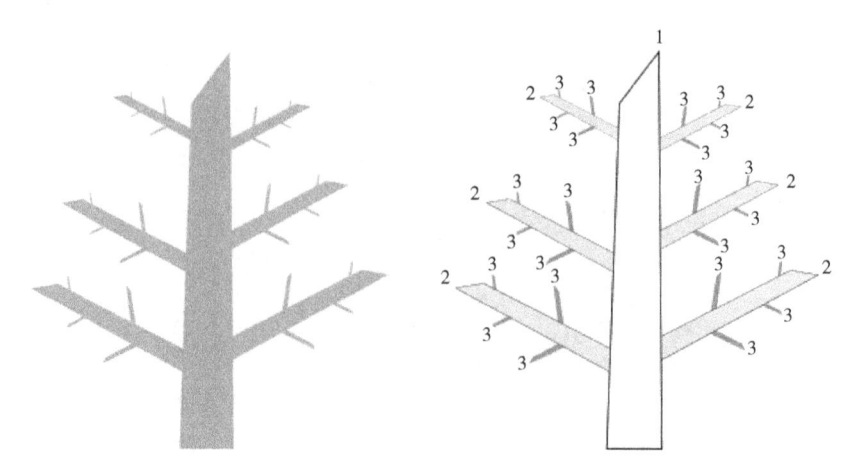

图 3-12　Tree 结构

Unity3D 提供一个简单的树编辑器，让我们可以从主干开始创建一棵完整的树。这个树编辑器很像 Xfrog（Maya 中集成了一个简化版的 Xfrog 插件）。

一棵比较完整的树的结构至少要如图 3-13 所示，有多个层级，最下方是 1 个树节点，然后接一层枝节点当树干，然后接 1~2 层枝节点当树枝，最后接一层叶节点来生成树叶。

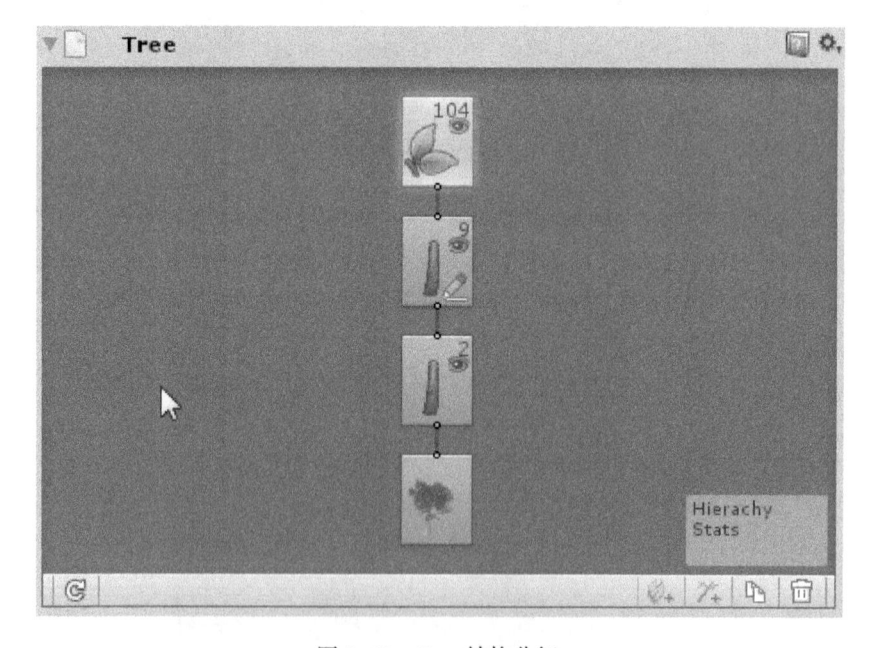

图 3-13　Tree 结构分解

编辑器中间的结构图示代表了不同层级的节点，Unity3D 的 Tree 只有 3 个不同类型的节点：树节点（Tree）、枝节点（Branch）、叶节点（Leaf）。每个节点上的数字代表该节点中总共有多少根"树枝"或者多少片"树叶"。

选择一个枝节点，我们可以通过右下角的图标为它创建一个下级枝节点或者叶节点，或者复制/删除任意枝节点或叶节点，叶节点之下不能创建别的节点。

树节点只能有一个，不可删除。

### 3.6.1 树节点（Tree）

树节点是最底部的节点，用来控制整棵树的参数设置（图 3-14）。

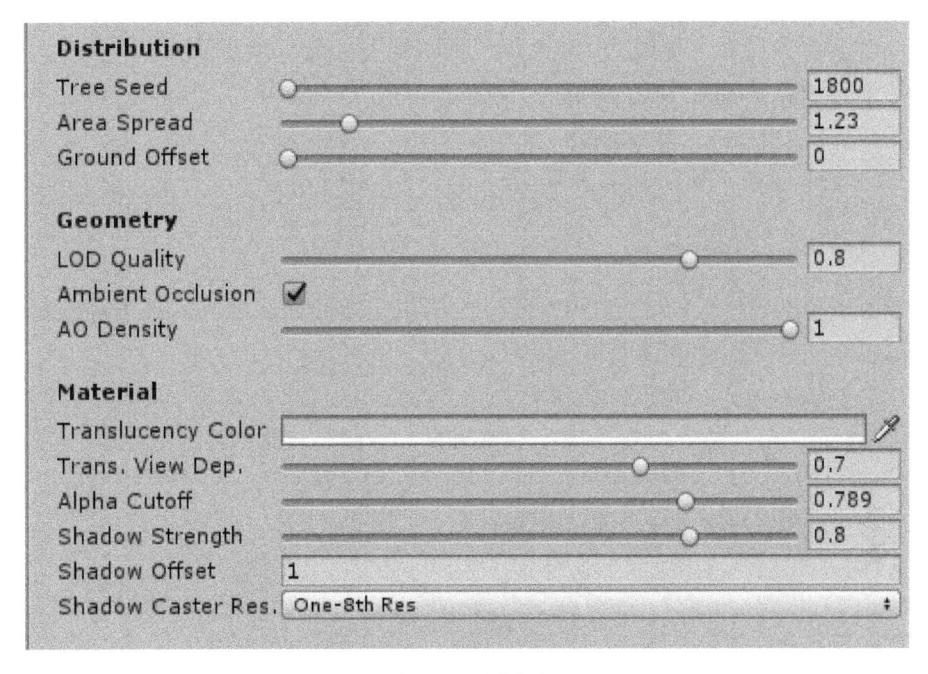

图 3-14 树节点

（1）Distribution。

①Tree Seed：这是一个"种子数"，所谓"种子数"是计算机中控制"假随机数"的一个关键参数，如果我们做好了一棵树以后想得到另一棵类似但不完全一样的树，就可以直接复制这棵树，什么调整都不用做，只修改一下新树的"种子数"就好了。如果做好的树样子不太理想，修改"种子数"也许就能获得一个好看些的结果。

②Area Spread：区域散布距离，值越大，刷出来的树离笔刷路径距离越远。

③Ground Offset：这棵树离地面的高度。

(2) Geometry。

①LOD Quality：设置 LOD（随距离变化而改变模型精细度），因为 Tree 物体的 mesh 都是由程序根据参数来自动生成的，所以天生具有 LOD 属性。

②Ambient Occlusion：环境自遮罩阴影设置。

③AO Density：AO 的程度。

(3) Material。

①Translucency Color：透明区域颜色。

②Trans. View Dep：透明区域渲染深度。

③Alpha Cutoff：贴图上半透明区域的切除程度，leaf 通常都用透明贴图来呈现，但 Tree 物体会将透明通道做 Cutoff 处理，也就是不呈现半透明的效果。

④Shadow Strength：阴影强度。

⑤Shadow Offset：阴影偏移。

⑥Shadow Caster Res：阴影分辨率。

### 3.6.2 枝节点（Branch）

枝节点是创建枝干的节点，枝干是一根可以扭曲的长圆锥体，通常会贴上树皮的贴图，用来作为树干或者主要分叉树枝。

(1) Distribution（如图 3-15 所示）。

①Group Seed：这个"种子数"是控制这一"群"枝条如何随机分布的。

②Frequency：在一根上级枝条上会出现多少根本级枝条，对于主树干来说这个值设置为 1，其他的枝干这个值通常大于 1。

③Distribution：这些枝条如何分布。

④Growth Scale：通过一根曲线控制这些枝条从长出点到尖端的截面粗细，通常是会设置成越靠近尖端越细。

⑤Growth Angle：通过一根曲线控制这些枝条从长出点到尖端的弯曲程度，大部分树越靠近尖端会越指向天空。

(2) Geometry。

①LOD Multiplier：LOD 的设置，次级枝条的 LOD 会读取上级枝条的 LOD 然后用这个倍乘数来调整。

②Geometry Mode：几何体模式，可以是 branch（枝条）模式，是一个长圆锥；也可以是一个 fronds（蕨类复叶结构），是一个扁平的长条双面片；还可以是 branch+fronds，是两者都有。

③Branch Material：指定枝条的材质球。

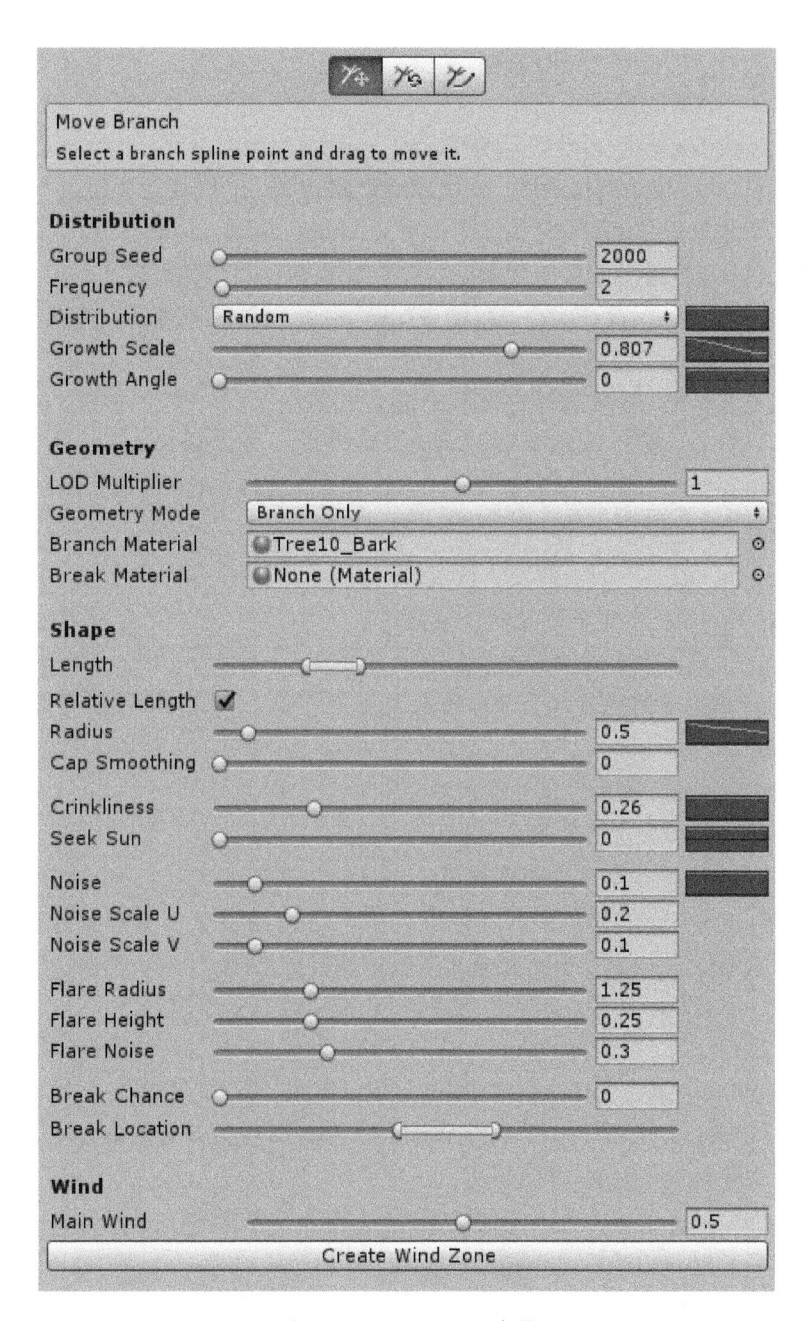

图 3-15  Distribution 参数

④Break Material：指定枝条断口（顶端）的材质球。
（3）Shape。
①Length：枝条长度，会随机在指定范围内取值。

②Relative Length：是否使用相对长度。

③Radius：枝条的最大直径。

④Cap Smoothing：断口处的光滑度。

⑤Crinkliness：枝条的扭曲度，0 代表笔直的枝条，1 代表弯弯扭扭的枝条，可以用曲线来控制从根部到顶端使用不同的 Crinkliness 值。

⑥Seek Sun：枝条尖端朝向太阳的程度，如果做向日葵就设成 1。

⑦Noise：给枝条根部到顶端的粗细变化添加一个噪波随机紊乱，值越大越紊乱。

⑧Noise Scale U：噪波贴图的大小 U 值。

⑨Noise Scale V：噪波贴图的大小 V 值。

⑩Flare：只有主干（紧跟树节点的那个枝节点）才能设置 Flare，Flare 可以让主干底部变得很粗，且最底部截面根据 Noise 值而变得形状不规则，用来模拟树根有一部分突出在地面以上的效果。

A. Flare Radius：主干根部变粗程度。

B. Flare Height：主干根部变粗部分高度。

C. Flare Noise：主干根部截面。

⑪Weld：非主干的枝节点上出现的是下面 3 个属性，用来模拟长出数值的接口处的过度效果。

A. Weld Length：衔接区域长度。

B. Spread Top：向上方扩展程度。

C. Spread Bottom：向下方扩展程度。

⑫Break Chance：枝条断裂的可能性，值越大，越多该层级的枝条出现断裂，断裂的枝条会有断口，而且也不会有次级枝条或叶片产生。

⑬Break Location：断裂的位置，会随机在指定范围内取值。

(4) Wind。

①Main Wind：风力大小。

②Main Turbulence：（非主干的枝节点上才会出现）主要紊乱场力度大小。

我们可以手动对 branch 进行调整：

①Move Branch：branch 的中轴控制曲线及其节点会显示在 Scene View 里，选择一个节点然后移动可以改变整个枝条的形状。

②Rotate Branch：branch 的中轴控制曲线及其节点会显示在 Scene View 里，选择一个节点然后旋转，可以旋转自这个节点开始以后的枝条部分。

③Free Hand：可以手动在 Scene View 中画出枝条形状。

需要注意的是，手动调整之后，很多参数就不可用了，编辑器中的节点图示上也会多出一个笔形符号作为提示（如图 3-16~3-18 所示）。

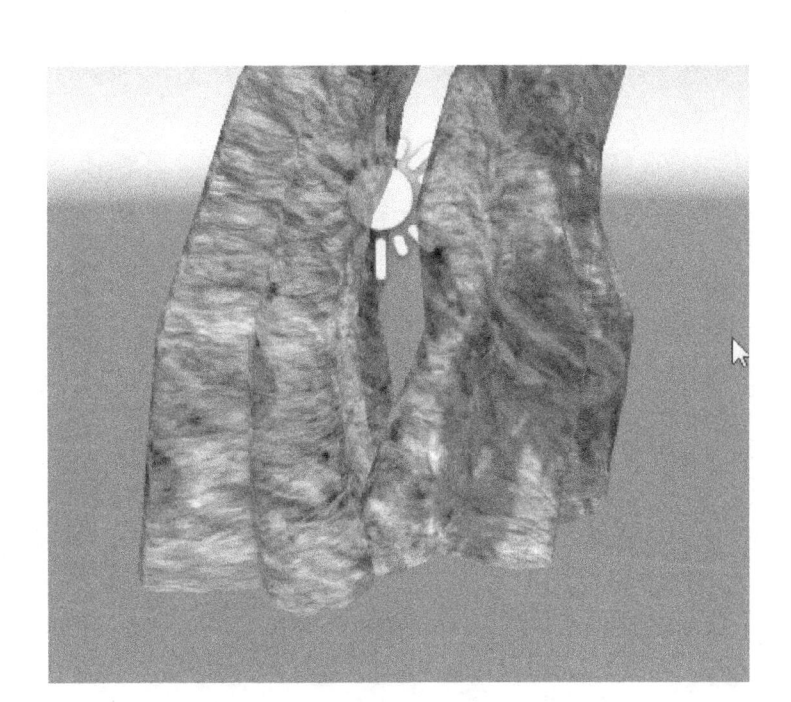

图 3-16 枝节点（1）

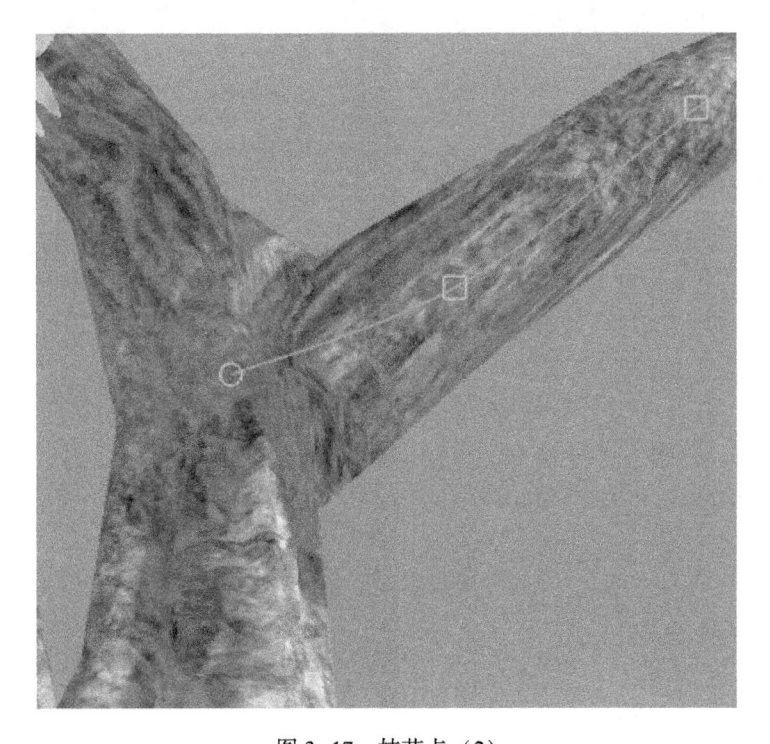

图 3-17 枝节点（2）

图 3-18　枝节点（3）

## 3.6.3　叶节点

叶节点是创建叶片的节点，叶片是一个 Quad 面片，通常会贴上树叶贴图，但一般不会用单个面片做 1 片树叶，常见的用法是单个面片上贴上一枝带若干叶片的细小树枝的贴图，来模拟枝繁叶茂的样子（如图 3-19 所示）。

（1）Distribution。

①Group Seed：这个"种子数"是控制这一"群"叶片如何随机分布的。

②Frequency：在一根上级枝条上会出现多少叶片。

③Distribution：这些叶片如何分布。

④Growth Scale：通过一根曲线控制这叶片的大小。

⑤Growth Angle：通过一根曲线控制这些叶片的弯曲。

（2）Geometry。

①Geometry Mode：几何体模式。

A. Plane：单个 Quad 面片。

B. Cross：十字交错的 2 个 Quad 面片。

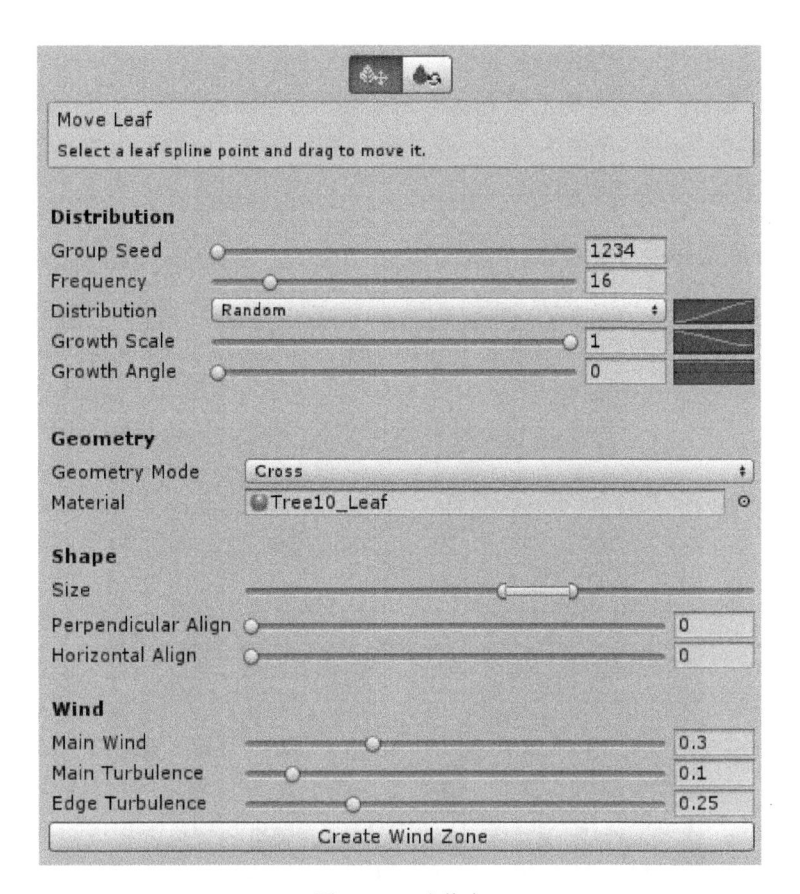

图 3-19 叶节点

C. TriCross：十字交错的 3 个 Quad 面片。

D. Billboard：单个 Quad 面片，但永远面朝摄像机。

E. Mesh：指定一个多边形 mesh 作为叶片形状。

②Material：指定叶片的材质球。

（3）Shape。

①Size：叶片大小。

②Perpendicular Align：叶片垂直方向对齐程度。

③Horizontal Align：叶片水平方向对齐程度。

（4）Wind。

①Main Wind：风力大小。

②Main Turbulence：主要紊乱场力度大小。

③Edge Turbulence：边缘紊乱场力度大小。

（5）我们可以手动对 leaf 进行调整，leaf 没有中轴线，所以只能移动或者旋转：

①Move Leaf：沿着上级 brunch 移动 leaf。

②Rotate Leaf：绕 leaf 和上级 branch 的接触点旋转 leaf。

需要注意的是，手动调整之后，很多参数就不可用了，编辑器中的节点图示上也会多出一个笔形符号作为提示。

### 3.6.4 关于风场和动力学解算

要产生树被风吹动的效果，需要创建一个 Wind Zone（风区），我们可以点击 Create Wind Zone 按钮创建，或者从菜单栏创建，如图 3-20、图 3-21 所示。

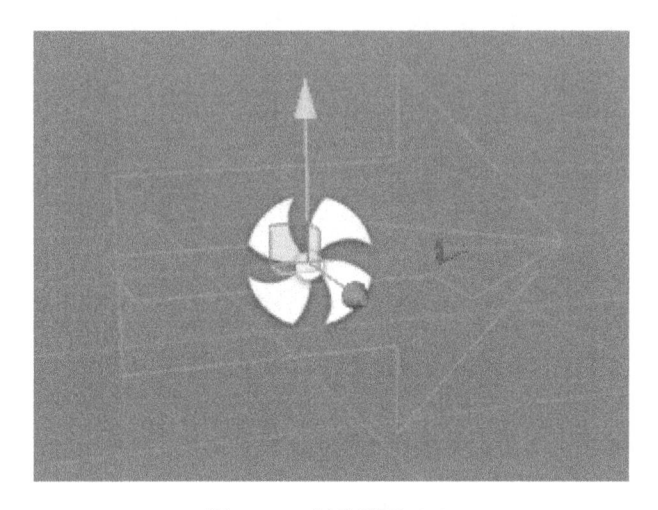

图 3-20 创建风区（1）

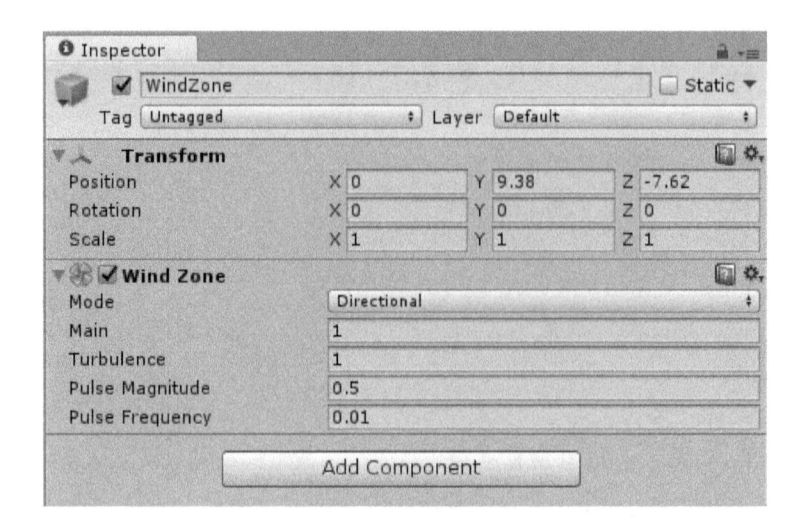

图 3-21 创建风区（2）

树物体的"主干""枝条""叶片"三种不同的结构部分面对风场的动力学表现是不同的：

① "主干"很粗，所以只受到风场风强的影响，会被风吹弯。

② "枝条"比较细，除了跟着主干运动并被风强吹歪以外，还会受到一个紊乱场的影响，具有一定的震颤抖动效果。

③ "叶片"最轻，尤其在边缘部分的叶片，震颤抖动效果越发明显，所以多了一个 Edge Turbulence 的参数。

# 第四章　布置虚拟展馆的灯光

考古类展览大体可分为地区考古成果汇总、单一考古遗址成果和涵盖多遗址的考古学文化展示三种类型。三类考古展览在内容上都承担传达考古结果以及考古学科思维方法的重要使命。因此，在策划考古类展览时，有必要从过程性和引导性入手，以考古学家的思维过程作为策展逻辑，引导观众立足考古学家视角了解展览内容。在设计虚拟展馆时，合理的运用灯光能够建立丰富多彩的层次感，还能很好地渲染时代氛围和情绪。因此，灯光的运用在虚拟考古展馆的设计开发中具有举足轻重的作用。

## 4.1　虚拟场景中灯光照明的构成

现实生活中的光线是有反射、折射、衍射等特性的，对这些基本特性的模拟一直以来都是计算机图形图像学的重要研究方向。在 CG 中，默认的照明方式都是不考虑这些光线特性的，因此出来的效果与现实生活区别很大。最早期的时候，人们利用各种方式来模拟真实光照的效果，比如手动在贴图上画上柔和阴影，或者用一盏微弱的面积光源去照明物体的暗部以模拟漫反射现象等。然后出现了所谓的高级渲染器，用计算机的计算来代替我们的手工劳动来进行这个"模拟"的工作。在漫长的发展过程中，出现过很多计算方案，总体上分为这样几类：

（1）GI（Global Illumination）：直接模拟光线从被光源发出到最终被物体完全吸收的正向过程；

（2）FG（Final Gathering）：不直接模拟光线，而是反向搜集物体表面特定点的受光照强度来模拟现实照明效果；

（3）AO（Ambient Occlusion）：完全不考虑光线的行为，单纯基于"物体上与其他物体越接近的区域，受到反射光线的照明越弱"这一现象来模拟模拟现实照明（的一部分）效果；

（4）Lightmap：将场景光照结果完全烘焙到模型贴图上，从而完完全全地假拟现实光照效果。

不论是 GI 还是 FG，计算量都是非常大的，一帧图片需要几十分钟甚至几十小时来渲染，所以很难被应用在游戏设计领域。

因此在游戏设计领域，光照贴图技术依然是目前的主流方式。由于光照贴图需要事先烘焙（baking）出来，且仅支持静态物体（Static Object），而我们的游戏场景中几乎不可能全都是静态物体，所以通常游戏场景中的灯光照明是多种照明方式的混合作用。

对于静态物体来说，大多使用光照贴图来模拟间接光的照明效果，然后加上直接光源的动态照明效果。

对于运动物体来说，则仅用直接光源的动态照明效果，或者使用光照探针来模拟间接光的照明效果。

随着技术的发展以及计算机计算能力的提高，也许在未来，我们能够直接在游戏场景中进行动态的全局光照模拟。新版 Unity3D 中就已经出现了 Realtime Global Illumination，虽然这个技术还处于雏形阶段，所需要的计算量依然庞大，但确实为我们展示了一个令人激动的前景。

当然，技术是技术，产品是产品。技术是为产品服务的，再先进的实时全局光照系统，对于像素风格的游戏场景的提升也是几近于 0。"选择合适的技术来完善我们的产品和制作流程"，以及"根据现有技术来设计产品和制作流程"，表达的是同一个意思。

## 4.2　直接照明（Direct Lighting）

Unity3D 中的直接照明主要来源于各种灯光物体，而灯光物体本质上是空物体加上灯光组件。直接照明可以产生阴影，光线不会反射，也不会折射，但可以穿透半透明材质物体。

Unity3D 中默认可以创建如图 4-1 所示灯光：聚光灯、点光源、平行光、面积光，另外还可以创建两种探针（Probe）：反射探针（Reflection Probe）和光照探针组（Light Probe Group）。

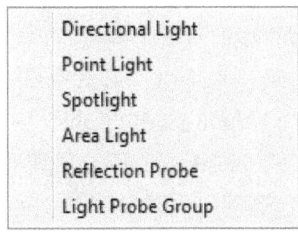

图 4-1　灯光

### 4.2.1　Directional Light（平行光）

平行光设置见图 4-2。

（1）Type：灯光类型，所有类型的灯光其实都共用一个组件，本质上是一样的。

（2）Color：灯光颜色。

（3）Mode：灯光照明模式，每种模式对应 Lighting 面板中一组设定：

Realtime：对应 Realtime Lighting。Realtime Lighting 是新出现的一种烘焙光照技

术，它并不像传统的烘焙技术一样直接烘焙间接光照颜色和亮度信息到光照贴图上，而是烘焙物体和物体之间的关系信息，比如 A 面对 B 面有漫反射效果，B 面对 C 面有漫反射效果等。这样一来，只要物体之间的关系不变（也就是所有的静态物体都不移动位置），就不需要重新烘焙，从而使我们可以在场景中随意运用动态光源（dynamic lights）。而传统的 Lightmapping 光照贴图方式则不支持动态光源效果（改变光源不会改变场景光照）。Realtime Lighting 比 Lightmapping 要更耗费系统资源，所以手游上就不考虑了。

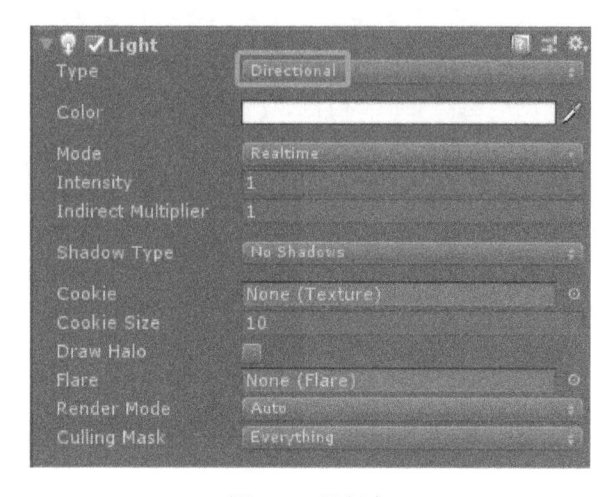

图 4-2　平行光

Mixed：对应 Mixed Lighting。

Baked：对应 Lightmapping Setting。

（4）Intensity：灯光强度。

（5）Indirect Multiplier：在计算该灯光所产生的间接光照时的强度倍乘。

（6）Shadow Type：阴影贴图的类型。要注意的是，不论是硬阴影还是软阴影，本质上都是用阴影贴图模拟的阴影效果，而不是真实光照而自然形成的暗色区域。

No Shadows：无阴影贴图，灯光不产生阴影，新建场景后默认生成的平行光就是无阴影的。

Hard Shadows：硬阴影贴图，阴影边缘清晰。

Soft Shadows：光滑阴影边缘（也就是阴影模糊效果），阴影边缘柔和则有过渡效果。

虽然我们在灯光的阴影设置中可以调节 Resolution 以提高阴影质量，但真正的阴影质量调节应该在 Quality 面板中来进行，灯光中的阴影 Resolution 参数默认设置是 Use Quality Settings，就是从 Quality 面板的设定中来选择。

第四章 布置虚拟展馆的灯光

从菜单 Edit>Project Settings>Quality 打开 Quality 面板，如图 4-3 所示，这里可以针对不同质量等级设置不同的参数。

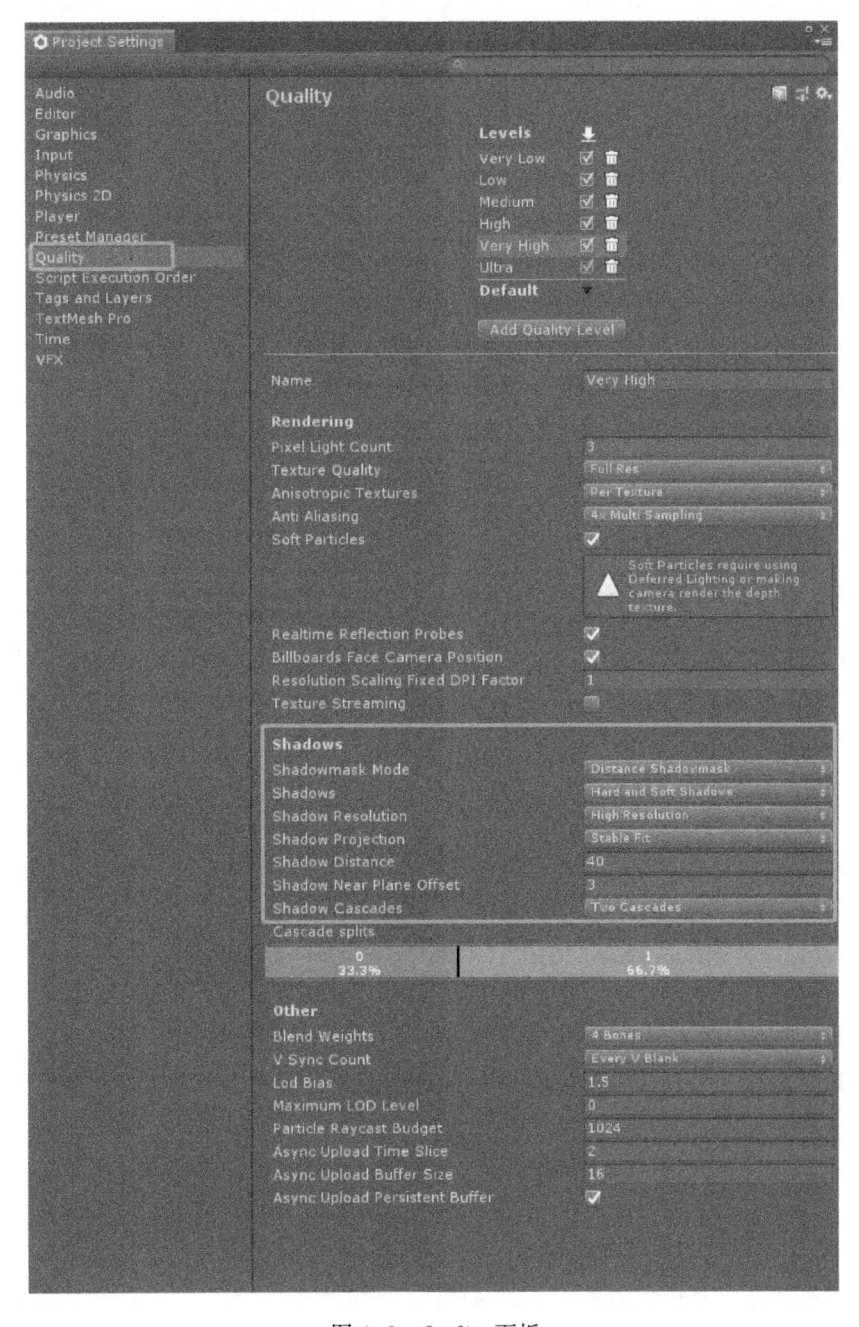

图 4-3　Quality 面板

Shadows：在当前质量下是不渲染阴影，还是只渲染硬阴影，或是软硬阴影都渲染。

Shadow Resolution：在当前质量下阴影贴图分辨率，这就对应了灯光面板中的Resolution参数。

Shadow Projection：阴影贴图的投影方式，Close Fit方式会优化近处的阴影质量，缺点是运动状态下可能会出现一些波动，Stable Fit方式不会有波动，但质量比较差。有的时候阴影贴图会出错，比如无缘无故多出一条亮缝之类，通常可以选择切换到Close Fit方式来解决，如果不想切换Close Fit方式，可以适当降低灯光阴影参数中的Normal Bias参数，或者将对应场景物体设置成双面显示。

Shadow Near Plane Offset：很近处不渲染阴影。

Shadow Cascades：阴影贴图叠加方式，可以是单层、2层或者4层。

Cascade Splits：不同层所对应场景区域的比例分配划分。

（7）Cookie：相当于在灯光上贴黑白图，用来模拟一些阴影效果，比如贴上网格图模拟窗户栅格效果。

（8）Cookie Size：调整Cookie贴图大小。

（9）Draw Halo：灯光是否显示辉光，不显示辉光的灯本身是看不见的。

（10）Flare：Flare可以使用一张黑白贴图来模拟灯光在镜头中的"星状辉光"效果。

（11）Render Mode：渲染模式。

（12）Culling Mask：剔除遮罩。

## 4.2.2　Point Light（点光源）

点光源模拟一个小灯泡向四周发出光线的效果，点光源在其照亮范围内随距离增加而亮度减弱。

Range：光线射出的范围，超出这个范围则不会照亮物体。

## 4.2.3　Spotlight（聚光灯）

聚光灯模拟一个点光源仅沿着一个圆锥体方向发出光线的效果，聚光灯在其照亮范围内随距离增加而亮度减弱。

Spot Angle：灯光射出的张角范围。

## 4.2.4　Area Light（面积光）

面积光模拟一个较大的发光表面对周围环境的照明效果，通常面积光的灯光亮度衰减很快，阴影非常柔和。

Unity3D 的面积光仅在烘焙光照贴图时有效，并不像 Maya 的 Area Lights 一样能动态照亮场景。

Width：面积光宽度。

Height：面积光高度。

### 4.2.5　Reflection Probe（反射探针）与 Light Probe Group（光照探针组）

光照烘焙对于动态物体（Dynamic Object），也就是没有被设置成 Lightmap Static 的物体来说都是不起作用的，如果希望动态物体也能被正确的照明，则需要创建 Light Probe Group。

Light Probe 可以被认为是在场景中的一个小"光源"，而多个 Light Probe 组成的网络，就是 Light Probe Group。这些小光源通过烘焙得到场景中该点的亮度信息，然后整个网络用这个信息来照明动态物体。

同一时间内只会有最靠近动态物体的那些 Probes 会起作用，而且 Light Probe 离运动物体越近，其照明效果越强。我们可以根据场景光照环境特征来设置合适的 Light Probe Group。

为场景添加 Light Probe Group 可以很好地将动态物体与静态场景融合，在光照环境复杂的室内场景中，尤其需要添加 Light Probe Group。

## 4.3　间接照明

间接照明有如下几种来源：

（1）天光，也就是环境光（Ambient Light），特指来自天空的漫反射。在 Unity3D 中可以继承"天空球"的颜色作用环境光颜色，也可以自行指定环境光颜色。

（2）反射光，特指天空漫反射之外的所有环境漫反射。在 Unity3D 中主要通过光照贴图或灯光探针来模拟。

（3）自发光物体。在 Unity3D 中自发光物体本身的亮度仅使用颜色来模拟，自发光物体对于环境的影响则通过光照贴图或灯光探针来模拟。

### 4.3.1　天空盒（Skybox）与环境光（Ambient）

Unity3D 的天空盒类似于 Maya 中的天空球的概念，都是在场景外围生成一个封闭并正面向内的环境，用来模拟天空的颜色和照明效果。但 Unity3D 的天空盒采用的是 Box 形状的天空环境而非球形，用 6 张不同的贴图而非 1 张全景贴图来作为天空贴图。

可以将 Maya 中常用的全景 HDR 环境贴图转换为适用于 Skybox 的方形贴图，

来创建我们自己的 Skybox。这种转换可以在贴图设置中完成，如图 4-4 所示。

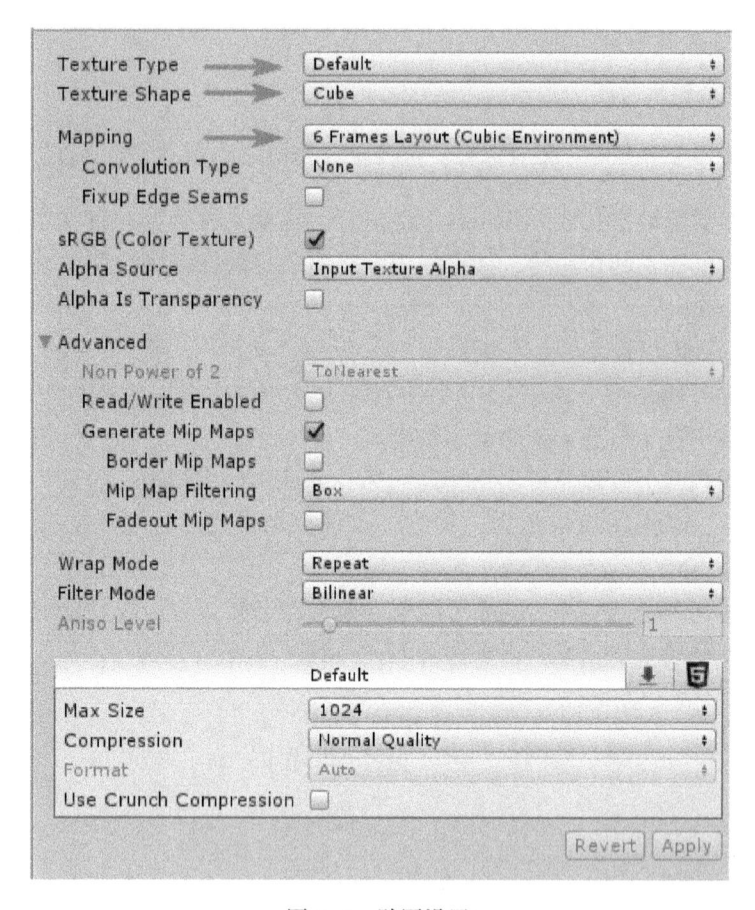

图 4-4　贴图设置

将 Default 类型的贴图的 Texture Shape 从 2D 改为 Cube，然后修改 Mapping 为 6 Frames Layout（Cubic Environment），点击 Apply 就可以了。

Skybox 的贴图都是高动态颜色深度的 exr 图片格式（也就是俗称的 HDR 图片）。最好不要使用 jpg 或者 png 这种传统 8 位色深的图片来做 Skybox，除非我们确认不需要对场景进行贴图烘焙（这样的话天空盒就只起到环境贴图的作用了）。

简单的场景（或者刻意追求一种纯粹的效果）可以不使用 Skybox 而使用纯色天空，甚至游戏不需要看到天空的，可以直接设置成 None。

天空盒对于场景的照明影响主要来源于其对于环境光的影响。天空盒贴图所产生的环境光比纯色环境光要更为丰富，也更为契合天空颜色一些。

环境光所需要的计算量很小，所以是很有效的照明手段，不可忽视。

### 4.3.2 光照贴图（Lightmap）与烘焙（Baking）

简单来说，Lightmap 就是用贴图来模拟全局照明的效果，但当今游戏引擎的 Lightmap 的功能却远远不是一张贴图那么简单。按照官方的说法，Lightmap 中不仅可以包括物体表面的光照颜色信息（传统的 Lightmap 功能），还可以包括物体和物体之间的光线渗透关系信息（新版中的 Realtime Lighting 功能），也就是说，动态光源也可以对于烘焙了光照贴图的静态场景物体产生正确的光照。

光照贴图需要将所有参与的场景物体的 UV 重新排列组合成互不重叠且尽量少形变的方形结构，然后再把光照信息烘焙到一张或几张较大尺寸（最大到 4K）的贴图中。这些烘焙好的贴图会被储存在场景文件所在目录下与场景文件同名的子目录中，所以烘焙光照贴图之前需要保存场景。

如图 4-5、图 4-6 所示，通过菜单 Window \ Rendering \ Lighting Settings 设置。

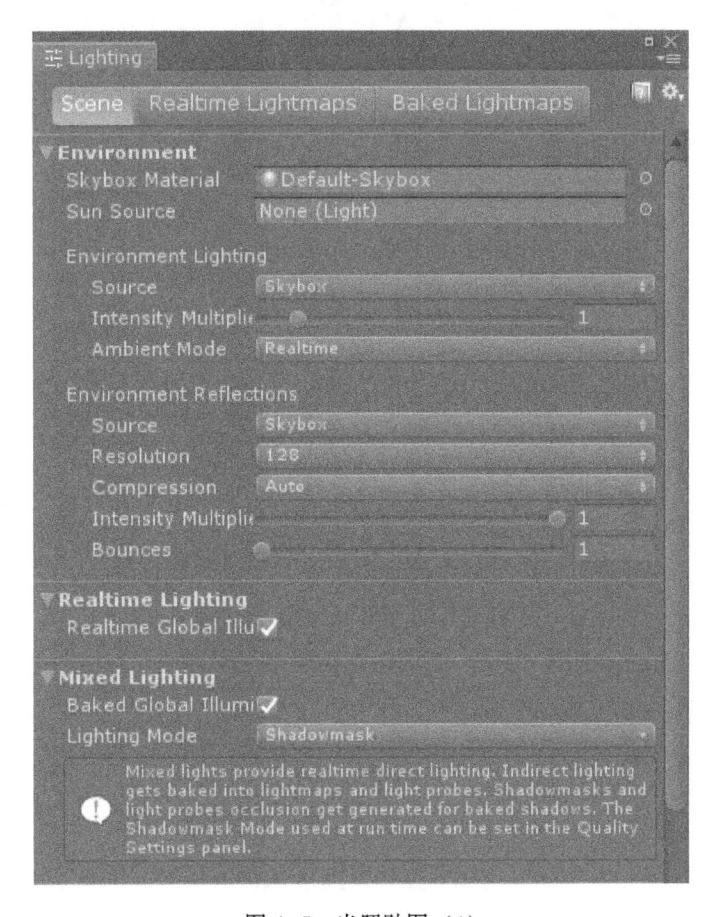

图 4-5　光照贴图（1）

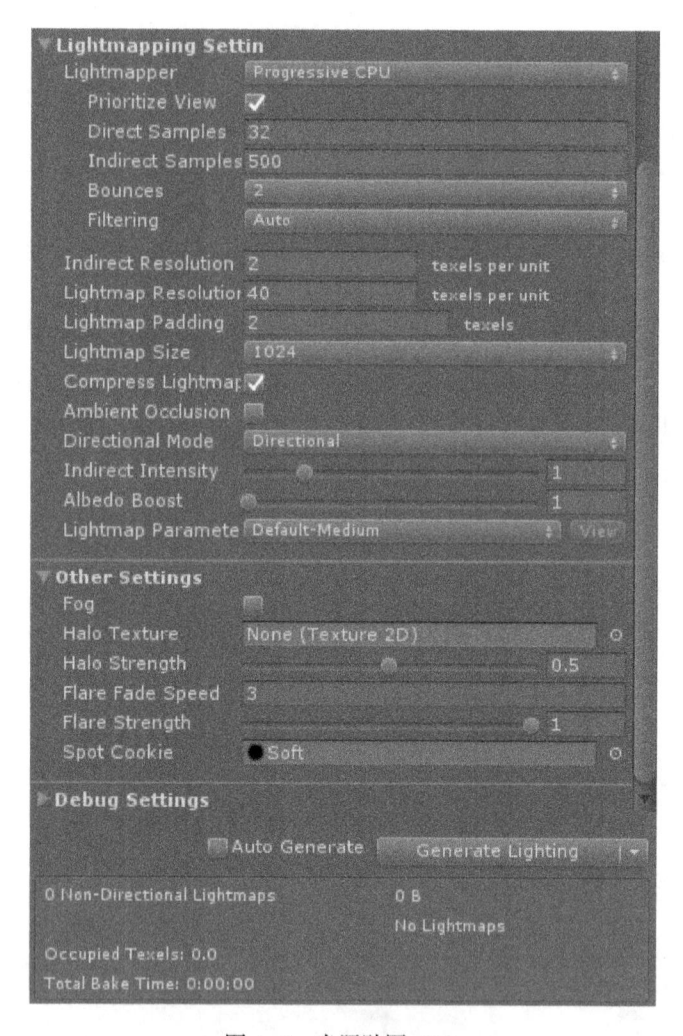

图 4-6　光照贴图（2）

### 4.3.2.1　Environment：关于环境的参数设置

（1）Skybox Material：设置天空盒材质。

（2）Sun Source：设置太阳，可以指定一个平行光作为太阳，然后该平行光的旋转角度会影响其亮度和颜色。

（3）Environment Lighting：关于环境光照的设置。

Source：环境光照来源。

A. Skybox：来源于天空盒。

B. Gradient：来源于一个从地平线到穹顶的颜色渐变。

C. Color：来源于单色。

Intensity Multiplier：环境光照明强度强化。

Ambient Mode：环境光照明模式。

A. Baked：烘焙在光照贴图中。

B. Realtime：实时。

（4）Environment Reflections：关于环境反射的设置。

Source：环境反射来源。

A. Skybox：来源于天空盒。

B. Custom：来源于一个自定义的 Cubemap（方盒贴图）。

Resolution：环境反射贴图分辨率。

Compression：是否压缩环境反射贴图。

Intensity Multiplier：环境反射强度强化。

Bounces：环境反射计算次数。

（5）Realtime Lighting：关于实时光照烘焙的设置。

Realtime Global Illumination：是否进行实时光照烘焙。

（6）Mixed Lighting：关于混合光照烘焙的设置。

Baked Global Illumination：是否进行混合光照烘焙。

Lighting Mode：光照模式。

Baked Indirect。

Subtractive。

Shadowmask。

（7）Lightmapping Settings：关于光照烘焙的通用设定。

Lightmapper：选择光照烘焙器。

Enlighten：这是常用的一种烘焙器。

Progressive CPU。

Progressive GPU（Preview）：这是新版的一种烘焙器，还处于预览状态，它会先烘焙摄影机可见区域，再烘焙其他区域，所以预览较快。

（8）Indirect Resolution：间接光照分辨率［每单位长度多少体素（texel）］，数值越高，光照细节越高。

（9）Lightmap Resolution：光照贴图分辨率（每单位长度多少体素），通常设置为 Indirect Resolution 的 10 倍左右。

（10）Lightmap Padding：修正两个物体的 Lightmap 之间的距离，以避免颜色渗透。

（11）Lightmap Size：光照贴图大小（最大 4096）。

（12）Compress Lightmaps：是否压缩光照贴图。

（13）Ambient Occlusion：是否烘焙环境光遮罩。

（14）Final Gather：是否对最后一次 GI 光线反射后的光照结果再进行一次 FG 计算，勾选上会有较好的质量表现，但烘焙时间会增加。

Directional Mode。

Indirect Intensity：间接光照的强度。

Albedo Boost。

Lightmap Parameters：设置详细的光照贴图参数。

### 4.3.2.2　Other Settings：其他设置

Fog：添加场景雾效。

Color：雾效颜色。

Mode：雾效衰减模式。

Density：雾效密度。

设置完成后点击 Generate Lighting 按钮烘焙光照贴图。

光照贴图的烘焙（baking）需要花费很多时间，新版 Unity3D 提供了自动烘焙的功能——Auto Generate 选项，可以让我们在调试场景的时候无须频繁手动点击 Bake 按钮，但自动烘焙的结果并不会被储存起来，所以最终发布前还是需要手动烘焙光照贴图。

既然所有的场景物体都被 Pack 成一个大的贴图，那么一个多边形面片上的光照信息精度就受限于这个多边形面片所对应的 UV 在贴图中所占据的面积大小。出于场景优化考虑，我们当然希望将有限的光照贴图面积尽量多地分配给更需要的物体，所以 Unity3D 在 Mesh Render 组件中提供了修改物体所占光照贴图比例的参数，如图 4-7 所示。

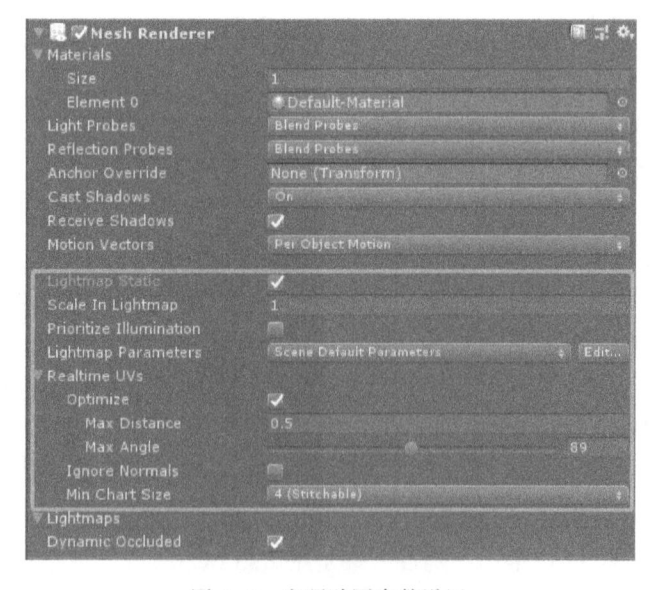

图 4-7　光照贴图参数设置

## 4.4 如何提高图像的渲染质量

Unity3D 中图像质量是由很多因素共同决定的，而且默认的参数设置常常都不是最佳的。而我们在制作游戏的时候，需要在游戏运行效率和游戏画面质量上做出选择。

有些游戏（比如 2D 游戏）的游戏画面基本与渲染质量无关，这时候就可以关闭一些影响性能的功能或选项来提高运行效率。但有些游戏（比如 3D 游戏，或者仿真应用如虚拟楼盘效果图之类）对于图像渲染质量有较高要求，我们需要知道可以通过哪些手段来增强画面效果，同时明白这样做会牺牲多少运行性能。

### 4.4.1 设置质量等级（Quality Level）

Unity3D 允许用户设置多个质量等级，并在各个等级中运用不同的质量参数，前面讲阴影的时候涉及过这方面的内容。

对于新手来说，常常会犯错的地方是明明设置好了高等级的图像质量，却在较低等级预览场景，或者明明需要输出成 WebGL（默认使用中等质量等级），却不停地调整最高质量等级的参数。

### 4.4.2 选择渲染路径

简单来说，Deferred 渲染路径的图像质量比较高，但 Forward 渲染路径在灯光不多的情况下速度比较快。

### 4.4.3 阴影质量

阴影出现 Artifacts 的时候请调整 Bias 参数和 Normal Bias 参数。复杂场景的阴影质量需要手动调整 Cascade Splits 参数中多个层的占比，以保证近处阴影有足够的质量。

### 4.4.4 光照准确性——使用反射探针（Reflection Probe）

Unity3D 中并没有真实的 Raytrace 反射，而是通过反射贴图来模拟所有的反射效果。

如果我们在场景中放置一个非常强反射的小球，我们就能看到这个小球上实际反射的是我们的 Skybox，完全不会反射场景物体。这样一来不仅影响到场景中反光物体的反射正确性，同时也会严重影响整体场景的光照准确性。

我们可以为场景添加 Reflection Probe 来矫正不正确的反射贴图。Reflection Probe 可以看作是一个带有 6 个摄影机的点，它会渲染该点的 6 个方向（前后左右上下），将渲染结果拼成一个 Cubemap，并应用给一个特定方框范围内的所有物体作为反射贴图。对于比较复杂的环境，比如有多个区域的大房间，我们可以放置多个 Reflection Probe 并手动设置其影响范围，如图 4-8 所示。

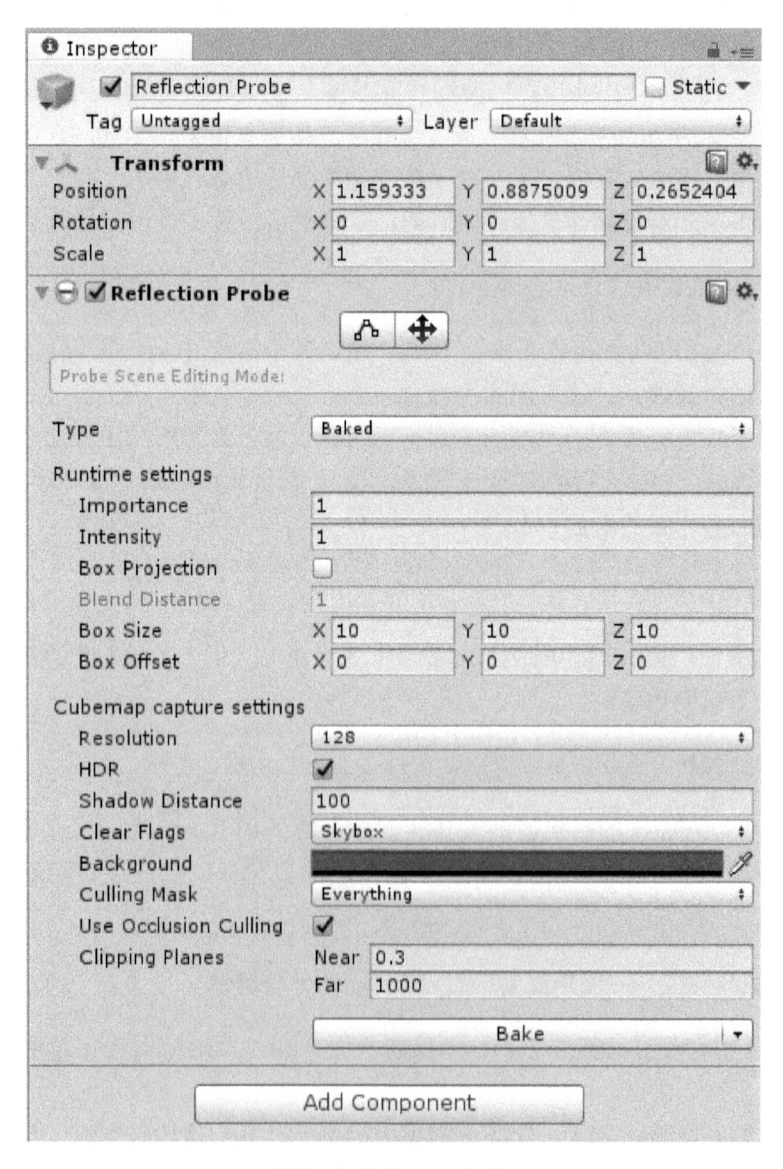

图 4-8　Reflection Probe

## 第四章　布置虚拟展馆的灯光

Reflection Probe 默认不会计算动态物体，仅计算烘焙物体，我们可以修改属性让其将动态物体也包括在内，同时还可以修改属性为 Every Frame 使其每帧更新以准确反映动态物体的运动过程，还可以增加 Lighting Setting 中的 Reflection Bounces 提高反射次数（这样就不会出现强反射物体在另一个反射物体中是黑色的情况了）。但要注意，这些修改都会占用更多的系统资源，尤其是每帧更新反射贴图这样的设置。

烘焙效率虽然不影响最终游戏的表现，但对制作过程有很大的影响。经常是每次修改了场景布局或者灯光布局之后都要花费几个小时甚至几十个小时的时间来烘焙光照贴图。

一个小技巧是不要将所有物体都设置成 Lightmap Static 参与光照贴图的烘焙。很多细碎的物体（比如地上的小碎石）并不需要很精确的间接光照效果，而且也可能根本没有足够的光照贴图精度来对应这些细碎物体，这时候用灯光探针可能比用光照贴图更有效率。

# 第五章　展馆的声音系统

线下展馆的声音系统的设计，是以工程原理为基础，以分析声系统所要安装的声学环境有关参数开始，再加上最终用户所提出的功能参数的综合考虑，从而决定所采用的扬声器等设备的类型和安装方式。

然而虚拟展馆的声音系统由音频组建来代替真实场馆的扩音系统。虽然无需考虑布线、施工工艺以及材质对声波的物体特性等问题，但是对音源选择、接收范围设定、音频叠加的要求更加严格和苛刻。

一般来说，虚拟展馆的声音系统分为两种：2D音频和3D音频。

（1）2D音频类似商场的广播系统，所有的参观者均可被动接收，且不受距离和已有音频的影响，具有足够的响度（声增益）和最高的优先级。

（2）3D音频由特定的虚拟物品发出，会受距离的影响，在一定范围之外无法收听。

## 5.1　声音的导入设置和音频管理器

Unity 3D 支持的音乐格式包括以下4种。

（1）AIFF 格式：适用于较短的音乐文件，可用作游戏打斗音效。AIFF 是音频交换文件格式（Audio Interchange File Format）的英文缩写，AIFF 是一种文件格式存储的数字音频（波形）的数据。AIFF 支持各种比特决议、采样率和音频通道，是 Apple 公司开发的一种声音文件格式，被 Macintosh 平台及其应用程序所支持，NetscapeNavigator 浏览器中的 LiveAudio 支持 AIFF 格式，SGI 及专业音频软件包都支持 AIFF 格式。AIFF 应用于个人电脑及其他电子音响设备以存储音乐数据。AIFF 是 Apple 苹果电脑上面的标准音频格式，属于 QuickTime 技术的一部分。

（2）WAV 格式：适用于较短的音乐文件，可用作游戏打斗音效。WAV 是最常见的声音文件格式之一，是微软公司专门为 Windows 开发的一种标准数字音频文件，该文件能记录各种单声道或立体声的声音信息，并能保证声音不失真。但 WAV 文件有一个致命的缺点，它所占用的磁盘空间太大（每分钟的音乐大约需要12兆磁盘空间）。它符合资源互换文件格式（RIFF）规范，用于保存 Windows 平台的音频信息资源，被 Windows 平台及其应用程序所广泛支持。Wave 格式支持 MSADPCM、CCITT A 律、CCITT μ 律和其他压缩算法，支持多种音频位数、采样频率和声道，是 PC 机上最为流行的声音文件格式，但其文件尺寸较大，多用于存储简短的声音片段。

（3）MP3 格式：适用于较长的音乐文件，可用作游戏背景音乐。MP3 是一种音频压缩技术，其全称是动态影像专家压缩标准音频层面 3（Moving Picture Experts Group Audio Layer Ⅲ），简称为 MP3。它是在 1991 年由位于德国埃尔朗根的研究组织 Fraunhofer-Gesellschaft 的一组工程师发明和标准化的。MP3 是利用人耳对高频声音信号不敏感的特性，将时域波形信号转换成频域信号，并划分成多个频段，对不同的频段使用不同的压缩率，对高频加大压缩比（甚至忽略信号），对低频信号使用小压缩比，保证信号不失真。这样一来就相当于抛弃人耳基本听不到的高频声音，只保留能听到的低频部分，从而将声音用 1∶10 甚至 1∶12 的压缩率压缩。由于这种压缩方式的全称叫 MPEG Audio Player3，所以人们把它简称为 MP3。根据 MPEG 规范的说法，MPEG-4 中的 AAC（Advanced audio coding）将是 MP3 格式的下一代。最高参数的 MP3（320Kbps）的音质较之 CD 的 FLAC 和 APE 无损压缩格式的差别不多，其优点是压缩后占用空间小，适用于移动设备的存储和使用。

（4）OGG 格式：适用于较长的音乐文件，可用作游戏背景音乐。OGG 全称是 OGG Vorbis，是一种音频压缩格式，类似于 MP3 等的音乐格式。但有一点不同的是，它是完全免费、开放和没有专利限制的。OGG Vorbis 有一个特点是支持多声道，这种文件的设计格式是非常先进的，创建的 OGG 文件可以在未来的任何播放器上播放，因此，这种文件格式可以不断地进行大小和音质的改良，而不影响旧有的编码器或播放器。

## 5.2　Audio Source 和 Audio Listener

### 5.2.1　Audio Source 音频源组件

Audio Source 组件的作用是用于播放音频剪辑（Audio Clip）资源，如图 5-1 所示，可以将音频源组件理解为一个"音响"，只要有音源就可以放出声音。

（1）Audio Clip：音频片段。指向即将播放的音频片段（Audio Clip）。

（2）Output：音源输出。可以输出到音频监听器（AudioListener）或者（AudioMixer）。当设置为空时，即代表输出到 AudioListener，而设置到 AudioMixer 时需要指定具体的 AudioMixer。

（3）Mute：是否静音。即音源在继续播放，但是被静音。与关闭音源的区别是，当恢复时，播放的进度不同。对于游戏中音效的暂停最好使用这项，它不会卸

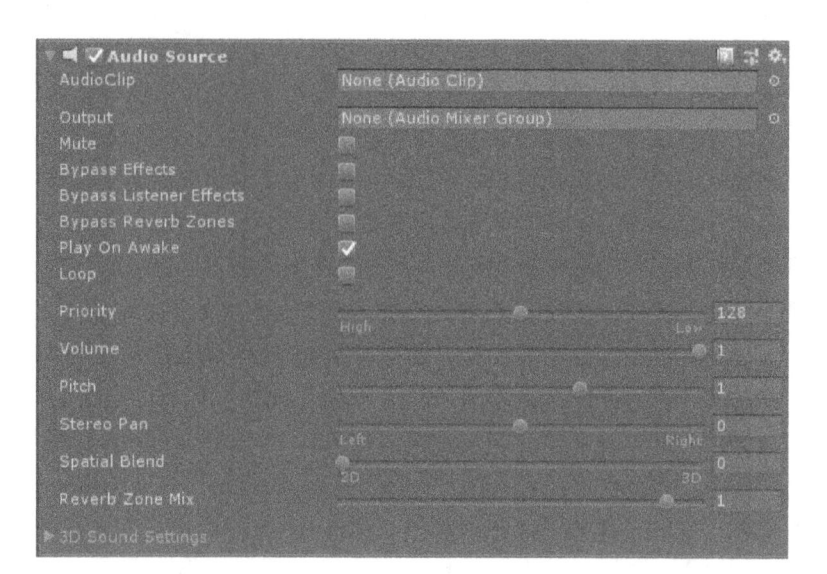

图 5-1　Audio Source 音频组件

载声音数据，可以做到及时播放，音效一般比较多、占用内存小，使用静音可以让画面快速响应，且可以立刻恢复当前音效，暂停音乐可以使用 AudioSource 的 Pause、Stop 或者 GameObject 的 enable，一般不需要及时响应，此时可以使用 Stop，它会卸载音频数据节省内存。当然如果内存富余也可以使用其他方式，注意 Mute 跟其他方式的区别：Mute 的音源在继续播放着，只是听不到而已，Pause 是播放暂停，而 Stop 是完全停止，恢复时将从头播放。

（4）Bypass Effects：音源滤波开关。是作用在当前音源的音频滤波器的开关。滤波器包括"高通滤波""低通滤波""回波滤波""扭曲滤波""回音滤波""和声滤波"等，这些滤波器可以设置在音源或者监听器上，勾选此项时，将使那些设置在音源的滤波器失效。

（5）Bypass Listener Effects：监听器滤波开关。是作用在当前监听器的音频滤波器的开关。同上，勾选此项时，将使那些设置在监听器的滤波器失效。

（6）Bypass Reverb Zones：回音混淆开关。当勾选时，不执行回音混淆，即便现在玩家位于回音区域，此音源也不会产生回音。回音效果取决于监听器位置（一般代表玩家位置）与回音区域位置关系，而与音源没有直接关联。详细见"回音区域"章节。

（7）Play On Awake：启动播放开关。如果勾选的话，那么当 GameObject 加载并启用时，立刻播放音频，即相当于此音源 GameObject 的组件中 Awake 方法作用时开始播放。如果不勾选的话，需要手动调用 Play（）方法执行播放。

（8）Loop：循环播放开关。当勾选时，如果音频播放结束，将从头开始再次循环播放。

（9）Priority：播放优先级。决定了当前音源在当前场景存在的所有音源中的播放优先级（优先级：0=最重要；256=最不重要；默认值=128），背景音乐最好使用0，避免它们有时被其他音源替换出去。一般手机或者其他播放设备最多允许32个音源同时播放，这个优先级参数决定了在超出音源数目时，需要暂时关闭一些不重要的音源，优先播放更重要的音源。

（10）Volume：音源音量。此音量代表监听器处于距离音源1米时的音量大小，代表最大音量处的声音大小。

（11）Pitch：音频音调。代表播放音频时速度的变化量，默认值是1，代表正常的播放速度。当<1时，慢速播放，当>1时，快速播放，速度越快，则音调越高。

（12）Stereo Pan：声道占比。此数值在 [−1, 1] 之间变化，代表2D音源的左右声道占比，默认值为0，代表左右声道输出同样音量大小。此数值针对2D音源或者2D、3D混合音源有效，纯3D音源无效。

（13）Spatial Blend：空间混合。此数值在 [0, 1] 之间变化，指定当前音源是2D音源、3D音源，还是二者插值的复合音源，此参数决定了引擎作用在此音源上的3D效果的份量。主要影响"3D Sound Settings"属性组中的参数表现，比如，如果是2D音源，声音在距离上不衰减，也就没有多普勒效果。无论2D还是3D，与音频滤波器不关联。例如即便是纯2D音源，它仍然响应回音区域，而滤波器的控制主要由相应的滤波参数和音源滤波混合参数决定，混合参数如前面讲到的Bypass Effects、Bypass Listner Effects两个开关以及后面讲到的Reverb Zone Mix。

也就是说，此参数与"3D Sound Settings"属性组中的3D音频设置参数共同作用构成最终的输出，而当纯2D音源时，3D音频设置将被无视，纯3D音源时，3D音频设置得到完整输出，非纯情况则插值混合输出。

（14）Reverb Zone Mix：回音混合。设置输出到混响区域中的信号量，一般在 [0, 1] 范围内变化，不过也允许额外最多放大10分贝 [1−1.1] 来增强声音的远近效果。也就是说，回响效果及回响距离等很多复杂参数主要由回响滤波器实现，而回响音量大小主要由此因子来简单控制。

（15）3D Sound Settings 是关于3D音频的设置，如图5-2所示，参数按比例与空间混合参数共同作用。

（16）Doppler Level：多普勒等级。在 [0, 5] 之间变化，默认值为1，决定了音源的多普勒效应的份量，如果设置为0，则没有多普勒效应。多普勒效应指的是当监听器与音源之间发生相对运动时，声音传递速度发生变化时的效果。

假设有一架飞机掠过上空，飞机上的警报器每隔一秒钟发出一次声音，如果相对静止，则听到的效果是完整的每个一秒一次警报（尽管发出到听到需要较长的时

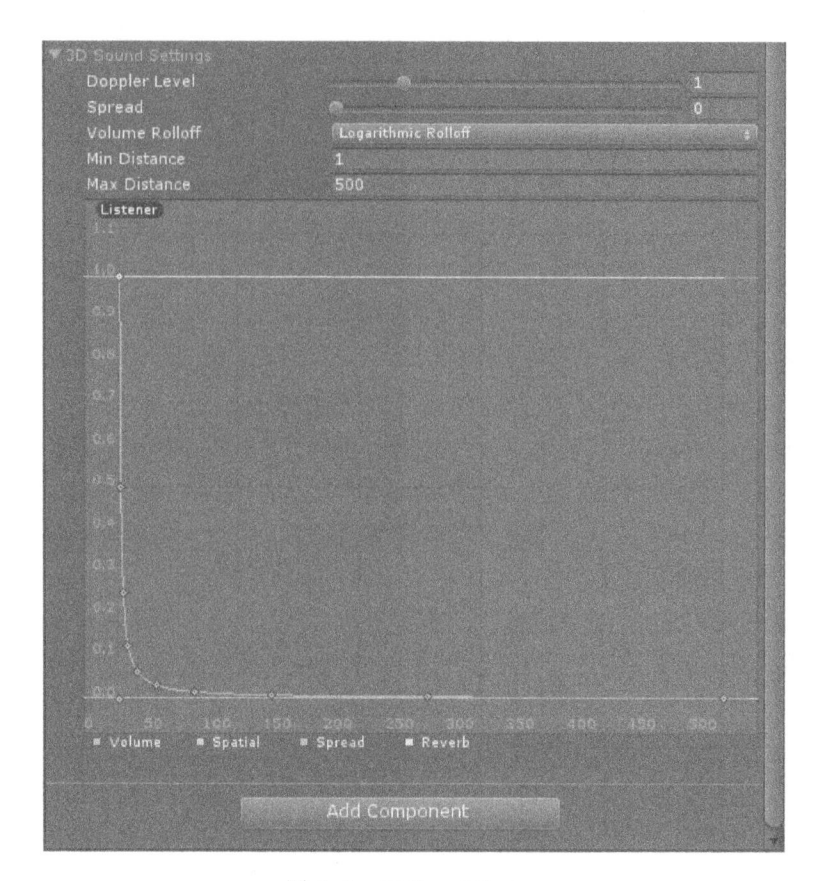

图 5-2　3D Sound Setting

间,但是间隔应该是一样的),而当飞机向我快速靠近时,由于距离在不断缩短,从发声到听到的间隔在不断缩小,因此传递所花的时间越来越少,我方听到的警报应该是越来越紧促,而非均匀地每秒一次,靠近速度越快,警报间隔越短。当飞机快速离去时,则情况恰好相反,警报声音节奏越来越松缓。

(17) Spread:传播角度。设置扬声器空间的立体声传播角度。对回音效果有一定影响。

(18) Min Distance:默认值为 1 米,代表了音量曲线中的最大音量位置。超越最小距离时,声音将逐渐衰减。如果增大最小距离,则相当于增大了 3D 世界中的声音,因为最小距离以下的位置均获得最大音量。如果减小最小距离,则相当于减小了 3D 世界中的声音。因为由 Volume 参数可知,在曲线上 1 米处为最大音量,默认曲线<1 米处均获得最大音量,而当 MinDistance<1 时,默认曲线中 X=1 处的音量相应也会变小。注意上图中 Listener 竖线代表了监听器与当前音源的相对距离,而与 Volume 曲线的交点是 1 米处的最大音量经过 3D 世界距离传播到当前位置而衰减后的音量大小,

即如果在曲线上，1米处 Y 坐标是 0.8，而 Listener 处 Y 坐标是 0.4，那么最终音量是衰减了50%，此参数与 Volume 参数共同作用输出最终音量大小，也即 Volume * 0.5。

（19）Max Distance：当超出此距离时，声音将停止衰减。注意这里是停止衰减，也就是说，后续更远处听到的声音将保持在最大距离点的声音大小，不代表声音为 0。

（20）Rolloff Mode：衰减模式。代表了声音在距离上的衰减速度（具体衰减数值由曲线决定，X-距离，Y-衰减后剩余百分比）。

Logarithmic Rolloff：对数衰减。预制的对数衰减曲线，可以修改。

Linear Rolloff：线性衰减。预制的线性衰减曲线，可以修改。

Custom Rolloff：自定义衰减曲线，完全手动设置。

以下声音属性可以通过距离曲线来修改，此处的距离是指音源和监听器中的距离。

（21）Volume：振幅（0.0~1.0）在距离上的变化曲线。

（22）Spatial Blend：空间混合参数在距离上的变化曲线，空间混合参数代表了2D 音源-3D 音源的插值，2D 音源是原始的声道匹配，3D 音源是将当前所有声道混合转换成单声道，在距离和方向上进行衰减。

（23）Spread：传播角度在距离上的变化曲线（degrees 0.0~360.0）。

（24）Low-Pass（只有当音源添加低通滤波器 LowPassFilter 时出现）：截断频率（22000.0-10.0）在距离上的变化曲线。

（25）Reverb Zone：回音混合参数在距离上的变化曲线，注意振幅属性、距离和方向上的衰减将被首先应用到信号，因此它们将同时影响到直接传播的声音信号和回音信号。

距离曲线函数，包括振幅（Volume）、空间混合（Spatial Blend）、传播角度（Spread）、低通滤波器（Low-Pass audio filter）和回音混合（Reverb Zone Mix）。

图 5-3 中当前监听器到当前音源距离由红色垂直线段标出，可以通过直接编辑此曲线来改变此距离函数。如果编辑曲线，可以查看编辑曲线（Editing Curves）。

如果音源没有被赋予音频片段（Audio Clip），那么它什么也不会做。音频片段是指那些可以被播放的音频文件。音源就像是一个播放器，可以通过它控制音频片段的播放、停止和改变播放属性。

新建音源的步骤有以下 4 步。

（1）导入音频文件到 Unity 工程，它们就是音频片段（Audio Clips）。

（2）通过菜单：GameObject→Create Empty，创建一个空对象。

（3）选中此 GameObject，选择 Component→Audio→Audio Source 来添加音源脚本组件。

（4）在 inspector 面板中，将步骤1中的音频片段赋给音源组件。

如果想快速为某个音频片段创建一个音源，可以拖动这个音频片段到某个

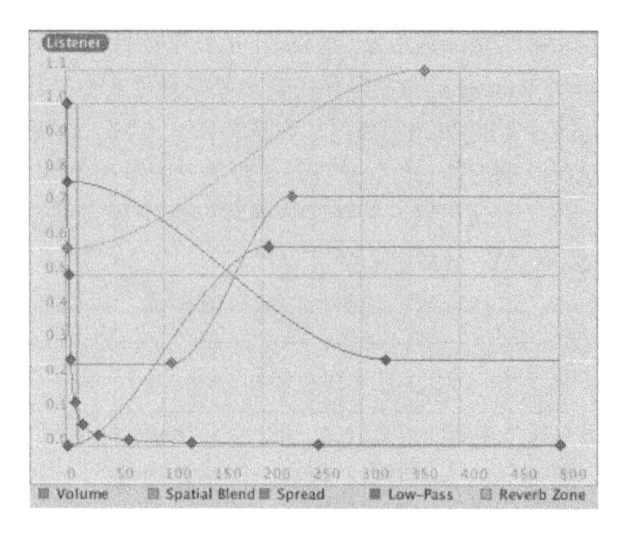

图 5-3　音频调试页面

GameObject 的属性面板（inspector）上，或者直接拖动到场景中任意位置，两种情况下都将自动创建音源脚本。

### 5.2.2　Audio Listener 组件

Audio Listener 是游戏中的声音接收器，一般位于 Main Camera 游戏对象上，它可以接收游戏中的所有音乐和音效（只要其所附加的游戏物体在音效的影响范围内），此外，每一个 Scene 中仅有一个 Audio Listener。过程需要注意以下 5 点。

（1）如果项目中有需要背景音或者音效的话，就必须挂载这个组件，否则没有声音。

（2）一个项目或一个场景中只需要挂载一个 Audio Listener 组件就可以了。

（3）如果挂载的 Audio Listener 组件多的话，会出现声音混杂，甚至会出现打包后音效失效的情况，系统会出现类似下面的提示：There are 2 audio listeners in the scene. Please ensure there is always exactly one audio listener in the scene。

（4）最好把 Audio Listener 挂载在相机。

（5）不能存在超过 1 个以上的、激活状态的音频监听器，也不能少于 1 个，或没有音频监听器。

## 5.3　Audio Mixer

自从 Unity 5.0 开始，音频数据就已经和实际的音频文件分离了。AudioClips 仅仅引用包含音频数据的文件，在 AudioClip 导入器中有各种选项组合来决定音频在运行时是如何加载的，这意味着有很大的灵活性来决定哪些音频文件应该一直保存在内存中（因为可能无法预测它在游戏中播放的频率和速度），而其他的资产可能会随玩家的需求而加载，或随着玩家在关卡中的进展而逐渐加载（如演讲、背景音乐、氛围循环等）。

当音频在 unity 中编码时，它存储在硬盘上的格式包括 PCM、ADPCM 和 Compressed。除此之外，还有一些平台特定的格式，默认的格式是 Compressed，在 tandalone 和 mobile platforms 平台上通过 Vorbis/MP3 格式压缩，PS Vita 和 Xbox One 采用 HEVAG/XMA 压缩格式。

任何导入 nity 中的音频都可以在脚本中作为 AudioClip 访问到，甚至可以在音频数据加载之前就能访问到音频数据的信息。因为在加载音频文件的时候，就已经能够获得一些信息了，比如从编码的音频数据中获取 length、channel count 和 sample rate，并把这些存储在 AudioClip 中。这在创建自动对话或音乐排序系统时非常有用，因为音乐引擎可以使用长度信息，在音乐加载完成之前调度音乐的播放，它还可以通过只在需要的时候在内存中保存一次以减少内存的占有率。

（1）创建 Audio Mixer。在 Assets 面板中创建一个文件夹，改名为 Mixer（或者其他易于识别和记忆的名字）。双击进入 Mixer 文件夹后点击鼠标右键──→Create ──→Audio Mixer，然后改名即可。

（2）控制背景音乐和音效。首先选择 Master 控制器组，然后添加 N 个控制器、修改名称，如图 5-4 所示。

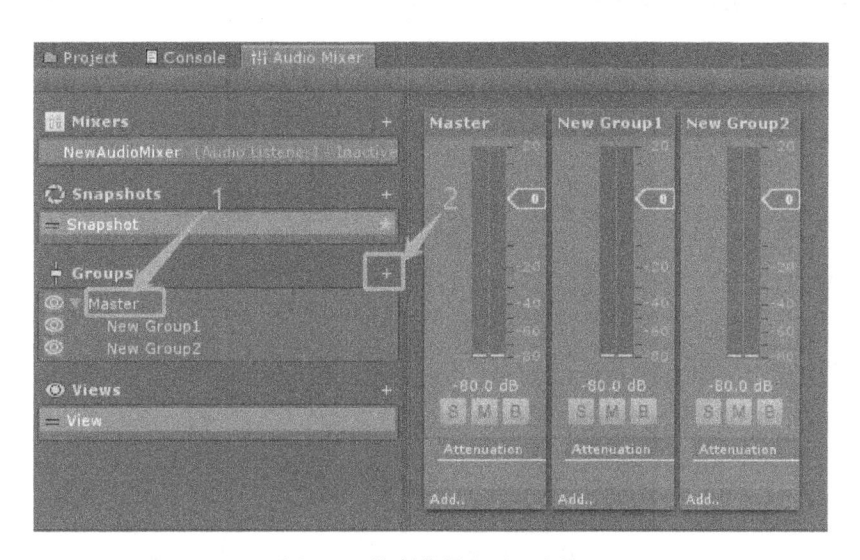

图 5-4　控制背景音乐和音效

(3) 将控制器拖入 Audio Source 组件上，见图 5-5。

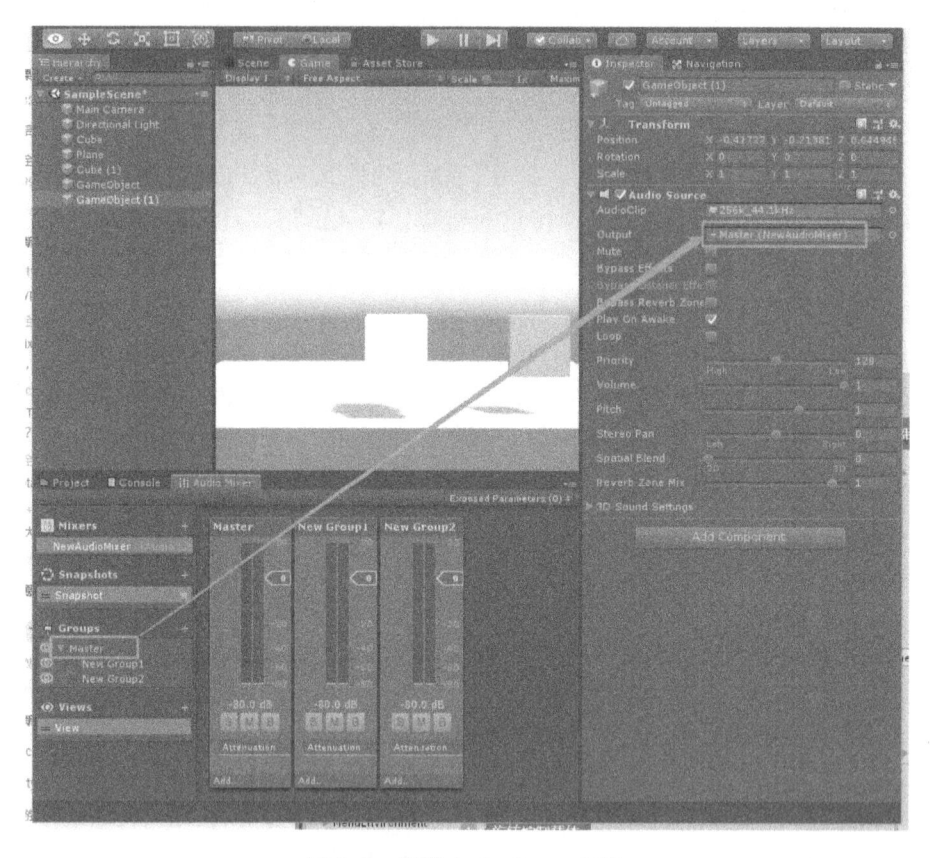

图 5-5　拖拽 Audio Source 组件

控制器成员关系如图 5-6 所示。

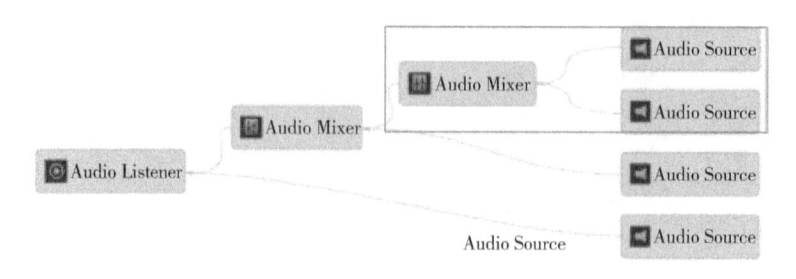

图 5-6　控制器成员关系

上面的操作就是实现了框中的那部分。Audio Mixer 可以嵌套使用，读者可以自行验证。

（4）暴露参数，见图 5-7。

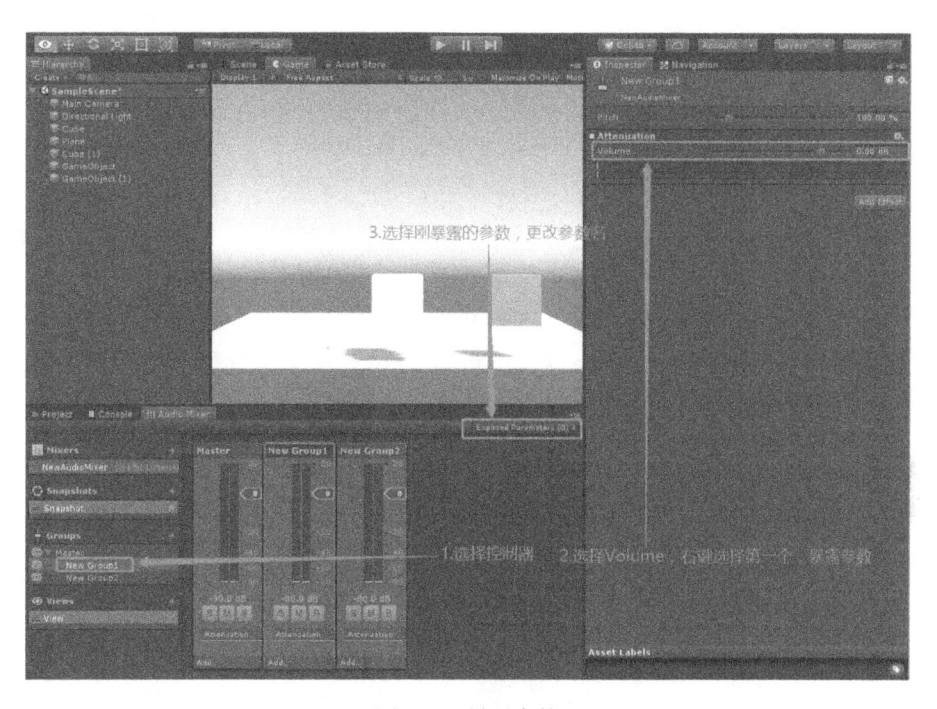

图 5-7　暴露参数

（5）创建脚本，控制 Audio Mixer。

using System. Collections；

using System. Collections. Generic；

using UnityEngine；

using UnityEngine. Audio；

public class AudioManager：MonoBehaviour
｛

　　public AudioMixer audioMixer；　　//进行控制的 Mixer 变量

　　public void SetMasterVolume(float volume)　　//控制主音量的函数
　　｛
　　　　audioMixer. SetFloat("MasterVolume",volume)；

//MasterVolume 为我们暴露出来的 Master 的参数
}

public void SetMusicVolume(float volume)    //控制背景音乐音量的函数
{
    audioMixer.SetFloat("MusicVolume",volume);
    //MusicVolume 为我们暴露出来的 Music 的参数
}

public void SetSoundEffectVolume(float volume)    //控制音效音量的函数
{
    audioMixer.SetFloat("EffectVolume",volume);
    //EffectVolume 为我们暴露出来的 SoundEffect 的参数
}
}

(6) 拖入脚本，见图 5-8。

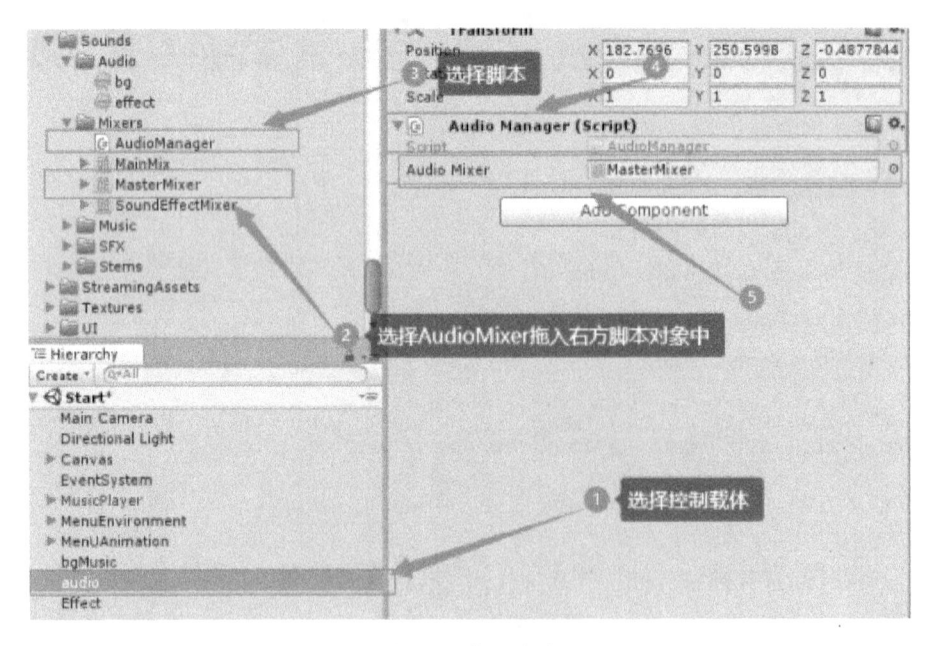

图 5-8　拖入脚本

做完这一步以后，可以结合后面章节中的 UGUI 内容，制作一个混音器。

## 5.4 Audio Reverb Zone 组件

minDistance：从混响具有完全效果所在的中心点的距离，默认为 10.0。
maxDistance：从混响不具有任意效果的中心点的距离，默认为 15.0。
reverbPreset：设置/获取混响的预设属性。
Room：环境混响等级（中频）。
roomHF：相对于高频环境效果等级。
roomLF：相对于低频环境效果等级。
decayTime：中频混响衰减时间。
decayHFRatio：高频到中频衰减比率。
Reflections：相对于环境效果的早期反射等级。
reflectionsDelay：初始反射延迟时间。
Reverb：相对于环境效果的后期混响等级。
reverbDelay：相对于初始反射的后期混响延迟时间。
HFReference：引用高频，单位 Hz。
LFReference：引用低频，单位 Hz。
Diffusion：在后期混响衰减，控制回声密度的值。
Density：在后期混响衰减，控制模态密度的值。

## 5.5 通过代码实现音效控制

对于较大的项目，会涉及较为烦琐的音频管理问题。这里给出一个音频管理的类 AudioManager。将 AudioManager.cs 文件挂载到一个空物体上，并为这个空物体挂载 3 个 AudioSouce 组件，然后在 Inspector 面板中把音频文件拖到 Audio Clip Array 中即可，如图 5-9 所示。

AudioManager 类提供了大多数的音频播放功能，包括：背景音乐的播放、音效的播放、背景音乐的音调改变、音效的音调改变、停止播放等：

```
///播放背景音乐
public static void PlayBackground(string strAudioName)
public static void PlayBackground(AudioClip audioClip)
```

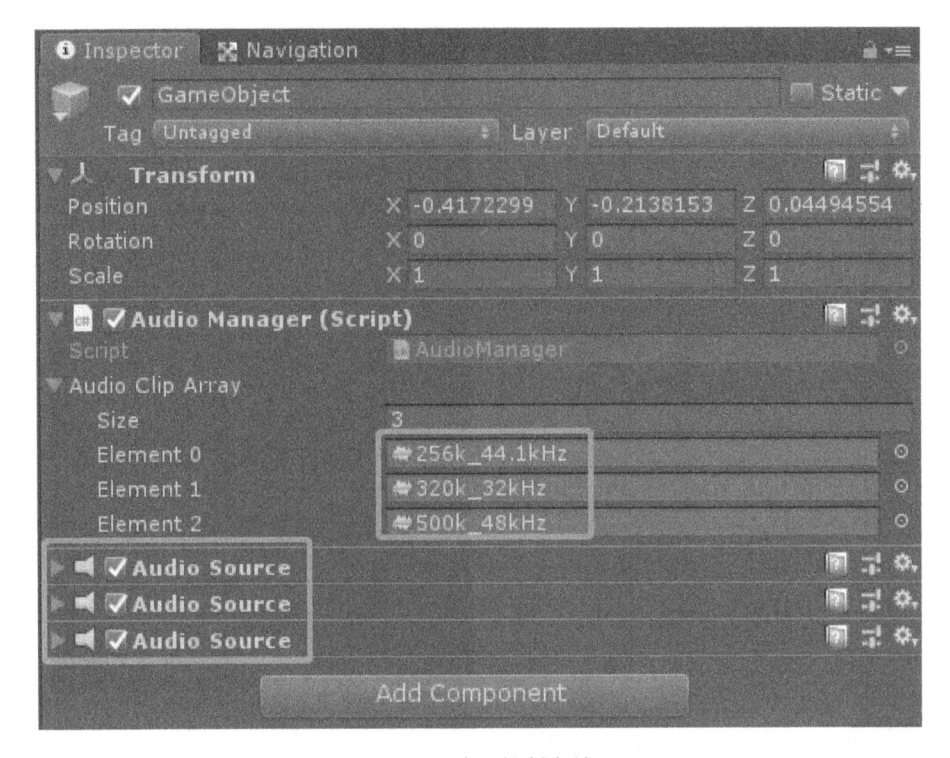

图 5-9 代码控制音效

///播放音效 A
public static void PlayAudioEffectA( AudioClip audioClip)
public static void PlayAudioEffectA( string strAudioEffctName)

///播放音效 B
public static void PlayAudioEffectB( string strAudioEffctName)
public static void PlayAudioEffectB( AudioClip audioClip)

///停止播放音效 A
public static void StopPlayAudioEffectA( )

///停止播放音效 B
public static void StopPlayAudioEffectB( )

///停止播放背景音乐

public static void StopPlayAudioBackGround( )

///改变背景音乐音量
public static void SetAudioBackgroundVolumns( float floAudioBGVolumns)

///改变音效音量
public static void SetAudioEffectVolumns( float floAudioEffectVolumns)

///改变背景音乐的音调
public static void SetAudioBackgroundPitch( float floAudioBGPitchs)

///改变音效的音调
public static void SetAudioEffectPitch( float floAudioEffectPitchs)

大的背景音乐不要加入 AudioClip [ ]，对内存消耗大。而是在哪里用到，单独使用 PlayBackground 函数播放。小的音效片段可以将其加入 AudioClip [ ] 中，可以很方便地管理，可以通过声音剪辑、声音剪辑名称来进行音乐的播放。具体代码如下：

```
using System. Collections;
using System. Collections. Generic;
using UnityEngine;

public class AudioManager:MonoBehaviour
{
    public AudioClip[ ]AudioClipArray;                      //剪辑数组
    public static float AudioBackgroundVolumns = 1F;        //背景音量
    public static float AudioEffectVolumns = 1F;            //音效音量
    public static float AudioBackgroundPitch = 1f;          //背景音乐的音调
    public static float AudioEffectPitch = 1. 0f;           //音效的音调

    private static Dictionary<string,AudioClip>_DicAudioClipLib;//音频库,将声音名字和声音资源进行关联
    private static AudioSource[ ]_AudioSourceArray;         //音频源数组
    private static AudioSource _AudioSource_BackgroundAudio;//背景音乐
    private static AudioSource _AudioSource_AudioEffectA;   //音效源 A
```

```csharp
        private static AudioSource _AudioSource_AudioEffectB;        //音效源 B

    //Start is called before the first frame update
    void Awake()
    {
        //音效库资源加载

        //音频库加载[初始化,将音乐剪辑和名字联系起来]
        _DicAudioClipLib = new Dictionary<string, AudioClip>();

        foreach(AudioClip audioClip in AudioClipArray)
        {
            _DicAudioClipLib.Add(audioClip.name, audioClip);
        }

        //处理音频源,也就是得到用来播放声音的音乐播放器
        _AudioSourceArray = GetComponents<AudioSource>();
        _AudioSource_BackgroundAudio = _AudioSourceArray[0];    //其中一个用来播放背景音乐
        _AudioSource_AudioEffectA = _AudioSourceArray[1];       //其中一个用来播放音乐 1
        _AudioSource_AudioEffectB = _AudioSourceArray[2];

        //从数据持久化中得到音量数值
        if(PlayerPrefs.GetFloat("AudioBackgroundVolumns") >= 0)
        {
            AudioBackgroundVolumns = PlayerPrefs.GetFloat("AudioBackgroundVolumns");
            _AudioSource_BackgroundAudio.volume = AudioBackgroundVolumns;

            Debug.Log(PlayerPrefs.GetFloat("AudioBackgroundVolumns").ToString());
        }
```

```
    if( PlayerPrefs. GetFloat( "AudioEffectVolumns" ) >= 0)
    {
        AudioEffectVolumns = PlayerPrefs. GetFloat( "AudioEffectVolumns" );
        _AudioSource_AudioEffectA. volume = AudioEffectVolumns;
        _AudioSource_AudioEffectB. volume = AudioEffectVolumns;
    }

    //设置音乐的音效
    if( PlayerPrefs. HasKey( "AudioBackgroundPitch" ) )
    {
        AudioBackgroundPitch = PlayerPrefs. GetFloat( "AudioBackgroundPitch" );
    }

    if( PlayerPrefs. HasKey( "AudioEffectPitch" ) )
    {
        AudioEffectPitch = PlayerPrefs. GetFloat( "AudioEffectPitch" );
    }

    _AudioSource_BackgroundAudio. pitch = AudioBackgroundPitch;
    _AudioSource_AudioEffectA. pitch = AudioEffectPitch;
    _AudioSource_AudioEffectB. pitch = AudioEffectPitch;

}

public static void PlayBackground( AudioClip audioClip)
{
    ///播放背景音乐

    //防止背景音乐的重复播放。
    if( _AudioSource_BackgroundAudio. clip == audioClip)
    {
        return;
    }
```

//处理全局背景音乐音量
_AudioSource_BackgroundAudio. volume = AudioBackgroundVolumns;
_AudioSource_BackgroundAudio. pitch = AudioBackgroundPitch;
if(audioClip)
{
    _AudioSource_BackgroundAudio. loop = true;            //背景音乐是循环播放的
    _AudioSource_BackgroundAudio. clip = audioClip;
    _AudioSource_BackgroundAudio. Play();
}
else
{
    Debug. LogWarning("[AudioManager. cs/PlayBackground()]audioClip = = null!");
}
}

public static void PlayBackground(string strAudioName)
{
///播放背景音乐
///传入的参数是声音片段的名字,要注意,其声音片段要加入声音数组中
if(! string. IsNullOrEmpty(strAudioName))
{
    PlayBackground(_DicAudioClipLib[strAudioName]);
}
else
{
    Debug. LogWarning("[AudioManager. cs/PlayBackground()]strAudioName = = null!");
}
}

public static void PlayAudioEffectA(AudioClip audioClip)
{

```csharp
        ///播放音效_音频源A
        //处理全局音效音量
        _AudioSource_AudioEffectA.volume = AudioEffectVolumns;
        _AudioSource_AudioEffectA.pitch = AudioEffectPitch;

        if(audioClip)
        {
            _AudioSource_AudioEffectA.clip = audioClip;
            _AudioSource_AudioEffectA.Play();
        }
        else
        {
            Debug.LogWarning("[AudioManager.cs/PlayAudioEffectA()] audioClip==null! Please Check!");
        }
    }

    public static void PlayAudioEffectA(string strAudioEffctName)
    {
        if(!string.IsNullOrEmpty(strAudioEffctName))
        {
            PlayAudioEffectA(_DicAudioClipLib[strAudioEffctName]);
        }
        else
        {
            Debug.LogWarning("[AudioManager.cs/PlayAudioEffectA()] strAudioEffctName==null! Please Check!");
        }
    }

    public static void PlayAudioEffectB(AudioClip audioClip)
    {
        ///播放音效_音频源B
        ///
```

```
    //处理全局音效音量
    _AudioSource_AudioEffectB. volume = AudioEffectVolumns;
    _AudioSource_AudioEffectB. pitch = AudioEffectPitch;

    if( audioClip)
    {
        _AudioSource_AudioEffectB. clip = audioClip;
        _AudioSource_AudioEffectB. Play( );
    }
    else
    {
        Debug. LogWarning( "[ AudioManager. cs/PlayAudioEffectB( ) ] audioClip = = null! Please Check!" );
    }
}

public static void PlayAudioEffectB( string strAudioEffctName)
{
    if( ! string. IsNullOrEmpty( strAudioEffctName))
    {
        PlayAudioEffectB( _DicAudioClipLib[ strAudioEffctName ]);
    }
    else
    {
        Debug. LogWarning( "[ AudioManager. cs/PlayAudioEffectB( ) ] strAudioEffctName = = null! Please Check!" );
    }
}

public static void StopPlayAudioEffectA( )
{
    _AudioSource_AudioEffectA. Stop( );
}
```

```csharp
public static void StopPlayAudioEffectB()
{
    _AudioSource_AudioEffectB.Stop();
}

public static void StopPlayAudioBackGround()
{
    _AudioSource_BackgroundAudio.Stop();
}

public static void SetAudioBackgroundVolumns(float floAudioBGVolumns)
{
    ///改变背景音乐音量
    _AudioSource_BackgroundAudio.volume = floAudioBGVolumns;
    AudioBackgroundVolumns = floAudioBGVolumns;
    //数据持久化
    PlayerPrefs.SetFloat("AudioBackgroundVolumns", floAudioBGVolumns);
}

public static void SetAudioEffectVolumns(float floAudioEffectVolumns)
{
    ///改变音效音量
    _AudioSource_AudioEffectA.volume = floAudioEffectVolumns;
    _AudioSource_AudioEffectB.volume = floAudioEffectVolumns;
    AudioEffectVolumns = floAudioEffectVolumns;

    //数据持久化
    PlayerPrefs.SetFloat("AudioEffectVolumns", floAudioEffectVolumns);
}

public static void SetAudioBackgroundPitch(float floAudioBGPitchs)
{
    ///改变背景音乐的音调
    _AudioSource_BackgroundAudio.pitch = floAudioBGPitchs;
```

```
        //数据持久化
        PlayerPrefs.SetFloat("AudioBackgroundPitch",floAudioBGPitchs);
    }

    public static void SetAudioEffectPitch(float floAudioEffectPitchs)
    {
        ///改变音效的音调
        _AudioSource_AudioEffectA.pitch = floAudioEffectPitchs;
        _AudioSource_AudioEffectB.pitch = floAudioEffectPitchs;

        //数据持久化
        PlayerPrefs.SetFloat("AudioEffectPitch",floAudioEffectPitchs);
    }

    void Start()
    {
        PlayBackground(AudioClipArray[0]);
    }

    //Update is called once per frame
    void Update()
    {

    }
}
```

# 第六章 构建真实的物理系统

## 6.1 相关概念

（1）刚体（Rigidbody）。其是实现游戏对象的物理行为的主要组件。添加刚体组件后，对象将立即响应重力。如果还添加了一个或多个"碰撞体"组件，则游戏对象会因发生碰撞而移动。

由于刚体组件会接管附加到的游戏对象的运动，因此不应试图借助脚本通过更改变换属性（如位置和旋转）来移动游戏对象。相反，应该施加"力"来推动游戏对象并让物理引擎计算结果。

在某些情况下，可能希望游戏对象具有刚体，并让刚体的运动摆脱物理引擎的控制。例如，可能希望直接从脚本代码控制角色，但仍允许触发器检测角色（请参阅碰撞体主题下的"触发器"）。脚本产生的这种非物理运动称为运动学运动。刚体组件有一个名为 Is Kinematic 的属性，该属性可以让刚体摆脱物理引擎的控制，并允许通过脚本以运动学方式来移动刚体。可以通过脚本来更改 Is Kinematic 的值，从而为某个对象开启和关闭物理引擎，但这会产生性能开销，应谨慎使用。

（2）睡眠。当刚体移动速度低于规定的最小线性速度或转速时，物理引擎会认为刚体已经停止。发生这种情况时，游戏对象在受到碰撞或力之前不会再次移动，因此将其设置为"睡眠"模式。这种优化意味着，在刚体下一次被"唤醒"（即再次进入运动状态）之前，不会花费处理器时间来更新刚体。

在大多数情况下，刚体组件的睡眠和唤醒是透明发生的。但是，如果通过修改变换位置将静态碰撞体（没有刚体的碰撞体）移入游戏对象或远离游戏对象，则可能无法唤醒游戏对象。这种情况下可能会导致问题出现，例如，已经从刚体游戏对象下面移走地板时，刚体游戏对象会悬在空中，在这种情况下，可以使用 WakeUp 函数显式唤醒游戏对象。

（3）碰撞体。碰撞体组件可定义用于物理碰撞的游戏对象的形状。碰撞体是不可见的，其形状不需要与游戏对象的网格完全相同。网格的粗略近似方法通常更有效，在游戏运行过程中难以察觉。

最简单（并且也是处理器开销最低）的碰撞体是"原始"碰撞体类型。在 3D 中，这些碰撞体为盒型碰撞体、球形碰撞体和胶囊碰撞体。在 2D 中，可以使用 2D

盒型碰撞体和 2D 圆形碰撞体，可以将任意数量的上述碰撞体添加到单个游戏对象以创建"复合碰撞体"。

（4）复合碰撞体。复合碰撞体可以模拟游戏对象的形状，同时保持较低的处理器开销。为了获得更多灵活性，可以在子游戏对象上添加额外的碰撞体。例如，可以相对于父游戏对象的本地轴来旋转盒体。在创建像这样的复合碰撞体时，层级视图中的根游戏对象上应该只使用一个刚体组件。

原始碰撞体无法正常处理剪切变换。如果在变换层级视图中组合使用旋转和非均匀比例，从而使产生的形状不再是原始形状，则原始碰撞体无法正确表示这个形状。

（5）网格碰撞体。然而，在某些情况下，即使复合碰撞体也不够准确。在 3D 中，可以使用网格碰撞体精确匹配游戏对象网格的形状。在 2D 中，2D 多边形碰撞体不能完美匹配精灵图形的形状，但可以将形状细化到所需的任何细节级别。这些碰撞体比原始类型具有更高的处理器开销，因此请谨慎使用以保持良好的性能。此外，网格碰撞体无法与另一个网格碰撞体碰撞（当它们进行接触时不会发生任何事情）。在某些情况下，可以通过在 Inspector 中将网格碰撞体标记为 Convex 来解决此问题。此设置会产生"凸面外壳"形式的碰撞体形状，类似于原始网格，但填充了底切。这样做的好处是，凸面网格碰撞体可与其他网格碰撞体碰撞，因此，当有一个包含合适形状的移动角色时，便可以使用此功能。一条适用的规则是将网格碰撞体用于场景几何体，并使用复合原始碰撞体近似得出移动游戏对象的形状。

（6）静态碰撞体。可将碰撞体添加到没有刚体组件的游戏对象，从而创建场景的地板、墙壁和其他静止元素。这些被称为静态碰撞体。相反，具有刚体的游戏对象上的碰撞体称为动态碰撞体。静态碰撞体可与动态碰撞体相互作用，但由于没有刚体，因此不会通过移动来响应碰撞。

（7）物理材质。当碰撞体相互作用时，它们的表面需要模拟所应代表的材质的属性。例如，一块冰将是光滑的，而橡胶球将提供大量摩擦力并且弹性很好。虽然碰撞时碰撞体的形状不会变形，但可以使用 Physics Materials（物理材质）配置碰撞体的摩擦力和弹力。可能需要进行多次试验和纠错后才能获得正确参数，比如冰材质将具有零（或非常低的）摩擦力，而橡胶材质则具有高摩擦力和近乎完美的弹性。请注意，由于历史原因，3D 资源实际上称为 Physic Material（物理材质）（不带 s），而等效的 2D 资源则称为 Physics Material 2D（2D 物理材质）（带 s）。

（8）触发器。脚本系统可以使用 On Collision Enter 函数检测何时发生碰撞并启动操作，也可以直接使用物理引擎检测碰撞体何时进入另一个对象的空间而不会产生碰撞。配置为"触发器"（使用 Is Trigger 属性）的碰撞体不会表现为实体对象，只会允许其他碰撞体穿过。当碰撞体进入其空间时，触发器将在触发器对象的脚本上调用 OnTriggerEnter 函数。

（9）脚本碰撞回调。发生碰撞时，物理引擎会在附加到相关对象的所有脚本上调用特定名称的函数。可以在这些函数中放置所需的任何代码来响应碰撞事件。例如，当汽车撞到障碍物时，可以播放碰撞音效。在第一个检测到碰撞的物理更新中，将调用 On Collision Enter 函数。在保持接触的更新期间，将调用 On Collision Stay，最后由 On Collision Exit 指示接触已经中断。触发碰撞体会调用模拟的 On Trigger Enter、On Trigger Stay 和 On Trigger Exit 函数。请注意，对于 2D 物理，可使用在名称中附加了 2D 字样的等效函数，例如 On Collision Enter 2D。有关这些函数和代码示例的完整详细信息，请参阅关于 MonoBehaviour 类的脚本参考页面。

对于正常的非触发碰撞，还有一个额外的细节，即所涉及的对象中至少有一个对象必须具有非运动刚体（必须关闭 Is Kinematic）。如果两个对象都是运动刚体，则不会调用 On Collision Enter 等函数。对于触发碰撞，此限制不适用，因此运动和非运动刚体都会在进入触发碰撞体时提示调用 On Trigger Enter。

（10）碰撞体相互作用。碰撞体彼此之间的相互作用根据刚体组件的配置不同而不同。三个重要的配置是静态碰撞体（Static Collider）（即完全没有附加任何刚体）、刚体碰撞体（Rigidbody Collider）和运动刚体碰撞体（Kinematic Rigidbody Collider）。

（11）静态碰撞体。静态碰撞体是具有碰撞体而没有刚体的游戏对象。静态碰撞体在大多数情况下用于表示始终停留在同一个地方而永远不会四处移动的关卡几何体。靠近的刚体对象会与静态碰撞体发生碰撞，但不会移动静态碰撞体。

在特殊情况下，物理引擎针对永远不会移动的静态碰撞体进行优化。例如，即使移动静态碰撞体，停在静态碰撞体上的车辆也会保持睡眠状态。可以在运行时启用、禁用或移动静态碰撞体，而不会特别影响物理引擎的计算速度。另外，只要缩放比例是统一的（无偏差），就可以安全地缩放静态网格碰撞体。

（12）刚体碰撞体。这是一种附加了碰撞体和普通非运动刚体的游戏对象。刚体碰撞体完全由物理引擎模拟，并可响应通过脚本施加的碰撞和力。刚体碰撞体可与其他对象（包括静态碰撞体）碰撞，是使用物理组件的游戏中最常用的碰撞体配置。

（13）运动刚体碰撞体。这是一种附加了碰撞体和"运动"刚体（即启用了刚体的 Is Kinematic 属性）的游戏对象。可使用脚本来移动运动刚体对象（通过修改对象的变换组件），但该对象不会像非运动刚体一样响应碰撞和力。运动刚体应该用于符合以下特征的碰撞体：偶尔可能被移动或禁用/启用，除此之外的行为应该像静态碰撞体一样。这方面的一个例子是滑动门，这种门通常用作不可移动的物理障碍物，但必要时可以打开。与静态碰撞体不同，移动的运动刚体会对其他对象施加摩擦力，并在双方接触时"唤醒"其他刚体。

即使处于不动状态，运动刚体碰撞体也会对静态碰撞体产生不同的行为。例如，如果将碰撞体设置为触发器，则还需要向其添加刚体以便在脚本中接收触发器事件。如果不希望触发器在重力作用下跌落或在其他方面受物理影响，则可以在其刚体上设置 Is Kinematic 属性。可使用 Is Kinematic 属性随时让刚体组件在正常和运动行为之间切换。这方面的一个常见例子是"布娃娃"效果；在这种效果中，角色通常在动画下移动，但在爆炸或猛烈碰撞时被真实抛出。角色的四肢可被赋予自己的刚体组件，并在默认情况下启用 Is Kinematic。肢体将通过动画正常移动，直到所有这些肢体关闭 Is Kinematic 为止，然后它们立即表现为物理对象。此时，碰撞或爆炸力将使角色飞出，使肢体以令人信服的方式被抛出。

（14）碰撞操作矩阵。当两个对象碰撞时，可能会发生许多不同的脚本事件，具体取决于碰撞对象的刚体配置。以下图表详细列出了根据附加到对象的组件来调用的事件函数。某些组合仅会使两个对象之中的一个对象受到碰撞的影响，但一般规则是物理特性不会应用于没有附加刚体组件的对象。

（15）关节。关节组件将刚体连接到另一个刚体或空间中的固定点。关节施加使刚体移动的力，而关节限制功能可以限制该移动。如图 6-1 所示，关节赋予刚体以下自由度。

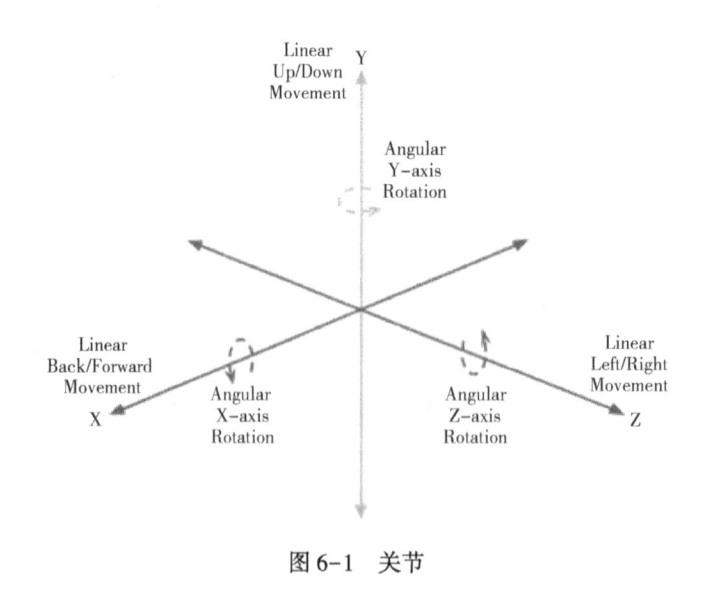

图 6-1 关节

Unity 提供的以下关节可以对刚体组件施加不同的力和限制，从而使这些刚体具有不同的运动（表 6-1）。

表 6-1 关节的属性与功能

| 属性 | 功能 |
| --- | --- |
| Character Joint | 模拟球窝关节，例如臀部或肩膀。沿所有线性自由度约束刚体移动，并实现所有角度自由度。连接到角色关节（Character Joint）的刚体围绕每个轴进行定向并从共享原点开始转动 |
| Configurable Joint | 模拟任何骨骼关节，例如布娃娃中的关节。您可以配置此关节以任何自由度驱动和限制刚体的移动 |
| Fixed Joint | 限制刚体的移动以跟随所连接到的刚体的移动。当您需要一些可以轻松相互分离的刚体，或者您想连接两个刚体的移动而无须在 Transform 层级视图中进行父级化时，这种关节很有用 |
| Hinge Joint | 在一个共享原点将一个刚体连接到另一个刚体或空间中的一个点，并允许刚体从该原点绕特定轴旋转。用于模拟门和手指关节 |
| Spring Joint | 使刚体彼此分开，但使刚体之间的距离略微拉伸。弹簧就像一块弹性物，试图将两个锚点一起拉到完全相同的位置 |

2D 关节在名称中有 2D 字样，例如，Hinge Joint 2D（2D 铰链关节）。有关 2D 关节的摘要，请参阅 2D 关节文档。

关节还有其他可用于实现特定效果的选项，例如，可设置一个关节，确保在刚体施加到关节的力超过某个阈值时破坏关节。一些关节允许在连接的刚体之间产生"驱动力"以使它们自动运动。

如果要在工业应用的上下文中构建运动链，例如模拟具有逼真物理行为的机械臂，应使用物理接合而不是这里描述的常规关节。

## 6.2 刚体组件

在物理学中，刚体是一个理想模型。通常把在外力作用下，物体的形状和大小（尺寸）保持不变，而且内部各部分相对位置保持恒定（没有形变）的理想物理模型称为刚体。

刚体是物理引擎中最基本的组件。Unity 3D 中的 Rigidbody（刚体）可以为游戏对象赋予物理属性，使游戏对象在物理系统的控制下接受推力与扭力，从而实现现实世界中的运动效果。在游戏制作过程中，只有为游戏对象添加了刚体组件，才能使其受到重力影响。

在一个物理引擎中，刚体是非常重要的组件，通过刚体组件可以给物体添加一些常见的物理属性,如质量、摩擦力、碰撞参数等。通过这些属性可以模拟该物体在 3D 世界内的一切虚拟行为,当物体添加了刚体组件后,它将感应物理引擎中的一切物理效果。

Unity 3D 提供了多个实现接口,开发者可以通过更改这些参数来控制物体的各种物理状态。刚体在各种物理状态影响下运动,刚体的属性包含 Mass(质量)、Drag(阻力)、Angular Drag(角阻力)、Use Gravity(是否使用重力)、Is Kinematic(是否受物理影响)、Collision Detection(碰撞检测)等。

在 Unity 3D 中创建并选择一个游戏对象,执行菜单栏中的 Component→Physics→Rigidbody 命令为游戏对象添加刚体组件,如图 6-2 所示。

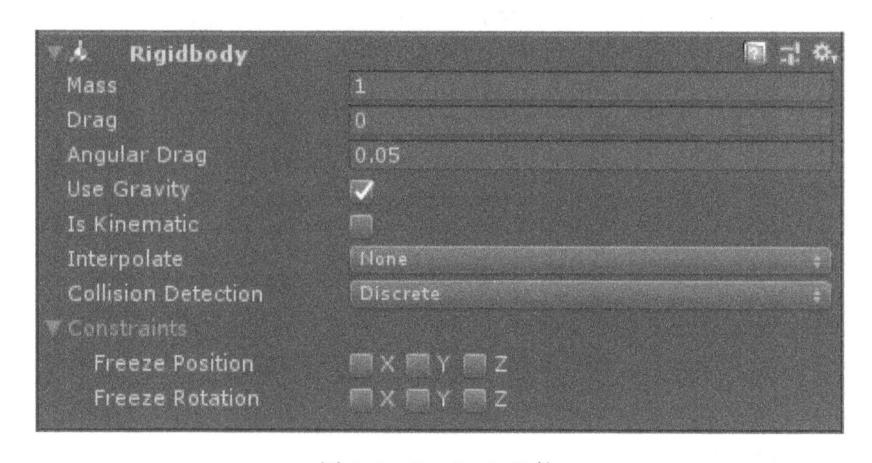

图 6-2 Rigidbody 组件

(1) Mass:质量。物体的质量(任意单位)。建议一个物体的质量不要与其他物体相差 100 倍。

(2) Drag:阻力。当受力移动时物体受到的空气阻力。0 表示没有空气阻力,极大时使物体立即停止运动。

(3) Angular Drag:角阻力。当受扭力旋转时物体受到的空气阻力。0 表示没有空气阻力,极大时使物体立即停止旋转。

(4) Use Gravity:使用重力。该物体是否受重力影响,若激活,则物体受重力影响。

(5) Is Kinematic:是否是运动学。游戏对象是否遵循运动学物理定律,若激活,该物体不再受物理引擎驱动,而只能通过变换来操作。适用于模拟运动的平台或者模拟由铰链关节连接的刚体。

(6) Interpolate:插值。物体运动插值模式。当发现刚体运动时抖动,可以尝试下面的选项:

None（无），不应用插值；

Interpolate（内插值），基于上一帧变换来平滑本帧变换；

Extrapolate（外插值），基于下一帧变换来平滑本帧变换。

（7）Collision Detection：碰撞检测。碰撞检测模式用于避免高速物体穿过其他物体却未触发碰撞。碰撞模式包括：

Discrete（不连续）——用来检测与场景中其他碰撞器或其他物体的碰撞；

Continuous（连续）——用来检测与动态碰撞器（刚体）的碰撞；

Continuous Dynamic（动态连续）——用来检测与连续模式和连续动态模式的物体的碰撞，适用于高速物体。

（8）Constraints：约束。对刚体运动的约束，其中，Freeze Position（冻结位置）表示刚体在世界中沿所选轴的移动将无效，Freeze Rotation（冻结旋转）表示刚体在世界中沿所选轴的旋转将无效。

## 6.3 碰撞体

碰撞体是物理组件的一类，它与刚体一起促使碰撞发生。碰撞体是简单形状，如方块、球形或者胶囊形，在 Unity 3D 中每当一个 Game Objects 被创建时，它会自动分配一个合适的碰撞器。一个立方体会得到一个 Box Collider（立方体碰撞体），一个球体会得到一个 Sphere Collider（球体碰撞体），一个胶囊体会得到一个 Capsule Collider（胶囊体碰撞体）等。

在 Unity 3D 的物理组件使用过程中，碰撞体需要与刚体一起添加到游戏对象上才能触发碰撞。

值得注意的是，被碰撞的对象和碰撞体中至少要有一个添加刚体才能产生碰撞效果。

碰撞体的添加方法是：首先选中游戏对象，执行菜单栏中的 Component→Physics 命令，此时可以为游戏对象添加不同类型的碰撞体。

### 6.3.1 Box Collider

（1）Box Collider 是最基本的碰撞体，Box Collider 是一个立方体外形的基本碰撞体。一般游戏对象往往具有 Box Collider 属性，如墙壁、门、墙以及平台等，也可以用于布娃娃的角色躯干或者汽车等交通工具的外壳，当然最适合用在盒子或是箱子上。

图 6-3 所示是 Box Collider，游戏对象一旦添加了 Box Collider 属性，则在 Inspector 面板中就会出现对应的 Box Collider 属性参数设置。

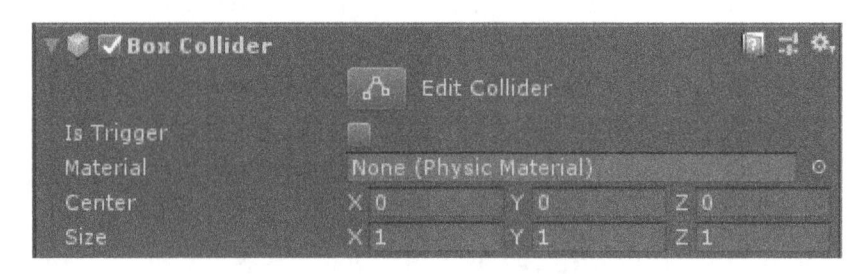

图 6-3　Box Collider 属性参数

（2）Is Trigger：触发器。勾选该项，则该碰撞体可用于触发事件，并将被物理引擎所忽略。如果 Is Trigger 选项被勾选，该对象一旦发生碰撞动作，则会产生 3 个碰撞信息并发送给脚本参数，分别是 OnTriggerEnter（）、OnTriggerExit（）、OnTriggerStay（）。

（3）Material：物理材质。为碰撞体设置不同类型的物理材质，包括冰、金属、塑料、木头等。

（4）Center：中心。碰撞体在对象局部坐标中的位置。

（5）Size：大小。碰撞体在 X、Y、Z 方向上的大小。

### 6.3.2　Mesh Collider

（1）Mesh Collider（网格碰撞体）根据 Mesh 形状产生碰撞体，比起 Box Collider、Sphere Collider 和 Capsule Collider，Mesh Collider 更加精确，但会占用更多的系统资源。专门用于复杂网格所生成的模型，如图 6-4 所示。

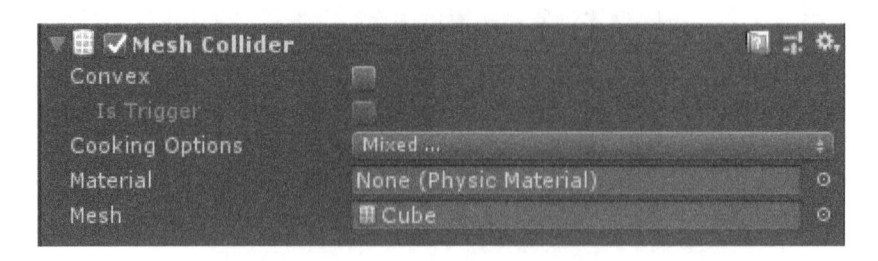

图 6-4　Mesh Collider 组件

（2）Convex：凸体。如果启用，则此网格碰撞体（Mesh Collider）会与其他网格碰撞体（Mesh Collider）碰撞。凸体网格碰撞体（Convex Mesh Collider）限制为 255 个三角形。官网关于 Mesh Collider 有一段专门的说明：使用网格碰撞器有一些限制条件，通常，两个网格碰撞器之间不会发生碰撞。所有的网格碰撞器可以和任何原型碰撞器碰撞。如果网格标记为凸起的（Convex），那么就可以和其他网格碰撞器碰撞。

## 6.4 物理接合

一个物理接合是一组以逻辑树的形式组织而成的接合体，其中每个父子关系都反映了相互约束的相对运动。物理接合的主要目的是为涉及关节的非游戏工业应用提供逼真的物理行为。相比常规关节，物理接合在模拟机械臂和运动链等方面要便捷很多。

### 6.4.1 接合设置对比常规关节

在用一个关节连接两个物理体的最基本场景中，可以构建一个接合或使用常规关节，如表6-2所述。

表6-2 常规关节

|  | 接合设置 | 使用常规关节设置 |
| --- | --- | --- |
| 层级视图 | <ul><li>游戏对象+接合体</li><li>游戏对象+接合体</li></ul> | <ul><li>游戏对象+刚体</li><li>游戏对象+刚体+关节</li></ul> |
| 关系 | 游戏对象具有层级关系（父子）。<br>注意：物理引擎使用Unity变换层级视图来表达父子关系 | 游戏对象不一定具有层级关系。<br>注意：在更高级的场景中，您可以自由模拟运动环路 |
| 物理体 | 两个游戏对象都有一个接合体组件，它定义了物理体属性等 | 两个游戏对象都有一个刚体组件，它定义了物理体属性等 |
| Joint | 子游戏对象的接合体包含关节属性，您可以在其中选择关节类型 | 其中一个游戏对象也有一个关节组件。关节属性取决于您添加的关节组件的类型 |

但是，两种情况下的总体结果行为并不相同，尤其是如果将此原则扩展到多个物理体和关节。如果尝试使用常规关节对运动链进行建模，如在布娃娃、机械臂或具有多个并行铰链的机构中，物理引擎可能会遇到无法求解的情况并遗留一些无法满足的约束。这可能会导致卡顿和不切实际的运动。这些关节不仅看起来很怪异，而且也不可能将它们用于模拟真实设备，从而阻碍对工业设计进行建模或原型构建。

## 6.4.2　在 Unity 中构建接合

要在 Unity 中构建物理接合，必须向构成接合的每个游戏对象添加一个接合体组件。每个接合体组件的配置都可以集中在一个位置进行：
- 
对应的游戏对象的物理体属性。基本上，它的质量及其对物理环境的响应方式。
- 
- 
将游戏对象链接到其父游戏对象的关节的类型和属性（接合的根除外）。
- 

图 6-5 所示的例子显示了一个简单的物理接合，涉及 3 个物理体和 2 个关节：

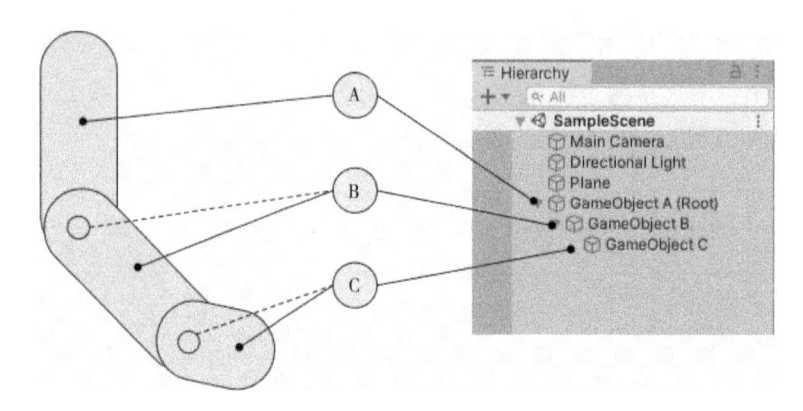

图 6-5　Unity 中构建物理接合

要在 Unity 中构建这样的接合。
（1）创建 3 个游戏对象的线性层级结构。
（2）分别为这 3 个游戏对象添加一个接合体组件。
（3）配置每个接合体组件（根据图 6-5）见表 6-3。

表 6-3　接合体组件配置

| Game Object | 接合体组件配置 |
| --- | --- |
| A（根） | 只能为游戏对象 A 定义物理体属性 |
| B | 可以定义：<br>● 游戏对象 B 的物理体属性<br>● 与游戏对象 A 连接的关节的类型和属性 |

| Game Object | 接合体组件配置 |
| --- | --- |
| C | 您可以定义：<br>● 游戏对象 C 的物理体属性<br>● 与游戏对象 B 连接的关节的类型和属性 |

根据定义，一个接合只能有一个根，并且不允许有运动环路。如果需要运动环路，请使用常规关节。如果您想构建非常长的接合链，仍需注意 Unity 支持的最大层级深度为 64 个游戏对象。

### 6.4.3 接合关节类型和自由度

通过接合体，您可以选择和配置 4 种类型的接合关节：
（1）固定关节：在物理体之间设置刚性、牢不可破和不可拉伸的链接。
（2）棱形关节：阻止除了沿特定轴滑动之外的所有运动。
（3）旋转关节：允许绕特定轴旋转（如铰链）。
（4）球形关节：解剖学关节，允许两个摆动和一个扭转。

接合中所有锁定的自由度在设计上都是牢不可破和不可拉伸的。为了实现这一点，物理引擎使用降维坐标空间，物理体只有关于未锁定运动轴的坐标。相比之下，对于常规迭代关节，物理引擎采用最大坐标空间，只有当求解器能够在一组迭代后收敛，才能保证满足约束。

## 6.5 角色控制器

第一人称或第三人称游戏中的角色通常需要一些基于碰撞的物理效果，这样角色就不会跌穿地板或穿过墙壁。但是，通常情况下，角色的加速度和移动在物理上并不真实，因此角色可以不受动量影响而几乎瞬间加速、制动和改变方向。

在 3D 物理中，可以使用角色控制器创建此类行为。该组件为角色提供了一个始终处于直立状态的简单胶囊碰撞体。控制器有自己的特殊函数来设置对象的速度和方向，但与真正的碰撞体不同，控制器不需要刚体，动量效果也不真实。

角色控制器无法穿过场景中的静态碰撞体，因此将紧贴地板并被墙壁阻挡。控制器可以在移动时将刚体对象推到一边，但不会被接近的碰撞加速。这意味着可以使用标准 3D 碰撞体来创建供控制器行走的场景，但不受角色本身的真实物理行为的限制。

## 6.6 连续碰撞检测（CCD）

CCD确保快速移动的物体与对象碰撞，而不会穿过这些对象（图6-6）。Unity提供以下CCD方法：

（1）推断性CCD。要使用基于扫掠的CCD，请在Inspector窗口中选择一个刚体（RigidBody），并将Collision Detection设置为Continuous或Continuous Dynamic。要使用推断性CCD，请将Collision Detection设置为Continuous Speculative。

（2）基于扫掠的CCD。基于扫掠的CCD采用撞击时间（TOI）算法，通过扫掠对象的前向轨迹来计算对象的潜在碰撞（采用对象的当前速度）。如果沿对象移动方向有接触，该算法会计算撞击时间并移动对象直至达到该时间。该算法可从该时间开始执行子步骤，即计算TOI之后的速度，然后重新扫掠，代价是需要经历更多的CPU周期。

然而，因为此方法依赖于线性扫掠，所以会忽略物体的角运动，这在对象迅速旋转时会引起穿隧效应。例如，弹球机上的弹球杆固定在一端，围绕一个固定点旋转。弹球杆只做角运动，不做线性运动，因此很容易打不中弹球。

图6-6 连续碰撞检测

已启用Continuous Dynamic属性的细杆游戏对象。绕轴心点快速旋转时，此杆不会与球体接触。

此方法的另一个问题是性能问题。如果附近有大量启用CCD的高速对象，CCD的开销将由于进行额外的扫掠而很快增加，因此物理引擎不得不执行更多的CCD子步骤。

推断性CCD的工作原理是基于对象的线性运动和角运动增大一个对象的粗筛阶段轴对齐最小包围盒（AABB）。该算法是一种推测性的算法，因为会选取下一物理步骤中的所有潜在触点。然后将所有触点送入解算器，因此可确保满足所有的触点约束，使对象不会穿过任何碰撞。

图6-7显示了从$t_0$开始移动的球体如何获得预期的$t_1$位置（如果其路径中没有墙）。通过使用目标姿势将AABB扩大，推测性算法选取与$n_1$和$n_2$法线之间的两个触点。然后，该算法告诉解算器遵循这些触点，使球体不会穿过墙壁。

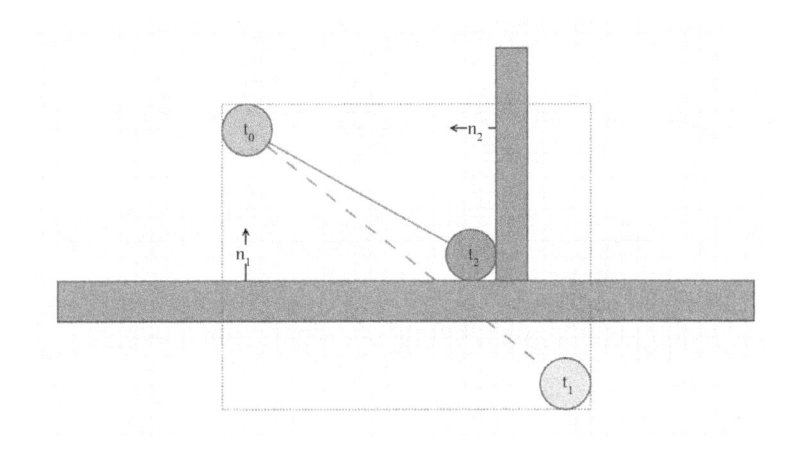

图6-7 算法

基于当前速度并扩大的AABB有助于检测沿运动轨迹的所有潜在触点，使解算器能够防止对象穿过去。

推测性CCD的成本通常低于基于扫掠的方法，因为只在碰撞检测阶段（而不在求解和积分阶段）计算触点。此外，由于推测性CCD根据对象的线性运动和角运动来扩展粗筛阶段AABB，因此能发现基于扫掠的CCD可能遗漏的触点（如图6-8所示）。

但是，推测性CCD可能会导致幽灵碰撞，在这种碰撞中，对象的运动受到推测性触点的影响，而这是不应发生的。这是因为推测性CCD根据最近点算法收集所有潜在触点，所以触点法线不太准确，这通常会使高速对象沿着细分的碰撞特征滑动并跳起来，例如，图6-9、图6-10中，球体从$t_0$开始向右水平移动，积分后的预测位置为$t_1$，扩大后的AABB与框形$b_0$和$b_1$重叠，而CCD在$c_0$和$c_1$产生两个推测性触

图 6-8 已启用推测性 CCD 的细杆游戏对象，绕轴心点快速旋转时，此杆与球体接触并发生碰撞

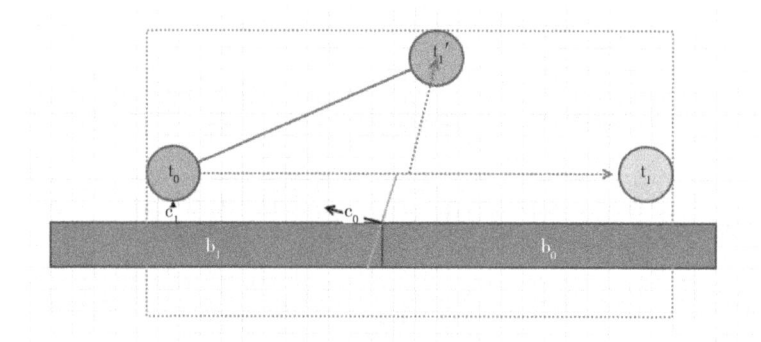

图 6-9 解算器（1）

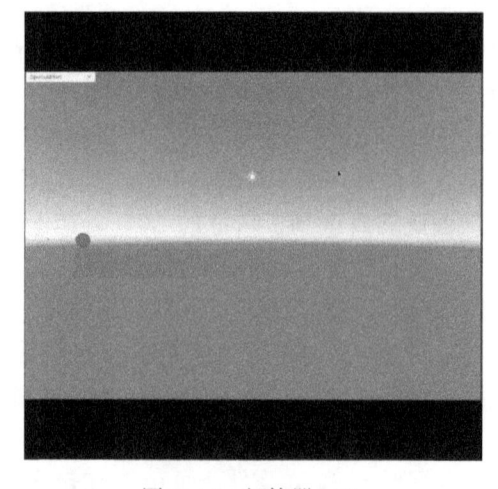

图 6-10 解算器（2）

点。由于推测性 CCD 使用最近点算法来生成触点，$c_0$ 具有非常倾斜的法线，因此解算器会将其视作斜坡。解算器认为 $c_0$ 处的触点是斜坡，因为最近点算法生成了不准确的触点法线，这种非常倾斜的法线导致 $t_1$ 在积分后向上跳动，而不是笔直向前移动。在 $c_0$ 处产生的幽灵碰撞导致球体错误地向上跳跃，而不是笔直向前移动。

推测性 CCD 还可能导致发生穿隧，因为只会在碰撞检测阶段计算推测性触点。在触点求解过程中，如果一个对象从解算器获得太多能量，在积分后，其最终位置可能在初始扩大的 AABB 之外。如果在紧邻 AABB 的外部发生碰撞，对象会从右边穿出。

例如，图 6-11 显示了球体从 $t_0$ 向左移动，而球杆顺时针旋转。如果球体从撞击中获得太多能量，最终可能离开扩大的 AABB（红点矩形），落在 $t_1$ 处。如果在紧邻 AABB 的外部发生碰撞（如下面的蓝色框所示），球体最终可能会从右边穿出。这是因为解算器只计算扩大的 AABB 的内部触点，在求解和积分阶段不会执行碰撞检测。具有扩大的 AABB 的球体使用推测性 CCD，此算法仅在碰撞检测阶段计算触点，因此可能会发生穿过事件。

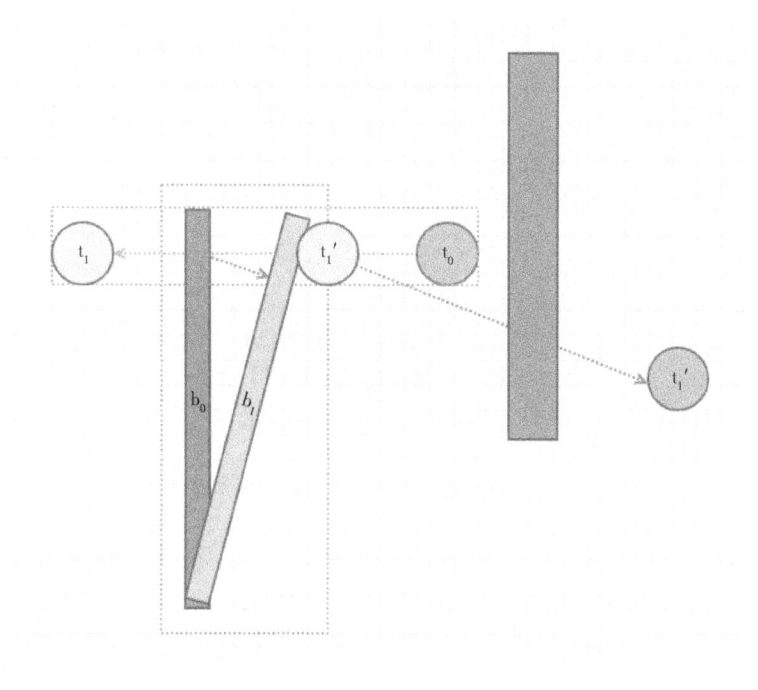

图 6-11　解算器（3）

## 6.7 物理调试可视化

物理调试可视化工具（Physics Debug Visualiser）可用于快速检查场景中的碰撞体几何体，并分析常见的基于物理的情形。该工具提供了游戏对象之间是否应相互碰撞的可视化表示。当场景中有许多碰撞体时，或者渲染和碰撞网格不同步的情况下，该工具很有用。

有关改善项目物理性能的详细指导，请参阅有关 Physics Profiler 的文档。要在 Unity Editor 中打开 Physics Debug 窗口，请选择 Window>Analysis>Physics Debugger，见图 6-12。

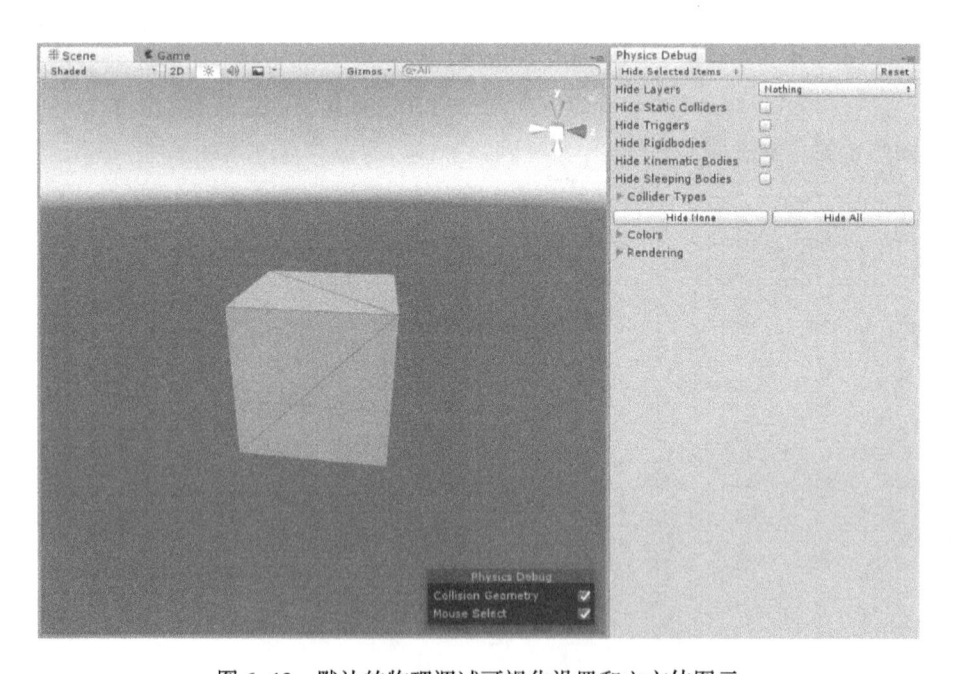

图 6-12 默认的物理调试可视化设置和立方体图元

通过此窗口可以自定义视觉设置，并指定要在可视化工具中显示或隐藏的游戏对象类型（图 6-13、图 6-14）。

默认模式为 Hide Selected Items。这意味着每项都出现在可视化工具中，必须勾选每项的复选框才能隐藏该项。要将此模式更改为 Show Selected Items，请使用窗口顶部的下拉选单。这意味着可视化工具中不显示任何项，必须勾选每项的复选框才能显示该项（表 6-4）。

第六章 构建真实的物理系统

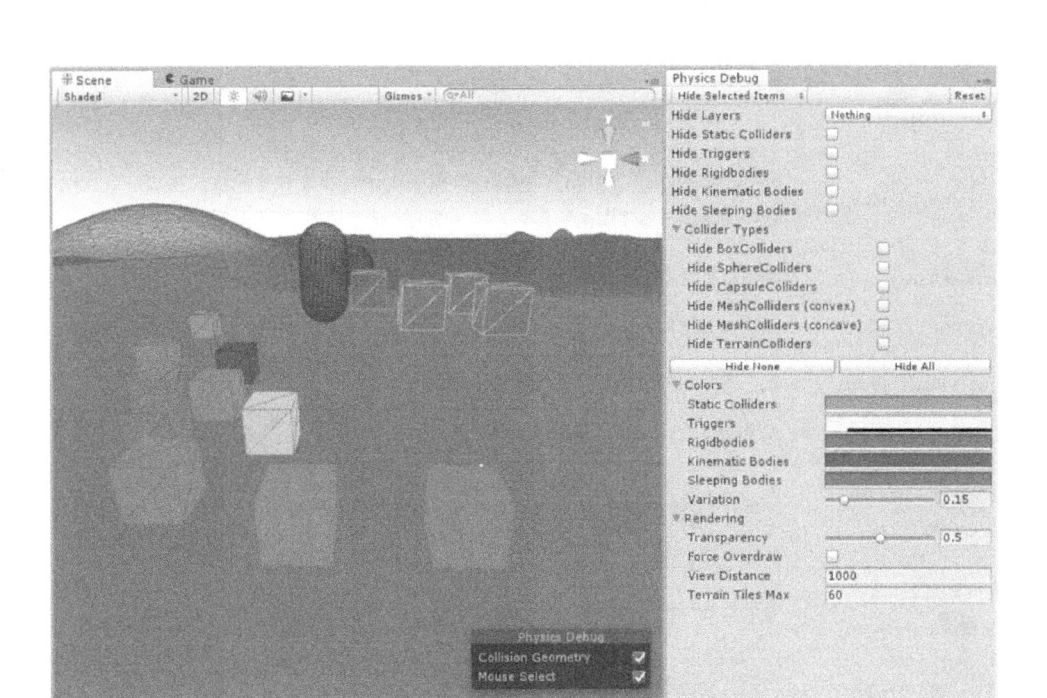

图 6-13 Physics Debug 窗口以及折叠选项和覆盖面板

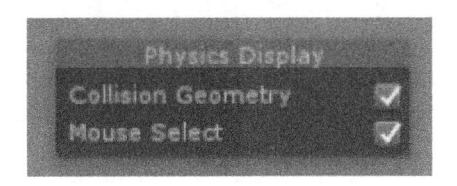

图 6-14 物理调试覆盖面板

表 6-4 属性与功能

| 属性 | 功能 |
| --- | --- |
| Reset | 单击此按钮可将 Physics Debug 窗口重置为默认设置 |
| Hide Layers | 使用下拉菜单来确定是否显示选定层中的碰撞体 |
| Hide Static Colliders | 勾选此复选框可从可视化中删除静态碰撞体（不含任何刚体组件的碰撞体） |
| Hide Triggers | 勾选此复选框可从可视化中删除也是触发器的碰撞体 |
| Hide Rigidbodies | 勾选此复选框可从可视化中删除刚体组件 |
| Hide Kinematic Bodies | 勾选此复选框可从可视化中删除包含运动刚体组件（不受物理引擎控制）的碰撞体。请参阅有关刚体组件的文档以了解更多详细信息 |

*129*

续表

| 属性 | 功能 |
| --- | --- |
| Hide Sleeping Bodies | 勾选此复选框可从可视化中删除包含睡眠刚体组件（当前无法与物理引擎互动）的碰撞体。请参阅有关刚体组件：睡眠的文档以了解更多详细信息 |
| Collider Types | 使用以下选项可从物理可视化中删除特定碰撞体类型 |
| Hide BoxColliders | 勾选此复选框可从可视化中删除盒型碰撞体 |
| Hide SphereColliders | 勾选此复选框可从可视化中删除球形碰撞体 |
| Hide CapsuleColliders | 勾选此复选框可从可视化中删除胶囊碰撞体 |
| Hide MeshColliders（convex） | 勾选此复选框可从可视化中删除凸面网格碰撞体 |
| Hide MeshColliders（concave） | 勾选此复选框可从可视化中删除凹面网格碰撞体 |
| Hide TerrainColliders | 勾选此复选框可从可视化中删除地形碰撞体 |
| Hide None | 单击 Hide None 可清除所有过滤条件并在可视化中显示所有碰撞体类型 |
| Hide All | 单击 Hide All 可启用所有过滤条件并从可视化中移除所有碰撞体类型 |
| Colors | 使用以下设置可定义 Unity 在可视化中显示物理组件的方式 |
| Static Colliders | 使用此颜色选择器可定义用何种颜色在可视化中指示静态碰撞体（不含任何刚体组件的碰撞体） |
| Triggers | 使用此颜色选择器可定义用何种颜色在可视化中指示也是触发器的碰撞体 |
| 刚体 | 使用此颜色选择器可定义用何种颜色在可视化中指示刚体组件 |
| Kinematic Bodies | 使用此颜色选择器可定义用何种颜色在可视化中指示运动刚体组件（不受物理引擎控制）。请参阅有关刚体组件的文档以了解更多详细信息 |
| Sleeping Bodies | 使用此颜色选择器可定义用何种颜色在可视化中指示睡眠刚体组件（当前无法与物理引擎互动）。请参阅有关刚体组件：睡眠的文档以了解更多详细信息 |
| Variation | 使用滑动条设置介于 0 和 1 之间的值。此设置用于定义所选颜色与随机颜色混合的程度。使用此设置可按颜色直观区分碰撞体以及查看游戏对象的结构 |
| 渲染 | 使用这些设置可定义 Unity 渲染和显示物理可视化的方式 |
| Transparency | 使用滑动条设置 0 到 1 的值。此设置用于定义可视化中绘制的碰撞几何体的透明度 |

续表

| 属性 | 功能 |
| --- | --- |
| Force Overdraw | 正常渲染几何体有时可能让碰撞体变得模糊（例如，地板下面的网格碰撞体平面）。勾选 Force Overdraw 复选框可让可视化渲染器在渲染几何体上绘制碰撞体几何体 |
| View Distance | 用于设置可视化的视图距离 |
| Terrain Tiles Max | 用于设置可视化中地形区块的最大数量 |

覆盖面板具有更多选项，见图 6-15。

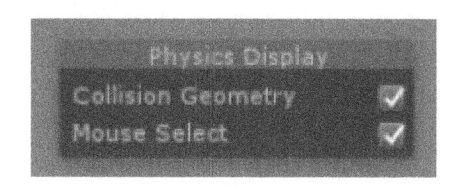

图 6-15　物理调试覆盖面板

勾选（Collision Geometry）复选框可启用碰撞几何体可视化；勾选（Mouse Select）复选框可启用鼠标悬停突出显示和鼠标选择功能。如果在可视化工具中有大型游戏对象相互阻碍，此功能可能很有用。

可以使用"物理调试"来分析和解决游戏中的物理活动问题。可以自定义在可视化工具中可见的碰撞体或刚体组件类型，从而有助于找到活动源。最有帮助的两个做法是：

仅查看激活的刚体组件：要仅查看处于激活状态并因此使用 CPU/GPU 资源的刚体组件，请勾选 Hide Static Colliders 和 Hide Sleeping Bodies。

仅查看非凸面网格碰撞体：非凸面（基于三角形）网格碰撞体附加的刚体组件即将与另一个刚体或碰撞体发生碰撞时，往往会产生最多的接触。如仅可视化非凸面网格碰撞体，请将窗口设置为 Show Selected Items 模式，单击 Select None 按钮，然后勾选 Show MeshColliders（concave）复选框。

通过接合体可以使用分层组织的游戏对象构建物理接合，例如机器人手臂或运动链。它们可帮助针对工业应用程序的模拟环境中获得逼真的物理行为。接合体可用于在单一组件中定义属性，而这些属性在经典配置中会通过刚体和常规关节以类似方法进行定义，也就是说，这些属性取决于层级视图中的游戏对象位置。

A. 对于接合的根游戏对象，只能设置物理体属性，如图 6-16 所示。

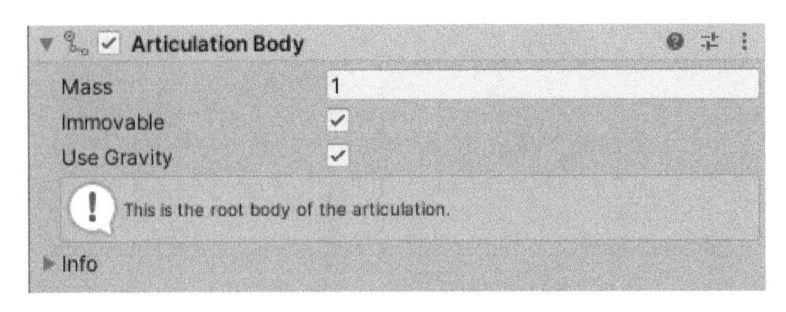

图 6-16  物理体属性

B. 对于接合内的任何子游戏对象，可以设置物理体属性以及将此游戏对象链接到其父游戏对象的关节的类型和属性。

## 6.8　物理体属性

定义接合体响应物理环境的方式，见图 6-17，表 6-5。

图 6-17  物理体属性

表 6-5　属性与功能

| 属性 | 功能 |
| --- | --- |
| Mass | 接合体的质量（默认为千克） |
| Immovable | 使用此属性可定义此接合体是否可移动，只能为根接合体设置此属性。例如，此属性可用于使机器人双手的基体不可移动。物理引擎将它与所有其他约束分开解决，保证不会违反它 |
| Use Gravity | 使用此属性可使重力影响或不影响此接合体 |

## 6.9　关节锚点属性

为接合体及其父接合体定义关节锚点的坐标，见图 6-18，表 6-6。

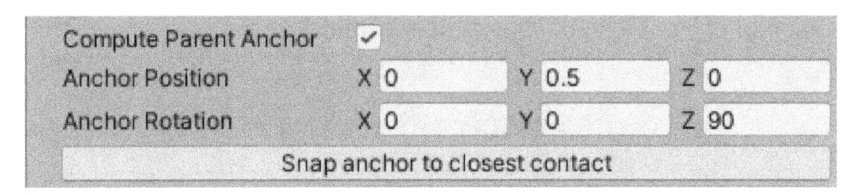

图 6-18 关键锚点属性

表 6-6 属性与功能

| 属性 | 功能 |
| --- | --- |
| Compute Parent Anchor | 启用此属性可使父相关锚点与当前接合体的锚点匹配。如果禁用此属性，则可以为 Parent Anchor Position 和 Parent Anchor Rotation 单独设置值 |
| Anchor Position | 锚点相对于当前接合体的位置坐标 |
| Anchor Rotation | 锚点相对于当前接合体的旋转坐标 |
| Parent Anchor Position | 父锚点相对于父接合体的位置坐标。仅当禁用 Compute Parent Anchor 时，此属性才会出现 |
| Parent Anchor Rotation | 父锚点相对于父接合体的旋转坐标。仅当禁用 Compute Parent Anchor 时，此属性才会出现 |
| Snap Anchor to closest contact | 计算此接合体表面上最接近父接合体质心的点，并将锚点设置到它。如果启用了 Compute Parent Anchor，则 Unity 也会相应地更新父锚点 |

## 6.9.1 关节类型选择和关节属性

选择将当前接合体链接到其父接合体的关节类型，并定义其通用和特定属性见图 6-19，表 6-7。

图 6-19 关节类型选择和关节属性

表 6-7　属性与功能

| 属性 | 功能 |
| --- | --- |
| Articulation Joint Type | 将此接合体连接到其父接合体的关节类型。所有类型的关节都共有此表介绍的属性，其中一些类型具有特定的附加属性 |
| Fixed | 在物理体之间设置刚性、牢不可破和不可拉伸的链接。除了此表中介绍的属性外，固定结合关节没有附加属性 |
| Prismatic | 阻止除了沿特定轴滑动之外的所有运动。另请参阅菱形关节附加属性 |
| Revolute | 允许绕特定轴旋转（如铰链）。另请参阅菱转关节附加属性 |
| Spherical | 解剖关节，允许两次摆动和一次扭转。另请参阅球形关节附加属性 |
| Linear Damping | 控制线性减速的系数 |
| Angular Damping | 控制旋转减速的系数 |
| Joint Friction | 控制关节中由摩擦引起的能量损失的系数 |

## 6.9.2　菱形关节附加属性

菱形关节附加属性见图 6-20，表 6-8。

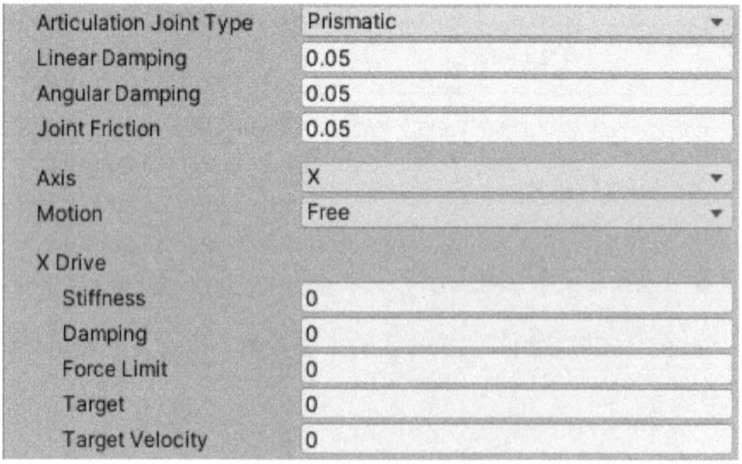

图 6-20　菱形关节附加属性

表 6-8　属性与功能

| 属性 | 功能 |
| --- | --- |
| Axis | 指定菱形关节允许相对于父锚点沿之运动的轴 |
| Motion | 指定沿该轴的运动限制类型 |

续表

| 属性 | 功能 |
|---|---|
| Free | 允许接合体沿着父锚点的所选轴自由移动 |
| 受限 | 按照在 Drive 属性中指定的 Lower Limit 和 Upper Limit，限制结合体沿父锚点的所选轴的移动 |
| X Drive、Y Drive 或 Z Drive | 按照父锚点的所选轴，附加到关节的线性驱动属性。此处只有一个 Drive 部分，其标题会根据轴选择自动调整 |

### 6.9.3 旋转关节附加属性

旋转关节附加属性见图 6-21，表 6-9。

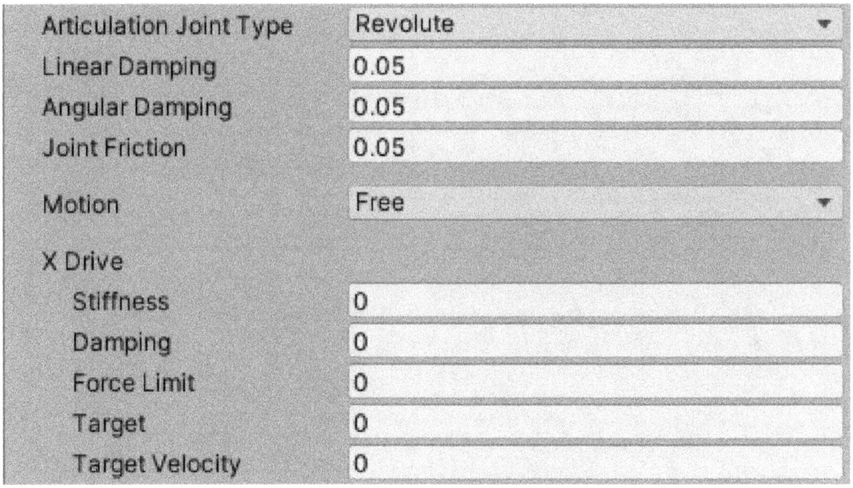

图 6-21 旋转关节附加属性

表 6-9 属性与功能

| 属性 | 功能 |
|---|---|
| Motion | 指定围绕父锚点 X 轴的旋转限制类型 |
| Free | 允许接合体围绕父锚点 X 轴自由旋转 |
| 受限 | 按照 X Drive 属性中指定的 Lower Limit 和 Upper Limit，限制结合体围绕父锚点 X 轴的旋转 |
| X Drive | 围绕父锚点 X 轴，附加到关节的旋转驱动属性 |

## 6.9.4 球形关节附加属性

球形关节附加属性见图 6-22，表 6-10。

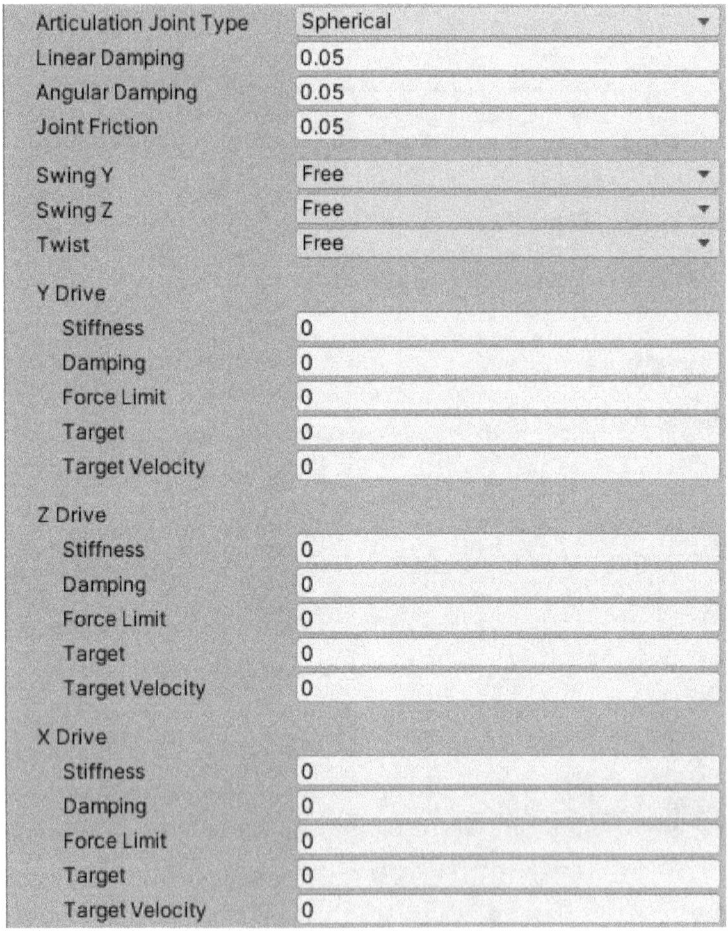

图 6-22　球形关节附加属性

表 6-10　属性与功能

| 属性 | 功能 |
| --- | --- |
| Swing Y | 指定围绕 Y 轴的旋转限制类型 |
| Free | 允许接合体围绕父锚点 Y 轴自由旋转 |
| 受限 | 按照在 Y Drive 属性中指定的 Lower Limit 和 Upper Limit，限制结合体围绕父锚点 Y 轴的旋转 |

续表

| 属性 | 功能 |
| --- | --- |
| Locked | 完全锁定接合体围绕父锚点 Y 轴的旋转。不能同时锁定两个以上的自由度 |
| Swing Z | 指定围绕 Z 轴的旋转限制类型。所有 3 个轴的选项都相同 |
| Twist | 指定围绕 X 轴的旋转限制类型。所有 3 个轴的选项都相同 |
| Y Drive、Z Drive 和 X Drive | 分别围绕父锚点 Y、Z 和 X 轴，附加到关节的旋转驱动属性。每个驱动都有一个单独的细分部分。如果锁定某个轴，则 Inspector 不会显示其驱动属性 |

## 6.9.5 关节驱动属性

设置有关特定轴的关节限制，以及此轴的关节驱动效果参数见图 6-23、表 6-11。

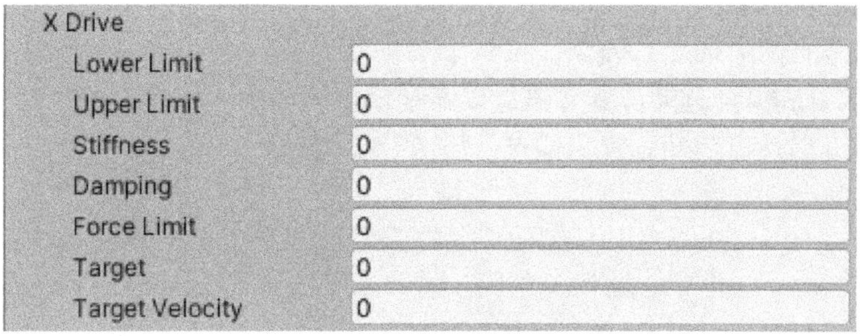

图 6-23 关节驱动属性

表 6-11 属性与功能

| 属性 | 功能 |
| --- | --- |
| Lower Limit | 关节阻止接合体的移动或旋转的下限，具体取决于关节类型。仅当将相关 Motion、Swing 或 Twist 属性设置为 Limited 时，才能定义此属性 |
| Upper Limit | 关节阻止接合体移动或旋转的上限，具体取决于关节类型。仅当将相关 Motion、Swing 或 Twist 属性设置为 Limited 时，才能定义此属性 |
| Stiffness | 将关节吸引到目标的弹簧的刚度 |
| Damping | 将关节吸引到目标的弹簧的阻尼 |
| Force limit | 此驱动可以产生的力或扭矩的最大量 |
| Target | 此驱动旨在达到的目标值 |
| Target velocity | 此驱动旨在达到的目标速度 |

### 6.9.6 配置接合关节

#### 6.9.6.1 关节驱动效果

任何驱动都是隐式 1D 弹簧，旨在通过应用由以下公式计算的效果（力或扭矩）使当前驱动参数达到目标。

效果=刚度 * （drivePosition-targetPosition）-阻尼 * （driveVelocity-targetVelocity）

附加到线性自由度的驱动会产生力。附加到旋转自由度的驱动会产生扭矩。可以通过关节驱动属性设置此公式的每个参数，以便为关节中涉及的任何轴微调所需效果。效果公式由两个独立的项组成，可以平衡甚至抵消它们。例如，如果将刚度设置为零，则会获得只是旨在达到特定速度的驱动。如果将阻尼设置为零，则会获得旨在达到特定位置而不尝试达到任何特定速度的驱动。在这种情况下，达到目标后，驱动不会尝试最终停止。

#### 6.9.6.2 关节锚点

每个关节有两个锚点：锚点，相对于当前接合体；父锚点，相对于父接合体。默认情况下，Unity 会自动计算父锚点以匹配锚点的姿势。但是，可以禁用 Compute Parent Anchor 属性以手动设置父锚点，如图 6-24 所示。

图 6-24 父锚点

当前，Unity 编辑器使用缩放变换组件工具显示锚点，以将它们与游戏对象变换组件工具区分开来，如图 6-25 所示。

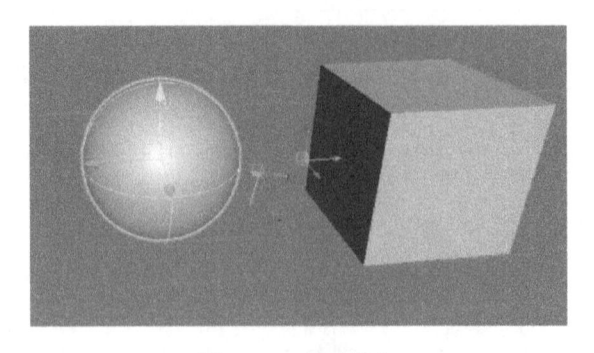

图 6-25 显示锚点

若要更改锚点的位置，可以使用 Inspector 并编辑关节锚点属性，或者在 Scene 视图中直接移动和旋转其变换组件工具。创建新的接合体时，Unity 会将锚点定位在各自体的局部零点处。但是，如果所连接体附加了碰撞体，则局部零不是锚点的理想默认位置，因为关节可能会尝试使各个体相互推动。Snap Anchor to closest contact 按钮可帮助设置更合理的锚点默认位置，适用于许多接合。

### 6.9.6.3 关节自由度和限制

当前，Scene 视图可用于可视化关节限制，但不能以图形方式操作它们。

（1）固定关节。固定关节没有自由度，因此 Scene 视图不显示任何特定标记。

（2）菱形关节。菱形关节实际上是相对于父锚点沿着指定轴移动的滑动条。此轴只能是基础轴（X、Y 或 Z），但是仍然可以旋转父锚点以在世界空间中获得不同的轴方向。可以设置菱形关节以进行自由或有限的移动。为此，请使用 Inspector 并编辑菱形关节特定属性。注意不能锁定菱形关节，否则这会只移除其自由度并使其成为退化关节。

将菱形关节从 Motion 设置为 Limited 时，Scene 视图会显示标记以表示移动限制：红色小标记代表下限；绿色小标记代表上限；白色虚线表示限制之间的允许移动。

若要操作关节限制，必须使用 Inspector 并在关节驱动属性中编辑其值（图 6-26）。

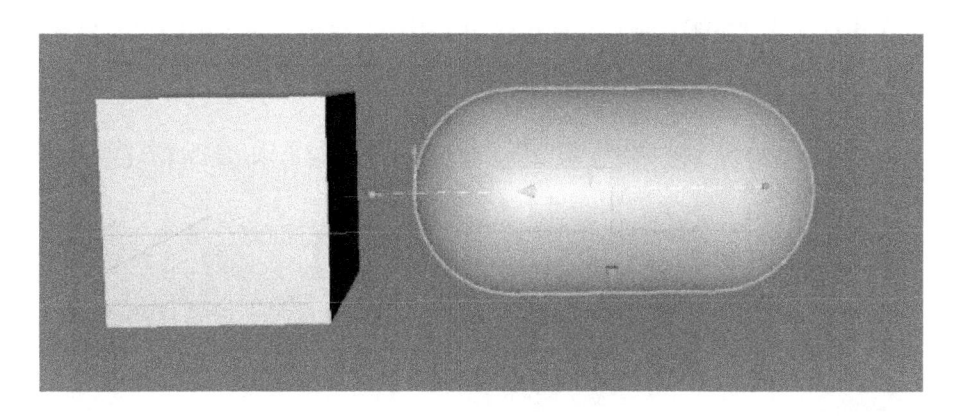

图 6-26　有限菱形关节的示例

将菱形关节 Motion 设置为 Free 时，Scene 视图不显示任何特定标记。

（3）旋转关节。旋转关节本质上是具有围绕父锚点 X 轴的单一旋转自由度的铰链，仍可以旋转父锚点以在世界空间中获得不同的轴方向。可以设置旋转关节以进行自由或有限的旋转。为此，请使用 Inspector 并编辑旋转关节特定属性。注意不能锁定旋转关节，否则这会只移除其自由度并使其成为退化关节。

将旋转关节 Motion 设置为 Free 时，Scene 视图会显示红色圆盘以表示围绕 X 轴所允许的自由旋转（图 6-27）。

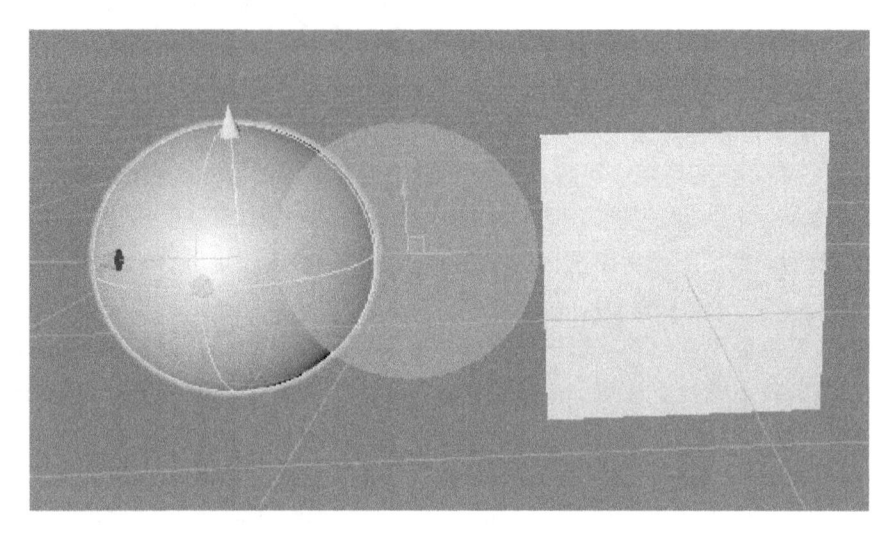

图 6-27　自由旋转关节的示例

将旋转关节从 Motion 设置为 Limited 时，Scene 视图会显示标记以表示旋转限制：红色小标记代表下限；绿色小标记代表上限；红色扇形表示限制之间允许的旋转角度。

父锚点 Z 轴用作两个限制角度的参考（零）。

若要操作关节限制，必须使用 Inspector 并在关节驱动属性中编辑其值（图 6-28）。

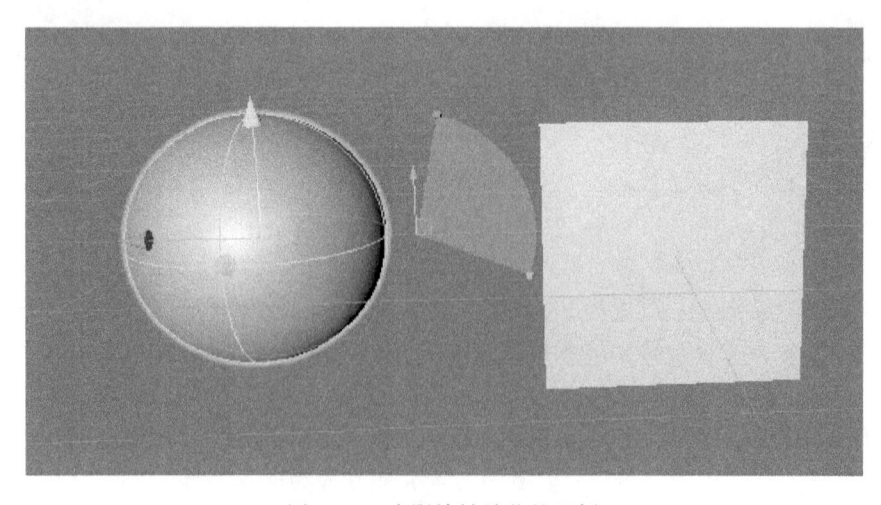

图 6-28　有限旋转关节的示例

（4）球形关节。球形关节是最适合模拟人形角色肢体的解剖关节。此关节类型最多可以具有 3 个旋转自由度，可以将所有这些属性设置为自由、有限或锁定。为此，请使用 Inspector 并编辑旋转关节特定属性。注意不能同时锁定球形关节的所有旋转，否则这会移除其所有自由度并使其成为退化关节。此外，不应锁定两个摆动轴来模拟旋转关节，因为模拟的发生方式与旋转关节不同，并且成本更高。

Scene 视图显示带有彩色圆盘的自由旋转和带有彩色扇形的有限旋转。每种颜色（红色、绿色、蓝色）表示围绕具有此颜色的轴（分别为：X、Y、Z）的旋转。红色和绿色小标记分别表示下限和上限（图 6-29、图 6-30）。

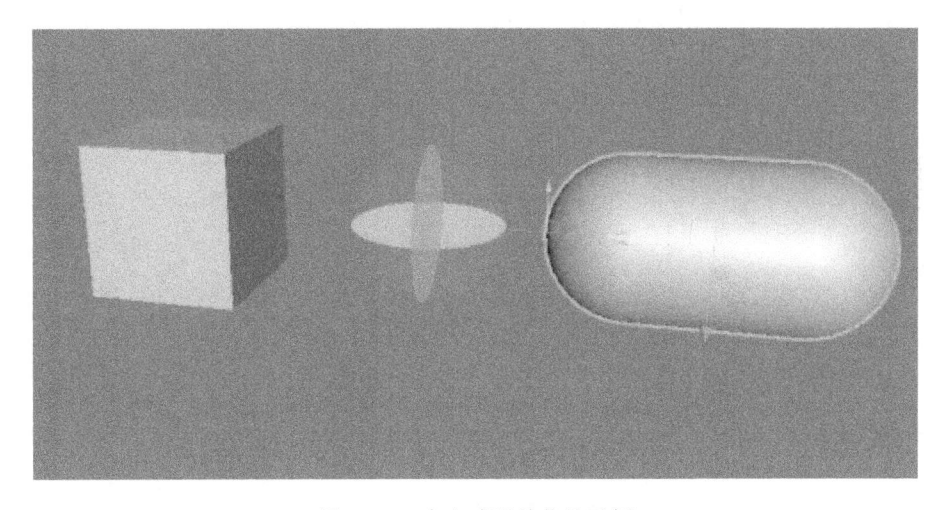

图 6-29　自由球形关节的示例

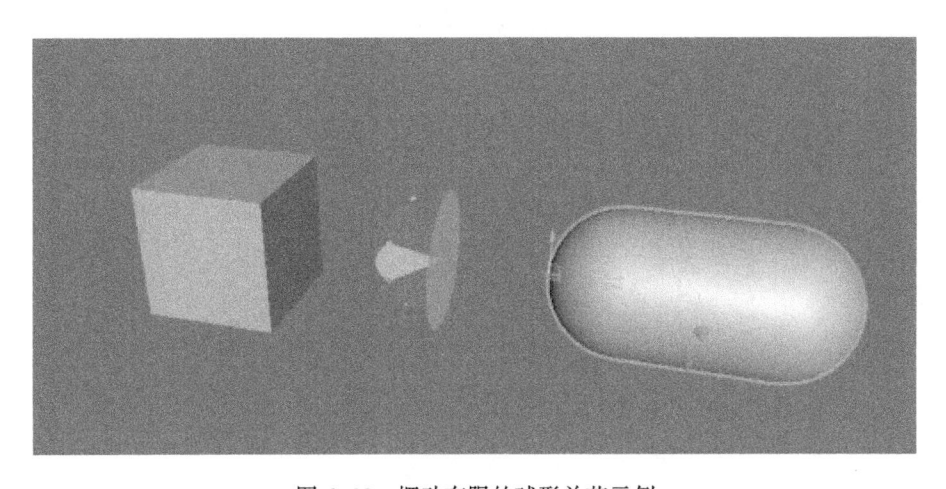

图 6-30　摆动有限的球形关节示例

## 6.10 盒型碰撞体

盒型碰撞体（Box Collider）是一种基本的长方体形状原始碰撞体（图 6-31、表 6-12）。

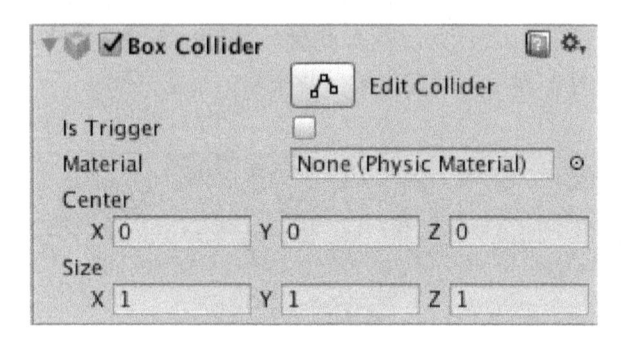

图 6-31 盒型碰撞体

表 6-12 属性与功能

| 属性 | 功能 |
| --- | --- |
| Is Trigger | 如果启用此属性，则该碰撞体将用于触发事件，并被物理引擎忽略 |
| Material | 引用物理材质，可确定该碰撞体与其他对象的交互方式 |
| Center | 碰撞体在对象局部空间中的位置 |
| Size | 碰撞体在 X、Y、Z 方向上的大小 |

盒型碰撞体是可用于板条箱或木箱的长方体，也可以使用薄形盒体作为地板、墙壁或坡道。盒型碰撞体也是复合碰撞体中的有用元素。

要编辑盒体的形状，请按 Inspector 中的 Edit Collider 按钮，要退出碰撞体编辑模式，请再次按 Edit Collider 按钮。在编辑模式下，盒型碰撞体每个面的中心位置会出现一个顶点，要移动顶点，请在鼠标悬停在顶点上时拖动顶点以使盒型碰撞体变大或变小。

## 6.11 胶囊碰撞体

胶囊碰撞体（Capsule Collider）由两个半球与一个圆柱体连接在一起组成，胶囊碰撞体与胶囊原始碰撞体的形状相同（表6-13）。

表6-13　属性与功能

| 属性 | 功能 |
| --- | --- |
| Is Trigger | 如果启用此属性，则该碰撞体将用于触发事件，并被物理引擎忽略 |
| Material | 引用物理材质，可确定该碰撞体与其他对象的交互方式 |
| Center | 碰撞体在对象局部空间中的位置 |
| Radius | 碰撞体的局部宽度的半径 |
| Height | 碰撞体的总高度 |
| Direction | 胶囊体在对象局部空间中纵向方向的轴 |

可以独立调整胶囊碰撞体的 Radius 和 Height，胶囊碰撞体在角色控制器中用于模拟杆体，也可与其他碰撞体组合用于表现不寻常的形状（图6-32）。

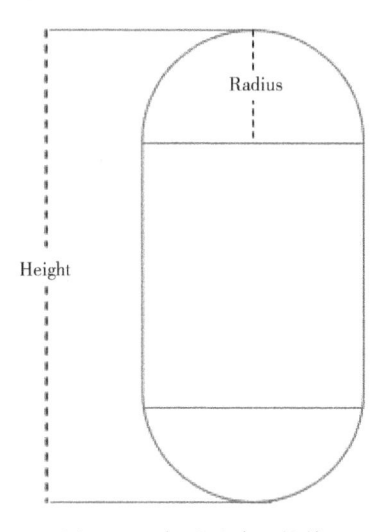

图 6-32　标准胶囊碰撞体

## 6.12　角色控制器

角色控制器（Character Controller）主要用于第三人称玩家控制或者是不使用刚体物理组件的第一人称玩家控制（图6-33、表6-14）。

图 6-33 角色控制器

表 6-14 属性与功能

| 属性 | 功能 |
| --- | --- |
| Slope Limit | 将碰撞体限制为爬坡的斜率不超过指示值（以度为单位） |
| Step Offset | 仅当角色比指示值更接近地面时，角色才会升高一个台阶。该值不应该大于角色控制器的高度，否则会产生错误 |
| Skin width | 两个碰撞体可以穿透彼此且穿透深度最多为皮肤宽度（Skin Width）。较大的皮肤宽度可减少抖动。较小的皮肤宽度可能导致角色卡住。合理设置是将此值设为半径的 10% |
| Min Move Distance | 如果角色试图移动到指示值以下，根本移动不了。此设置可以用来减少抖动。在大多数情况下，此值应保留为 0 |
| Center | 此设置将使胶囊碰撞体在世界空间中偏移，并且不会影响角色的旋转方式 |
| Radius | 胶囊碰撞体的半径长度。此值本质上是碰撞体的宽度 |
| Height | 角色的胶囊碰撞体高度。更改此设置将在正方向和负方向沿 Y 轴缩放碰撞体 |

Character Controller 见图 6-34。

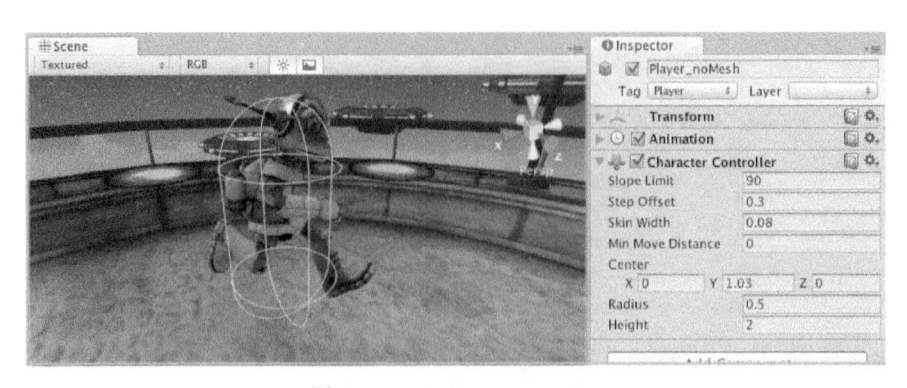

图 6-34 Character Controller

传统末日风格的第一人称控制在现实中并不真实，该角色每小时能跑 90 英里，可以立即停止并急转弯。因为该角色非常不真实，所以使用刚体和物理组件来创造这种行为有点不切实际，并会让玩家产生错觉。解决方案是使用专门的角色控制器。角色控制器只是一个胶囊形状的碰撞体，可以通过脚本来命令这个碰撞体向某个方向移动。然后，控制器将执行运动，但会受到碰撞的约束。控制器将沿着墙壁滑动，走上楼梯（如果低于 Step Offset 值），并走上 Slope Limit 设置范围内的斜坡。控制器本身不会对力做出反应，也不会自动推开刚体。如果要通过角色控制器来推动刚体或对象，可以编写脚本通过 OnControllerColliderHit（）函数对与控制器碰撞的任何对象施力。另外，如果希望玩家角色受到物理组件的影响，那么可能更适合使用刚体，而不是角色控制器。

### 6.12.1 微调角色

可以修改 Height 和 Radius 属性来适应角色的网格。对于人形角色，建议始终使用 2 米左右的值。如果轴心点并非刚好在角色的中心，还可以修改胶囊体的 Center 属性。

Step Offset 属性也可能有影响，对于身高 2 米的人，请确保此值在 0.1~0.4 之间。

Slope Limit 不应太小，通常，使用 90 度的值效果最佳，由于胶囊体形状的原因，角色控制器将无法爬墙。

要正确调整角色控制器，Skin Width 属性是最重要的属性之一。如果角色被卡住，那么很可能是因为 Skin Width 设置过小，Skin Width 允许对象轻微穿透控制器，但可消除抖动并防止被卡住。最好让 Skin Width 的值至少大于 0.01 并且比 Radius 的值大 10%。同时建议将 Min Move Distance 保持为 0。

### 6.12.2 提示

如果发现角色经常被卡住，请尝试调整 Skin Width。

如果是自己编写脚本，则角色控制器可能会影响使用物理组件的对象。

对象无法通过物理组件来影响角色控制器。

在 Inspector 中更改角色控制器属性将在场景中重新创建控制器，因此任何现有的触发器触点都将丢失，并且在再次移动控制器之前，不会收到任何 On Trigger Entered 消息。

在查询中使用的角色控制器胶囊体（如射线投射）可能会略有缩小。因此，在某些极端情况下，即使查询似乎命中了角色控制器的辅助图标，但实际可能并未命中。

## 6.13 角色关节

角色关节（Character Joint）主要用于布娃娃效果，此类关节是延长的球窝关节，可在每个轴上限制该关节（图 6-35、表 6-15）。

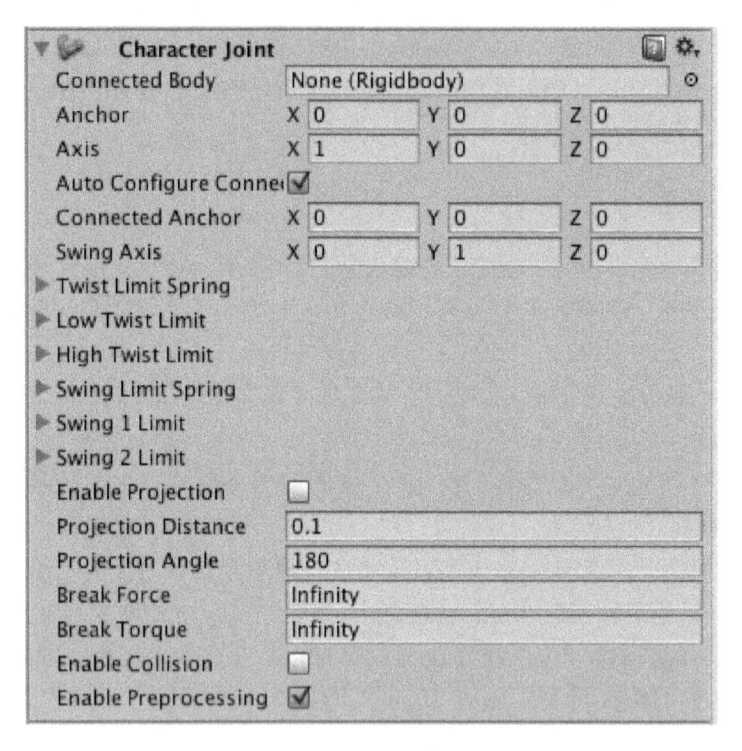

图 6-35 角色关节

表 6-15 属性与功能

| 属性 | 功能 |
| --- | --- |
| Connected Body | 对关节所依赖的刚体的引用（可选）。如果未设置，则关节连接到世界 |
| Anchor | 关节在游戏对象的局部空间中旋转时围绕的点 |
| 轴 | 扭转轴。用橙色的辅助图标椎体可视化 |
| Auto Configure Connected Anchor | 如果启用此属性，则会自动计算连接锚点（Connected Anchor）位置以便与锚点属性的全局位置匹配。这是默认行为。如果禁用此属性，则可以手动配置链接锚点的位置 |

续表

| 属性 | 功能 |
| --- | --- |
| Connected Anchor | 手动配置链接锚点位置 |
| Swing Axis | 摆动轴。用绿色的辅助图标椎体可视化 |
| Low Twist Limit | 关节的下限 |
| High Twist Limit | 关节的上限 |
| Swing 1 Limit | 限制围绕定义的摆动轴（Swing Axis）的一个元素的旋转（用辅助图标上的绿色轴可视化） |
| Swing 2 Limit | 限制围绕定义的摆动轴的一个元素的移动 |
| Break Force | 为破坏此关节而需要施加的力 |
| Break Torque | 为破坏此关节而需要施加的扭矩 |
| Enable Collision | 选中此复选框后，允许关节连接的连接体之间发生碰撞 |
| Enable Preprocessing | 禁用预处理有助于稳定无法满足的配置。 |

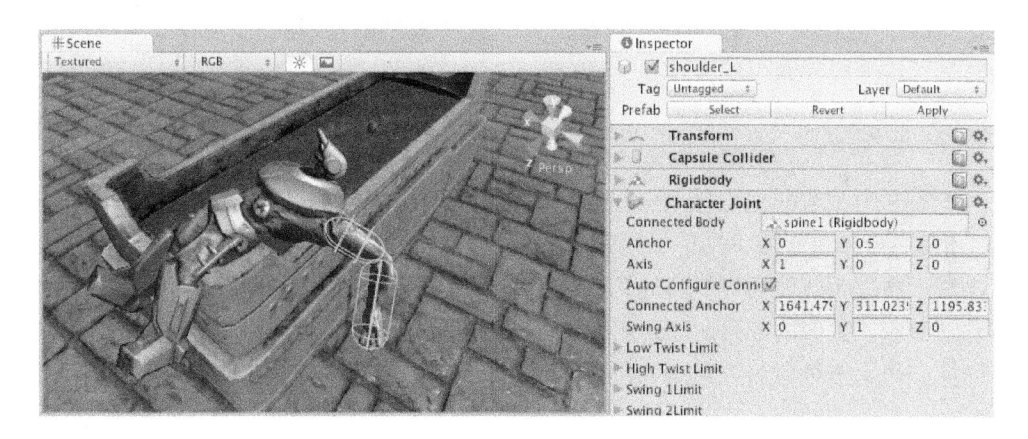

图 6-36　布娃娃上的角色关节

## 6.13.1　详细信息

角色关节提供了很多约束运动的可能性，就像使用万向节一样（如图 6-36 所示）。

扭转轴（用辅助图标上的橙色椎体可视化）可在很大程度上控制上限和下限，允许按照度数指定上限和下限（限制角度是相对于开始位置进行测量的）。Low Twist Limit>Limit 中的值 -30 和 High Twist Limit>Limit 中的值 60 可将围绕扭转轴

（橙色辅助图标）的旋转范围限制在-30°~60°，如图6-36所示。

Swing 1 Limit 可限制摆动轴的旋转范围（用辅助图标上的绿色轴可视化），限制角度是对称的。因此，值30会将旋转限制在-30°~30°。

Swing 2 Limit 轴未显示在辅助图标上，但该轴垂直于其他两个轴（即辅助图标上用橙色可视化的扭转轴和辅助图标上用绿色可视化的 Swing 1 Limit 轴）。角度是对称的，因此值40可将围绕该轴的旋转范围限制在-40°~40°。

对于每个限制，可以设置以下值（表6-16）。

表6-16 属性与功能

| 属性 | 功能 |
| --- | --- |
| Bounciness | 值为0将不会反弹。值为1将在反弹时不产生任何能量损失 |
| Spring | 用于将两个对象保持在一起的弹簧力 |
| Damper | 用于抑制弹簧力的阻尼力 |
| Contact Distance | 在距离极限位置的接触距离内，接触将持续存在以免发生抖动 |

破坏关节：可使用 Break Force 和 Break Torque 属性来设置关节强度的限制。如果这些值小于无穷大，并对该对象施加大于这些限制的力/扭矩，则其固定关节将被破坏并将摆脱其约束的束缚。

### 6.13.2 提示

不需要为关节分配 Connected Body 便可让关节运作。

角色关节要求对象附加一个刚体。

对于通过布娃娃向导制作的角色关节，请注意设置关节的扭转轴与肢体的最大摆动轴对应，关节的 Swing 1 轴与肢体的较小摆动轴对应，而关节的 Swing 2 表示扭转肢体。采用这种命名方案是为了沿用旧版。

## 6.14 可配置关节

可配置关节（Configurable Joint）包含其他关节类型的所有功能，并提供更强大的角色移动控制。当使用者想要自定义布娃娃的运动并对角色强制实施某些姿势时，这种关节特别有用。使用可配置关节还可以将关节修改为使用者自行设计的高度专业化关节（图6-37、表6-17）。

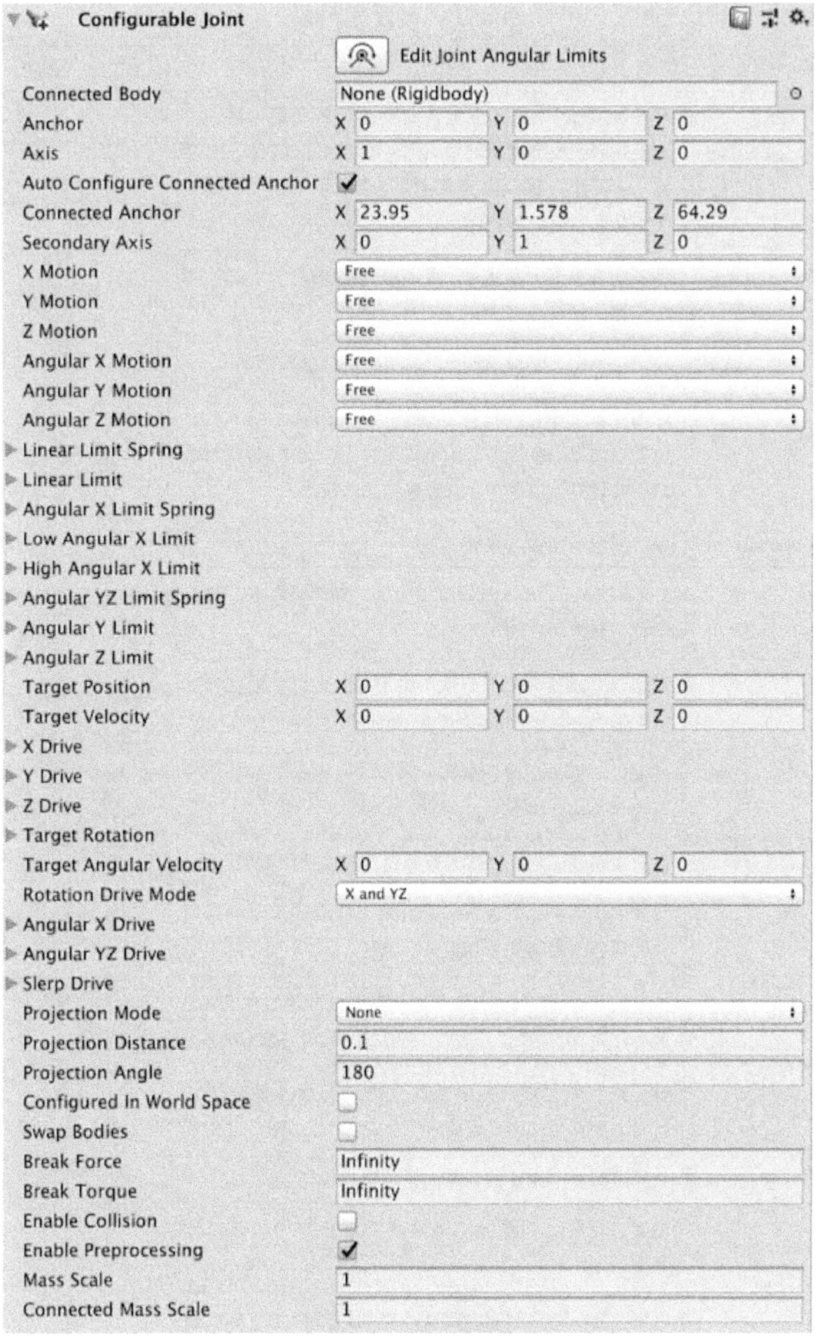
Configurable Joint
Edit Joint Angular Limits
Connected Body
None (Rigidbody)
Anchor
X 0 Y 0 Z 0
Axis
X 1 Y 0 Z 0
Auto Configure Connected Anchor
Connected Anchor
X 23.95 Y 1.578 Z 64.29
Secondary Axis
X 0 Y 1 Z 0
X Motion
Free
Y Motion
Free
Z Motion
Free
Angular X Motion
Free
Angular Y Motion
Free
Angular Z Motion
Free
Linear Limit Spring
Linear Limit
Angular X Limit Spring
Low Angular X Limit
High Angular X Limit
Angular YZ Limit Spring
Angular Y Limit
Angular Z Limit
Target Position
X 0 Y 0 Z 0
Target Velocity
X 0 Y 0 Z 0
X Drive
Y Drive
Z Drive
Target Rotation
Target Angular Velocity
X 0 Y 0 Z 0
Rotation Drive Mode
X and YZ
Angular X Drive
Angular YZ Drive
Slerp Drive
Projection Mode
None
Projection Distance
0.1
Projection Angle
180
Configured In World Space
Swap Bodies
Break Force
Infinity
Break Torque
Infinity
Enable Collision
Enable Preprocessing
Mass Scale
1
Connected Mass Scale
1

图 6-37　可配置关节

表 6-17  属性与功能

| 属性 | 功能 | 备注 |
| --- | --- | --- |
| Edit Joint Angular Limits | 在 Scene 视图中添加视觉辅助图标以帮助您编辑关节角度限制，要使用此辅助图标，请将 Angular X、Y、Z Motion 设置为 Limited，然后便会出现用于拖动和调整关节旋转空间的控制柄 | |
| Anchor | 用于定义关节中心的点。所有基于物理的模拟都使用此点作为计算中的中心 | |
| 轴 | 用于基于物理模拟来定义对象自然旋转的局部轴 | |
| Auto Configure Connected Anchor | 启用此设置会自动计算连接锚点（Connected Anchor）位置以便与锚点属性的全局位置匹配，这是默认设置。禁用此设置可以手动配置连接锚点的位置 | |
| Connected Anchor | 手动配置连接锚点位置 | |
| Secondary Axis | Axis 和 Secondary Axis 定义了关节的局部坐标系。第三个轴与另外两个轴正交 | |
| X, Y, Z Motion | 根据以下描述的限制属性，将沿 X、Y 或 Z 轴的移动设置为 Free、完全 Locked 或 Limited | 关节连接到的刚体对象。可将此属性设置为 None 来表示关节连接到空间中的固定位置，而不是另一个刚体 |
| Angular X, Y, Z Motion | 根据以下描述的限制属性，将沿 X、Y 或 Z 轴的旋转设置为 Free、完全 Locked 或 Limited | |
| Linear Limit Spring | 当对象超过了限制位置时施加弹簧力以拉回对象 | |
| Spring | 弹簧力。如果此值设置为零，则无法逾越限制。零以外的值将使限制变得有弹性 | |
| Damper | 根据关节运动的速度按比例减小弹簧力设置为大于零的值可让关节"抑制"振荡（否则将无限期进行振荡） | |
| Linear Limit | 设置关节线性移动的限制（移动距离而不是旋转），指定为距关节原点的距离 | |
| Limit | 从原点到限制位置的距离（采用世界单位） | |
| Bounciness | 设置当对象达到限制距离时要将对象拉回而施加的弹力 | |
| Contact Distance | 需要强制执行限制时，关节位置和限制位置之间的最小距离公差。公差越大，对象快速移动时违反限制的可能性就越低。但是，这种情况下需要通过更频繁进行物理模拟来考虑限制，并会略微降低性能 | |

第六章 构建真实的物理系统

续表

| 属性 | 功能 | 备注 |
| --- | --- | --- |
| Angular X Limit Spring | 当对象超过了关节的限制角度时施加弹簧扭矩以反向旋转对象 | 关节连接到的刚体对象。可将此属性设置为 None 来表示关节连接到空间中的固定位置，而不是另一个刚体 |
| Spring | 弹簧扭矩。如果此值设置为零，则无法逾越限制。设置为零以外的值将使限制变得有弹性 | |
| Damper | 根据关节旋转的速度按比例减小弹簧扭矩。设置为大于零的值可让关节"抑制"振荡（否则将无限期进行振荡） | |
| Low Angular X Limit | 关节绕 X 轴旋转的下限，指定为距关节原始旋转的角度 | |
| Limit | 限制角度 | |
| Bounciness | 设置当对象的旋转达到限制角度时要在对象上施加的反弹扭矩 | |
| Contact Distance | 需要强制执行限制时的最小角度公差（关节角度和限制位置之间）。公差越大，对象快速移动时违反限制的可能性就越低。但是，这种情况下需要物理模拟更频繁地考虑限制，并会略微降低性能 | |
| High Angular XLimit | 类似于上述 Low Angular X Limit 属性，但确定的是关节旋转的角度上限，而不是下限 | |
| Angular YZ Limit Spring | 类似于上述 Angular X Limit Spring，但适用于围绕 Y 轴和 Z 轴的旋转。Angular Y Limit 这类似于上述 Angular X Limit 属性，但会将限制应用于 Y 轴，并将角度的上限和下限视为相同 | |
| Angular Z Limit | 这类似于上述 Angular X Limit 属性，但会将限制应用于 Z 轴，并将角度的上限和下限视为相同 | |
| Target Position | 关节的驱动力移动到的目标位置 | |
| Target Velocity | 关节在驱动力下移动到目标位置（Target Position）时所需的速度 | |
| XDrive | 根据 Position Spring 和 Position Damper 驱动扭矩，设置 Unity 用于使关节绕其局部 X 轴旋转的力。Maximum Force 参数用于限制力的最大大小。仅当 Rotation Drive Mode 属性设置为 X & YZ 时，才可使用此属性 | |

续表

| 属性 | 功能 | 备注 |
| --- | --- | --- |
| Position Spring | 由 Unity 用于将关节从当前位置向目标位置旋转的弹簧扭矩 | |
| Position Damper | 根据关节当前速度与目标速度之间的差值按比例减小弹簧扭矩量。此做法可减小关节移动速度。设置为大于零的值可让关节"抑制"振荡（否则将无限期进行振荡） | |
| Maximum Force | 限制可以施加的驱动力大小。要施加计算出的驱动力，请将此属性设置为不太可能计算的驱动高值 | |
| YDrive | 类似于上述 X Drive，但适用于关节的 Y 轴。ZDrive 类似于上述 X Drive，但适用于关节的 Z 轴 | |
| Target Rotation | 关节旋转驱动朝向的方向，指定为四元数。除非设置了 Swap Bodies 参数（在这种情况下，目标旋转相对于链接的主体的锚点），否则目标旋转相对于关节连接到的主体 | 关节连接到的刚体对象。可将此属性设置为 None 来表示关节连接到空间中的固定位置，而不是另一个刚体 |
| Target Angular Velocity | 关节的旋转驱动达到的角速度。此属性指定为矢量。矢量的长度指定旋转速度，而其方向定义旋转轴 | |
| Rotation Drive Mode | 设置 Unity 如何将驱动力应用于对象以将其旋转到目标方向。如果将该模式设置为 X and YZ，则会围绕这些轴施加扭矩（由如下所述的 Angular X/YZ Drive 属性指定）。如果使用 Slerp 模式，则 Slerp Drive 属性用于确定驱动扭矩 | |
| Angular X Drive | 此属性指定了驱动扭矩如何使关节围绕局部 X 轴旋转。仅当上述 Rotation Drive Mode 属性设置为 X & YZ 时，才可使用此属性 | |
| Position Spring | 由 Unity 用于将关节从当前位置向目标位置旋转的弹簧扭矩 | |
| Position Damper | 根据关节当前速度与目标速度之间的差值按比例减小弹簧扭矩量。此做法可减小关节移动速度。设置为大于零的值可让关节"抑制"振荡（否则将无限期进行振荡） | |
| Maximum Force | 限制可以施加的驱动力大小。要施加计算出的驱动力，请将此属性设置为不太可能计算的驱动高值 | |

续表

| 属性 | 功能 | 备注 |
| --- | --- | --- |
| Angular YZDrive | 类似于上述 Angular X Drive，但适用于关节的 Y 轴和 Z 轴。Slerp Drive 此属性指定了驱动扭矩如何使关节围绕所有局部 X 轴旋转。仅当上述 Rotation Drive Mode 属性设置为 Slerp 时，才可使用此属性 | 关节连接到的刚体对象。可将此属性设置为 None 来表示关节连接到空间中的固定位置，而不是另一个刚体 |
| Position Spring | 由 Unity 用于将关节从当前位置向目标位置旋转的弹簧扭矩 | |
| Position Damper | 根据关节当前速度与目标速度之间的差值按比例减小弹簧扭矩量。此做法可减小关节移动速度。设置为大于零的值可让关节"抑制"振荡（否则将无限期进行振荡） | |
| Maximum Force | 限制可以施加的驱动力大小。要施加计算出的驱动力，请将此属性设置为不太可能计算的驱动高值 | |
| Projection Mode | 此属性定义了当关节意外地超过自身的约束（由于物理引擎无法协调模拟中当前的作用力组合）时如何快速恢复约束。选项为 None 和 Position and Rotation | |
| Projection Distance | 关节超过约束的距离，必须超过此距离才能让物理引擎尝试将关节拉回可接受位置 | |
| Projection Angle | 关节超过约束的旋转角度，必须超过此角度才能让物理引擎尝试将关节拉回可接受位置 | |
| Configured in World Space | 启用此属性可以在世界空间而不是对象的本地空间中计算由各种目标和驱动属性设置的值 | |
| Swap Bodies | 启用此属性可交换物理引擎处理关节中涉及的刚体的顺序。这会导致不同的关节运动，但对刚体和锚点没有影响 | |
| Break Force | 如果通过大于该值的力推动关节超过约束，则关节将被永久"破坏"并被删除。仅当关节的轴为 Limited 或 Locked 状态时，Break Torque 才会破坏关节 | |
| Break Torque | 如果通过大于该值的扭矩旋转关节超过约束，则关节将被永久"破坏"并被删除。无论关节的轴为 Free、Limited 还是 Locked 状态，Break Force 都会破坏关节 | |

续表

| 属性 | 功能 | 备注 |
| --- | --- | --- |
| Enable Collision | 启用此属性可以使具有关节的对象与相连的对象发生碰撞。如果禁用此选项，则关节和对象将相互穿过 | 关节连接到的刚体对象。可将此属性设置为 None 来表示关节连接到空间中的固定位置，而不是另一个刚体 |
| Enable Preprocessing | 如果禁用预处理，则关节某些"不可能"的配置将保持更稳定，而不会在失控状态下狂乱移动 | |
| Mass Scale | 要应用于刚体反向质量和惯性张量的缩放比例，范围是从 0.00001 到无穷大。当关节连接质量变化很大的两个刚体时，这很有用。当连接的刚体具有相似的质量时，物理解算器会产生更好的结果。当连接的刚体的质量不同时，将此属性与 Connect Mass Scale 属性一起使用可施加假质量，使它们彼此大致相等。这样可以产生高质量且稳定的模拟，但会降低刚体的物理行为 | |
| Connected Mass Scale | 要应用于连接的刚体的反向质量和惯性张量的缩放比例，范围是从 0.00001 到无穷大 | |

与其他关节一样，使用可配置关节可以限制对象的移动，而且通过可配置关节还可以使用作用力将对象驱动到目标速度或位置。由于有许多配置选项，可能需要尝试不同的选项，才能使关节完全按照所需的方式运行。

### 6.14.1 约束运动

可使用 X，Y，Z Motion 和 X，Y，Z Rotation 属性独立约束每个关节轴上的平移运动和旋转。启用 Configured In World Space 可以将运动约束到世界轴而不是对象的局部轴。所有这些属性都可以设置为 Locked、Limited 或 Free。

（1）Locked 轴会限制所有运动，因此关节根本无法移动。例如，世界 Y 轴中锁定的对象无法上下移动。

（2）Limited 轴允许在预定义的限制范围内自由移动，例如，通过将炮塔的 Y 旋转限制到特定角度范围，可以给炮塔设置受限制的火弧。

（3）Free 轴允许任意移动。

可使用 Linear Limit 属性限制平移运动，该属性定义了关节可从其原点移动的最大距离（分别沿每个轴进行测量）。例如，为了能够约束空气曲棍球台的曲棍球，可让关节在 Y 轴为锁定状态（在世界空间中），在 Z 轴为自由状态，并在 X 轴为受限状态以便适应球台的宽度限制，这样，曲棍球会被限制在游戏区域内（图 6-38）。

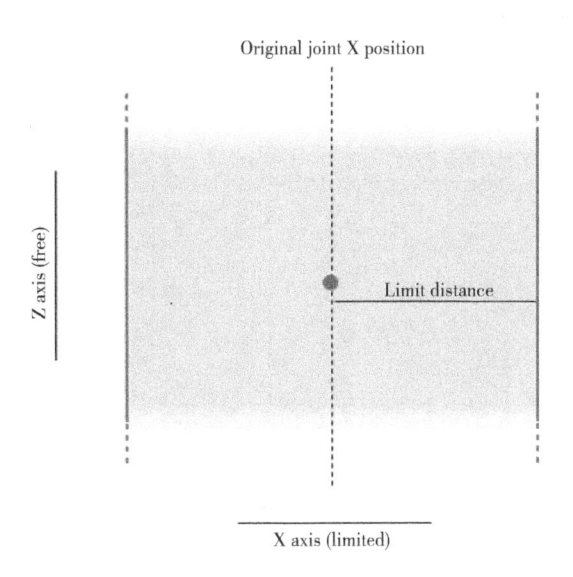

图 6-38 约束运动

还可以使用 Angular Limit 属性来限制旋转。与线性限制不同，此属性可用于为每个轴指定不同的限制值，还可以为 X 轴的旋转角度定义单独的上限和下限；其他两个轴在原始旋转的两侧使用相同的角度。例如，可使用平面构造一个"摇摆平台"，将关节约束为允许在 X 和 Z 方向轻微摇摆，同时锁定 Y 旋转。

### 6.14.2 弹性和弹簧

默认情况下，关节在达到限制时会停止移动。然而，像这样的非弹性碰撞在现实世界中是罕见的，因此向受约束的关节添加一些弹跳感会很有用。为了使受约束的对象在达到限制后反弹，可使用线性和角度限制的 Bounciness 属性。大部分的碰撞在有了少量弹性之后会显得更自然，但也可以将该属性设置为更高的值，从而模拟弹性异常大的边界，比如台球桌垫（图 6-39）。

为了进一步软化关节限制，可使用弹簧属性，用于平移的 Linear Limit Spring 和用于旋转的 Angular X/YZ Limit Spring。如果将 Spring 属性设置为大于零的值，关节达到限制时不会突然停止移动，而是会通过弹簧力被拉回到限制位置。这个力的强度由 Spring 值确定。默认情况下，弹簧具有完美的弹性，并会按照与碰撞相反的方向弹回关节。

可使用 Damper 属性来减少弹性并以更温和的方式将关节恢复到限制位置。例如，可使用弹簧关节创建一个可向左或向右拉动的杠杆，然后弹回到直立位置。如果弹簧具有完美弹性，则杠杆在释放后将围绕中心点来回摆动。但是，如果添加足够的阻尼，弹簧将迅速稳定到中立位置（图 6-40）。

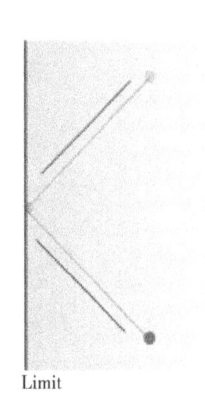

图 6-39　有弹性的关节不会超越限制

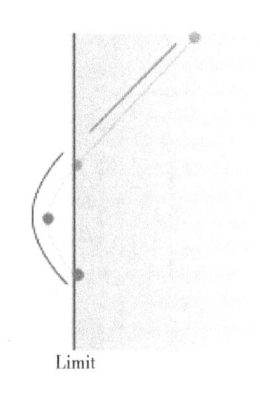

图 6-40　弹簧关节越过限制位置
但被拉回到限制位置

### 6.14.3　驱动力

关节不仅可以对附加到的对象做出反应，而且可以主动施加驱动力使对象运动。一些关节需要保持对象以恒定速度移动，例如转动风扇叶片的旋转电机。使用 Target Velocity 和 Target Angular Velocity 属性可为此类关节设置所需的速度。

可能需要使用关节来将关节的对象移向空间中的特定位置或移向特定方向，使用 Target Position 和 Target Rotation 属性可以设置此功能。例如，可将叉车的叉子安装在可配置关节上，然后使用脚本设置目标高度以升高叉子，设置目标后，X，Y，Z Drive 和 Angular X/YZ Drive（或者是 Slerp Drive）属性可以指定用于将关节推向目标的作用力。驱动的 Mode 属性选择关节是否应该寻找目标位置和/或速度。在寻找目标位置时，Position Spring 和 Position Damper 的工作方式与关节限制相同。在速度模式下，弹簧力取决于当前速度和目标速度之间的"差距"。阻尼器有助于速度稳定在所选值，而不是在该值周围无限振荡。例如，XDrive 力的公式为：

$$force = PositionSpring * (target\ position - position) + PositionDamper * (targetVelocity - velocity)$$

因此，力会根据当前值与目标值之间的差值成比例增大，并根据当前速度和目标速度之间的差值成比例减小阻尼。Unity 会将力施加到位置驱动和旋转驱动。

Maximum Force 属性用于最终微调，无论关节距其目标有多远，均可防止弹簧施加的力超过限制值，这样可以防止远离目标的关节快速以不受控制的方式将对象拉回。

在使用任何驱动力（下面描述的 Slerp Drive 除外），关节都会在每个轴上单独将力施加到对象。举例来说，可实现一个航天器，使之具有较高的向前飞行速度，但在侧向转向运动中具有相对较低的速度。

Slerp Drive：不同于其他驱动模式在不同的轴上施加力，Slerp Drive 使用四元数的球面插值或"Slerp"功能来重新定向关节。Slerp 过程不会隔离单个轴，而是寻找将对象从当前方向带到目标的最小总旋转，并根据需要将该旋转应用于所有轴。Slerp Drive 的配置比较简单，但不允许为 X 和 Y/Z 轴指定不同的驱动力。要启用 Slerp Drive，请将 Rotation Drive Mode 属性从 X and YZ 更改为 Slerp。关节可以使用 Angular X/YZ Drive 值或 Slerp Drive 值，但不能同时使用两者。

## 6.15 恒定力

恒定力（Constant Force）可用于快速向刚体添加恒定力。如果不希望某些一次性对象以较大的速度开始而是逐渐加速（比如火箭），则很适合使用恒定力（图 6-41、表 6-18）。

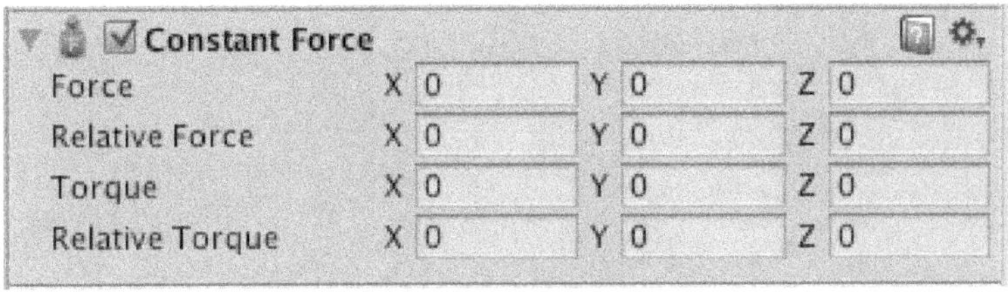

图 6-41 恒定力

表 6-18 属性与功能

| 属性 | 功能 |
| --- | --- |
| Force | 要在世界空间中应用的力的矢量 |
| Relative Force | 要在对象的局部空间中应用的力的矢量 |
| Torque | 在世界空间中应用的扭矩的矢量，对象将开始围绕此矢量旋转，矢量越长，旋转越快 |
| Relative Torque | 在局部空间中应用的扭矩的矢量，对象将开始围绕此矢量旋转，矢量越长，旋转越快 |

### 6.15.1 详细信息

要制作一个向前加速的火箭，请将 Relative Force 设定为沿正 Z 轴，然后，使用刚体的 Drag 属性使其不超过某个最大速度（阻力越高，最大速度越低）。在刚体中，还要确保关闭重力，以便火箭始终保持在其路径上。

## 6.15.2 提示

要使对象向上运动，请添加具有正 Y 值 Force 属性的恒定力。

要使对象向前飞行，请添加具有正 Z 值 Relative Force 属性的恒定力。

## 6.16 固定关节

固定关节（Fixed Joint）将对象的移动限制为依赖于另一个对象，这有点类似于管控（Parenting），但是实现的方式是通过物理系统而不是变换（Transform）层级视图。使用固定关节的最佳场合是在希望对象可以轻松相互分离时，或者在没有管控情况下连接两个对象的移动（图 6-42、表 6-19）。

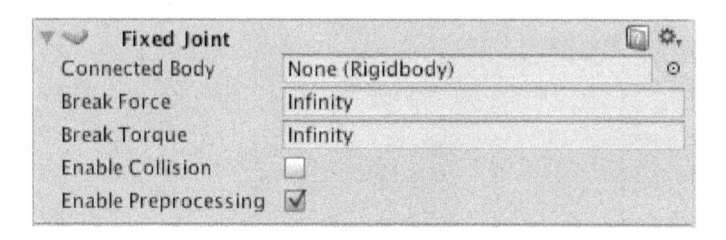

图 6-42 固定关节

表 6-19 属性与功能

| 属性 | 功能 |
| --- | --- |
| Connected Body | 对关节所依赖的刚体的引用（可选）。如果未设置，则关节链接到世界 |
| Break Force | 为破坏此关节而需要施加的力 |
| Break Torque | 为破坏此关节而需要施加的扭矩 |
| Enable Collision | 选中此复选框后，允许关节连接的连接体之间发生碰撞 |
| Enable Preprocessing | 禁用预处理有助于稳定无法满足的配置 |

## 6.16.1 详细信息

在游戏中有时可能希望对象永久或暂时粘在一起，固定关节可能是比较适合用于这些情况的组件，因为不必通过脚本更改对象的层级视图来实现所需的效果。代价是所有使用固定关节的对象都必须使用刚体。例如，如果要使用"粘性手榴弹"，可写一个脚本来检测与另一刚体（如敌人）的碰撞，然后创建一个固定关节并附加到该刚体。然后，当敌人四处移动时，关节将使手榴弹紧贴在他们身上。

破坏关节：可使用 Break Force 和 Break Torque 属性来设置关节强度的限制，如果这些值小于无穷大，并对该对象施加大于这些限制的力/扭矩，则其固定关节将被破坏并将摆脱其约束的束缚。

### 6.16.2 提示

不需要为关节分配 Connected Body 便可让关节运作。

固定关节需要一个刚体。

## 6.17 铰链关节

铰链关节（Hinge Joint）将两个刚体组合在一起，对刚体进行约束，让它们就像通过铰链连接一样移动。铰链关节非常适合用于门，但也可用于模拟链条、钟摆等对象（图 6-43、表 6-20）。

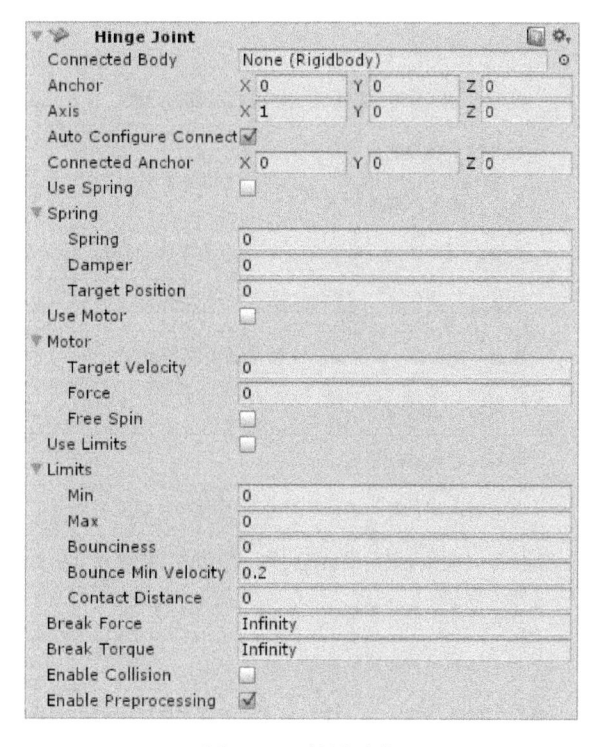

图 6-43　铰链关节

表 6-20　属性与功能

| 属性 | 功能 |
| --- | --- |
| Connected Body | 对关节所依赖的刚体的引用（可选），如果未设置，则关节连接到世界 |
| Anchor | 连接体围绕摆动的轴位置，该位置在局部空间中定义 |
| 轴 | 连接体围绕摆动的轴方向，该方向在局部空间中定义 |
| Auto Configure Connected Anchor | 如果启用此属性，则会自动计算链接锚点（Connected Anchor）位置以便与锚点属性的全局位置匹配，这是默认行为。如果禁用此属性，则可以手动配置链接锚点的位置 |
| Connected Anchor | 手动配置链接锚点位置 |
| Use Spring | 弹簧使刚体相对于其连接体呈现特定角度 |
| Spring | 在启用 Use Spring 的情况下使用的弹簧的属性 |
| Spring | 对象声称移动到位时施加的力 |
| Damper | 此值越高，对象减速越快 |
| Target Position | 弹簧的目标角度，弹簧朝着该角度拉伸（以度为单位） |
| Use Motor | 电机使对象旋转 |
| Motor | 在启用 Use Motor 的情况下使用的电机的属性 |
| Target Velocity | 对象试图获得的速度 |
| Force | 为获得该速度而施加的力 |
| Free Spin | 如果启用此属性，则绝不会使用电机来制动旋转，只会进行加速 |
| Use Limits | 如果启用此属性，则铰链的角度将被限制在 Min 到 Max 值范围内 |
| Limits | 在启用 Use Limits 的情况下使用的限制的属性 |
| Min | 旋转可以达到的最小角度 |
| Max | 旋转可以达到的最大角度 |
| Bounciness | 当对象达到了最小或最大停止限制时对象的反弹力大小 |
| Contact Distance | 在距离极限位置的接触距离内，接触将持续存在以免发生抖动 |
| Break Force | 为破坏此关节而需要施加的力 |
| Break Torque | 为破坏此关节而需要施加的扭矩 |
| Enable Collision | 选中此复选框后，允许关节连接的连接体之间发生碰撞 |
| Enable Preprocessing | 禁用预处理有助于稳定无法满足的配置 |

## 6.17.1 详细信息

应将单个铰链关节应用于游戏对象，铰链将在 Anchor 属性指定的位置旋转，并围绕指定的 Axis 属性移动。不需要为关节的 Connected Body 属性分配游戏对象。仅当希望关节的变换依赖于附加对象的变换时，才应为 Connected Body 属性分配游戏对象。

门铰链的工作原理，轴（Axis）沿 Y 轴正方向朝上，锚点（Anchor）位于门和墙之间交叉处的某个位置，不需要将墙分配给连接体（Connected Body），因为默认情况下，关节将连接到世界。

狗窝门的轴将是侧向的，并沿着正向的相对 X 轴，应将主门分配为连接体，因此狗窝门的铰链取决于主门的刚体。

链条：还可以将多个铰链关节串在一起以形成链条，为链条中的每个链接添加一个关节，并将下一个链接作为连接体附加。

## 6.17.2 提示

不需要为关节分配 Connected Body 便可让关节运作。

使用 Break Force 属性来创建动态损坏系统，使用此属性可让玩家破坏环境（如通过用火箭发射器爆炸或用汽车冲撞的方式破坏门的铰链）。

Spring、Motor 和 Limits 属性可用于微调关节的行为。

Spring 和 Motor 是互斥的，同时使用这两者会导致不可预测的结果。

## 6.18 网格碰撞体

网格碰撞体（Mesh Collider）采用网格资源并基于该网格构建其碰撞体，在进行碰撞检测时，Mesh Collider 比使用复杂网格的基元更准确，标记为 Convex 的 Mesh Collider 可与其他 Mesh Collider 发生碰撞（图 6-44、表 6-21）。

图 6-44　网格碰撞体

表 6-21 属性与功能

| 属性 | 功能 |
| --- | --- |
| Convex | 选中此复选框将使 Mesh Collider 与其他 Mesh Collider 发生碰撞。Convex Mesh Collider 最多 255 个三角形 |
| Is Trigger | 选中此复选框将使 Unity 使用该碰撞体来触发事件，而物理引擎会忽略该碰撞体 |
| Cooking Options | 启用或禁用影响物理引擎对网格处理方式的网格烹制选项 |
| None | 禁用下方列出的所有 Cooking Options |
| Everything | 启用下方列出的所有 Cooking Options |
| Cook for Faster Simulation | 使物理引擎烹制网格以加快模拟速度。启用此设置后，这会运行一些额外步骤，以保证生成的网格对于运行时性能是最佳的。这会影响物理查询和接触生成的性能。禁用此设置后，物理引擎会使用更快的烹制速度，并尽可能快速生成结果。因此，烹制的 Mesh Collider 可能不是最佳的 |
| Enable Mesh Cleaning | 使物理引擎清理网格。启用此设置后，烹制过程会尝试消除网格的退化三角形以及其他几何瑕疵。此过程生成的网格更适合于在碰撞检测中使用，往往可生成更准确的击中点 |
| Weld Colocated Vertices | 使物理引擎在网格中删除相等的顶点。启用此设置后，物理引擎将合并具有相同位置的顶点，这对于运行时发生的碰撞反馈十分重要 |
| Use Fast Midphase | 使物理引擎采用可用于您输出平台的最快速的中间阶段加速结构和算法。启用此选项后，物理引擎将使用更快的算法，这个算法不需要任何 R 树（R-Trees）即可进行空间访问。如果在某些平台上运行时遇到中间阶段问题，您仍然可以禁用此选项，从而改用较慢的旧版中间阶段算法 |
| Material | 引用物理材质，可确定该碰撞体与其他对象的交互方式 |
| Mesh | 引用需要用于碰撞的网格 |

## 6.18.1 详细信息

Mesh Collider 从附加到游戏对象的网格构建其碰撞表示，并读取附加的变换组件的属性以正确设置其位置和缩放。这样做的好处是可以使碰撞体的形状与游戏对象可见网格的形状完全相同，从而产生更精确和真实的碰撞。但是，伴随这种精度的不足之处是，与涉及原始碰撞体（如球体、盒体和胶囊体）的碰撞相比，处理开销会更高，因此最好谨慎使用 Mesh Collider。

碰撞网格中的面为单面，这意味着，游戏对象可从一个方向穿过这些面，但从另一个方向会与这些面碰撞。

## 6.18.2 网格烹制

网格烹制将常规网格更改为可以在物理引擎中使用的网格。烹制会构建用于物理查询的空间搜索结构（如 Physics.Raycast）以及用于接触生成的支持结构。Unity 在碰撞检测中使用网格之前烹制所有这些网格，这可在导入时（Import Settings>Model>Generate Colliders）或运行时进行。

如果要在运行时生成网格（如对于程序化表面），设置 Cooking Options 以更快地生成结果并禁用清理过程的其他数据，缺点是需要生成无退化三角形和非同位顶点，但烹制的运行速度更快。

如果禁用 Enable Mesh Cleaning 或 Weld Colocated Vertices，则需要确保未使用那些算法在其他情况下可能会过滤的数据。如果禁用了 Weld Colocated Vertices，需确保没有任何同位顶点，如果启用了 Enable Mesh Cleaning，需确保没有面积接近零的小三角形以及狭长的三角形，也没有面积接近于无限大的大三角形。

将 Cooking Options 设置为除默认设置之外的任何其他值时，意味着 Mesh Collider 必须使用一个 isReadable 值为 true 的网格。

## 6.18.3 限制

使用 Mesh Collider 时有一些限制：具有 Rigidbody 组件的游戏对象仅支持启用了 Convex 选项的网格碰撞体（Mesh Collider）（物理引擎只能模拟凸面网格碰撞体）。要使 Mesh Collider 正常工作，网格必须在以下情况下设置为 read/write enabled：

（1）Mesh Collider 的变换组件具有负缩放［如（-1,1,1）］并且网格为凸面。

（2）Mesh Collider 的变换组件是倾斜或截断的（如当旋转的变换组件具有缩放的父变换组件时）。

（3）Mesh Collider 的 Cooking Options 标志设置为默认值以外的任何值。

不应修改用于碰撞体的网格几何体，因为每次更改网格时，物理引擎都必须重建内部网格碰撞加速结构，这会导致大量的性能开销。对于需要在运行时发生碰撞和进行更改的网格，通常最好使用胶囊体、球体和盒体之类的原始碰撞体来模拟网格形状。

如果 Mesh Collider 仅使用网格，则可以在 Import Settings 中禁用 Normals，因为物理系统不需要它们。

## 6.19 刚体

刚体（Rigidbody）使游戏对象的行为方式受物理控制。刚体可以接受力和扭矩，使对象以逼真的方式移动。任何游戏对象都必须包含受重力影响的刚体，行为方式基于施加的作用力（通过脚本），或通过 NVIDIA PhysX 物理引擎与其他对象交互（图 6-45、表 6-22）。

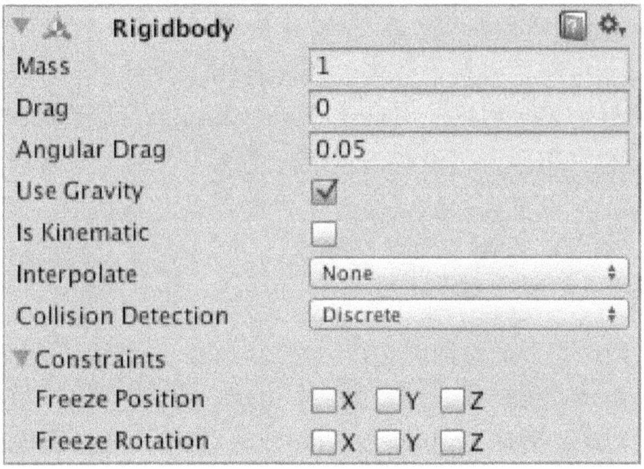

图 6-45　刚体

表 6-22　属性与功能

| 属性 | 功能 |
| --- | --- |
| Mass | 对象的质量（默认为千克） |
| Drag | 根据力移动对象时影响对象的空气阻力大小。0 表示没有空气阻力，无穷大使对象立即停止移动 |
| Angular Drag | 根据扭矩旋转对象时影响对象的空气阻力大小。0 表示没有空气阻力。请注意，如果直接将对象的 Angular Drag 属性设置为无穷大，无法使对象停止旋转 |
| Use Gravity | 如果启用此属性，则对象将受重力影响 |
| Is Kinematic | 如果启用此选项，则对象将不会被物理引擎驱动，只能通过变换（Transform）对其进行操作。对于移动平台，或者如果要动画化附加了 HingeJoint 的刚体，此属性将非常有用 |
| Interpolate | 仅当在刚体运动中看到急动时才尝试使用的选项之一 |

续表

| 属性 | 功能 |
| --- | --- |
| -None | 不应用插值 |
| -Interpolate | 根据前一帧的变换来平滑变换 |
| -Extrapolate | 根据下一帧的估计变换来平滑变换 |
| Collision Detection | 用于防止快速移动的对象穿过其他对象而不检测碰撞 |
| -Discrete | 对场景中的所有其他碰撞体使用离散碰撞检测，其他碰撞体在测试碰撞时会使用离散碰撞检测，用于正常碰撞（这是默认值） |
| -Continuous | 对动态碰撞体（具有刚体）使用离散碰撞检测，并对静态碰撞体（没有刚体）使用基于扫掠的连续碰撞检测。设置为连续动态（Continuous Dynamic）的刚体将在测试与该刚体的碰撞时使用连续碰撞检测。其他刚体将使用离散碰撞检测。用于连续动态（Continuous Dynamic）检测需要碰撞的对象。（此属性对物理性能有很大影响，如果没有快速对象的碰撞问题，请将其保留为 Discrete 设置） |
| -Continuous Dynamic | 对设置为连续（Continuous）和连续动态（Continuous Dynamic）碰撞的游戏对象使用基于扫掠的连续碰撞检测，还将对静态碰撞体（没有刚体）使用连续碰撞检测。对于所有其他碰撞体，使用离散碰撞检测。用于快速移动的对象 |
| -Continuous Speculative | 对刚体和碰撞体使用推测性连续碰撞检测，这也是可以设置运动物体的唯一 CCD 模式，该方法通常比基于扫掠的连续碰撞检测的成本更低 |
| Constraints | 对刚体运动的限制： |
| -Freeze Position | 有选择地停止刚体沿世界 X、Y 和 Z 轴的移动 |
| -Freeze Rotation | 有选择地停止刚体围绕局部 X、Y 和 Z 轴旋转 |

## 6.19.1　详细信息

刚体可使游戏对象的行为方式受物理引擎控制，由此可以实现逼真碰撞和不同类型关节等行为。通过向刚体施力来操纵游戏对象产生的效果完全不同于直接调整变换组件。通常，不应同时操纵同一个游戏对象的刚体和变换，一次只能操纵其中一个。

操纵变换与刚体的最大区别在于力的运用。刚体可以接受力和扭矩，但变换不能，变换可以被平移和旋转，但这与使用物理引擎不同，亲自尝试使用二者会注意到明显的差异。向刚体施加力/扭矩实际上会改变对象的变换组件位置和旋转，这就是为何应该只使用其中一个组件的原因。使用物理引擎时更改变换可能会导致碰撞和其他计算问题。

必须先将刚体显式添加到游戏对象中，然后才能让刚体受到物理引擎的影响。可以从菜单中的 Components>Physics>Rigidbody 向所选对象添加刚体。现在对象已经完成物理设置；它会受到重力的影响而掉落，而且可以通过脚本来接受作用力，但可能需要添加一个碰撞体或关节来让对象按照期望的方式运行。

#### 6.19.1.1 父子化

当对象处于物理控制下时，对象的移动方式在一定程度上独立于其变换父对象的移动方式。如果移动任何父对象，它们会将刚体子对象拉到自己身边。但是，刚体仍然会因重力而降落，并会对碰撞事件做出反应。

#### 6.19.1.2 脚本

要控制刚体，主要需要使用脚本来施加力或扭矩，要执行此操作，可在对象的刚体上调用 AddForce（）和 AddTorque（）。在使用物理引擎时，不应直接改变对象的变换。

#### 6.19.1.3 动画

在某些情况下，需要创建布娃娃效果，因此有必要在动画和物理之间切换对象的控制。为此，可将刚体标记为 isKinematic。虽然刚体标记为 isKinematic，但不会受到碰撞、力或物理系统任何其他部分的影响。这意味着，必须通过直接操作变换组件来控制对象。运动刚体将影响其他对象，但它们自身不会受到物理影响，例如，附加到运动对象的关节将约束附加到关节的所有其他刚体，并且运动刚体将通过碰撞影响其他刚体。

#### 6.19.1.4 碰撞体

碰撞体是另一种必须与刚体一起添加才会实现碰撞的组件。如果两个刚体相互碰撞，只有两个对象都附加了碰撞体时，物理引擎才会计算碰撞。在物理模拟过程中，无碰撞体的刚体将直接相互穿过对方（图 6-46）。

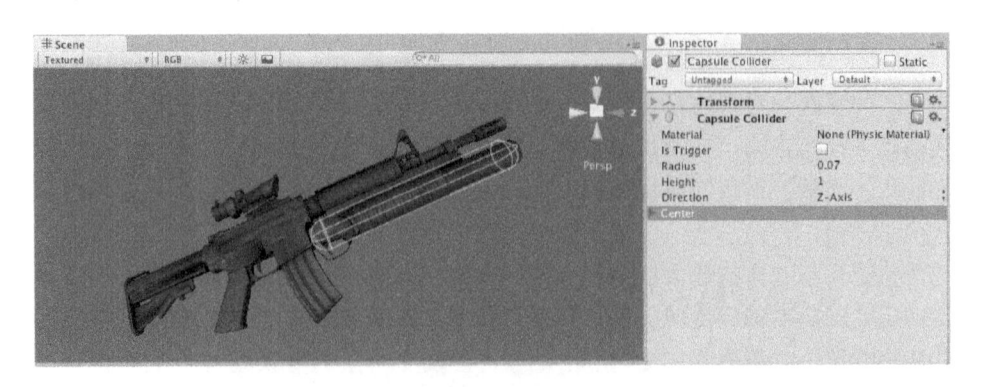

图 6-46　碰撞体定义刚体的物理边界

可通过 Component>Physics 菜单添加碰撞体。查看单个碰撞体的组件参考页面以获取更多具体信息：

（1）盒型碰撞体-立方体的原始形状。
（2）球形碰撞体-球体的原始形状。
（3）胶囊碰撞体-胶囊体的原始形状。
（4）网格碰撞体-根据对象网格创建碰撞体，不能与另一个网格碰撞体碰撞。
（5）车轮碰撞体-专门用于创建汽车或其他移动车辆。
（6）地形碰撞体-处理与 Unity 地形系统的碰撞。

### 6.19.1.5　复合碰撞体

复合碰撞体是原始碰撞体的组合，共同作为单个刚体。如果模型在性能方面过于复杂或成本过高而无法精确模拟，因此希望使用简单的近似值以最佳方式模拟形状的碰撞，复合碰撞体将派上用场。要创建复合碰撞体，请创建碰撞对象的子对象，然后将碰撞体组件添加到每个子对象。这样就能轻松独立定位、旋转和缩放每个碰撞体。可以通过许多原始碰撞体和/或凸面网格碰撞体构建复合碰撞体。

在图 6-47 中，游戏对象 Gun Model 附加了一个刚体，使用多个原始碰撞体作为子游戏对象。当刚体父对象由于受力而移动时，子碰撞体会随之移动。原始碰撞体将与环境的网格碰撞体碰撞，而父刚体将根据所受的力以及其子碰撞体与场景中其他碰撞体的交互方式来改变自己的移动方式。

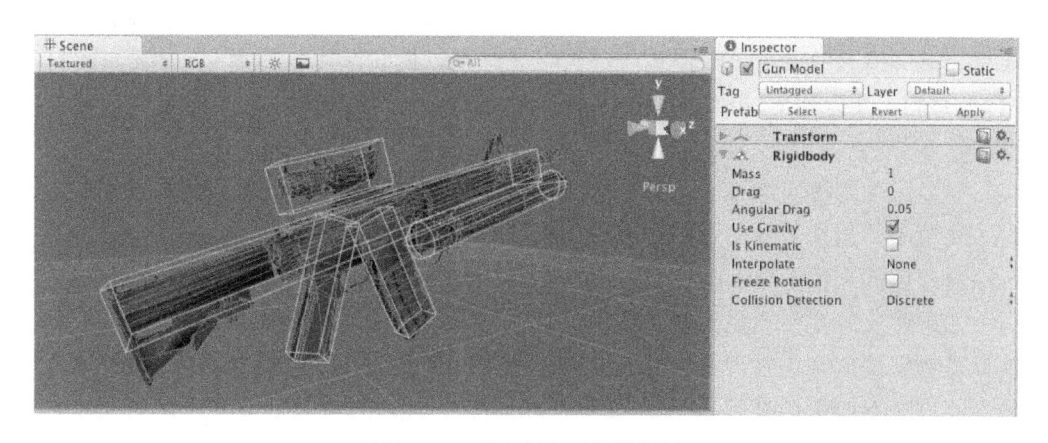

图 6-47　真实复合碰撞体设置

网格碰撞体通常不能相互碰撞。如果网格碰撞体被标记为凸面体（Convex），则可与另一个网格碰撞体发生碰撞。典型的解决方案是对所有移动的对象使用原始碰撞体，而对静态背景对象使用网格碰撞体。

使用碰撞回调时，复合碰撞体会为每个碰撞体碰撞时返回单独的回调。

#### 6.19.1.6 连续碰撞检测

连续碰撞检测是一种阻止快速移动的碰撞体相互穿过的功能。使用正常（Discrete）碰撞检测时，如果对象在一个帧中位于某个碰撞体的一侧，而在下一帧中已经穿过了碰撞体，便属于彼此穿过的情况。要解决此问题，可在快速移动对象的刚体上启用连续碰撞检测，将碰撞检测模式设置为 Continuous 可防止刚体穿过任何静态（即非刚体）网格碰撞体，设置为 Continuous Dynamic 也会防止刚体穿过任何其他支持的刚体（即碰撞检测模式设置为 Continuous 或 Continuous Dynamic 的刚体）。盒型碰撞体、球形碰撞体和胶囊碰撞体支持连续碰撞检测。连续碰撞检测的目的是作为一种安全机制，可在对象会相互穿过的情况下捕获碰撞，但不会提供精确物理碰撞的结果。所以如果遇到快速移动对象的问题，仍然可以考虑在 TimeManager 检视面板中降低固定时间步长值以使模拟更准确。

### 6.19.2 使用合适的大小

游戏对象网格的大小比刚体的质量重要得多。如果发现刚体的行为与预期不符，比如移动缓慢、漂浮或碰撞方式不正确，请考虑调整网格资源的缩放比例。Unity 的默认单位比例为 1 个单位等于 1 米，因此会维持导入网格的比例并应用于物理计算。例如，摇摇欲坠的摩天大楼在坍塌时与由玩具积木制成的塔楼完全不同，因此不同大小的对象应按照精确比例建模。

如果要对人类进行建模，请确保该模型在 Unity 中的高度约为 2 米，要检查对象是否具有适当的大小，请将其与默认立方体进行比较。可以使用 GameObject>3D Object>Cube 来创建立方体，立方体的高度恰好是 1 米，所以人的高度应该是其两倍。

如果无法调整网格本身，可以更改特定网格资源的统一比例，操作方法是在 Project 视图中选择该网格资源，然后从菜单中选择 Assets>Import Settings，在此处，可以更改比例并重新导入网格。

如果游戏需要在不同比例下实例化游戏对象，则可以调整变换的缩放轴的值，缺点是物理模拟必须在对象实例化时执行更多工作，并且可能导致游戏时性能下降，此方法不如使用其他两个选项来最终确定比例那么高效。另外，使用父子化（Parenting）时，不统一的比例会产生意外行为，出于这些原因，最好在建模应用程序中以正确的比例创建对象。

### 6.19.3 提示

两个刚体的相对质量决定了它们相互碰撞时的反应情况。

使一个刚体具有比另一个刚体更大的质量并不会使其在自由落体时降落得更

快。要实现这一目的，请使用 Drag。

较低的 Drag 值会让对象看起来较重，较高的值会使其看起来较轻，Drag 的典型值为 001（实心金属块）到 10（羽毛）之间。

如果要直接操作对象的变换组件，但仍希望获得物理效果，请附加刚体并将其设为 Kinematic。

如果要通过变换组件移动游戏对象，但希望接收 Collision/Trigger 消息，必须将刚体附加到正在移动的对象。

如果直接将对象的 Angular Drag 属性设置为无穷大，无法使对象停止旋转。

## 6.20　球形碰撞体

球形碰撞体（Sphere Collider）是一种基本的球体形状原始碰撞体（如图 6-48、表 6-23）。

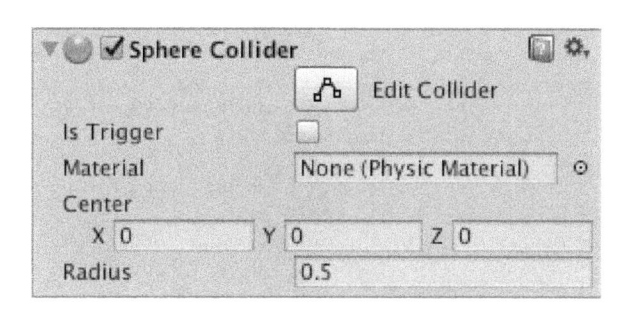

图 6-48　球形碰撞体

表 6-23　属性与功能

| 属性 | 功能 |
| --- | --- |
| Is Trigger | 如果启用此属性，则该碰撞体将用于触发事件，并被物理引擎忽略 |
| Material | 引用物理材质，可确定该碰撞体与其他对象的交互方式 |
| Center | 碰撞体在对象局部空间中的位置 |
| Radius | 碰撞体的大小 |

可以通过 Radius 属性调整碰撞体的大小，但不能单独沿三个轴缩放（即不能将球体展平为椭圆）。除了网球等球形对象的明显用途外，球体也适用于坠落的巨石和其他需要翻滚的对象。

## 6.21 弹簧关节

弹簧关节（Spring Joint）将两个刚体连接在一起，但允许两者之间的距离改变，就好像它们通过弹簧连接一样（图6-49、表6-24）。

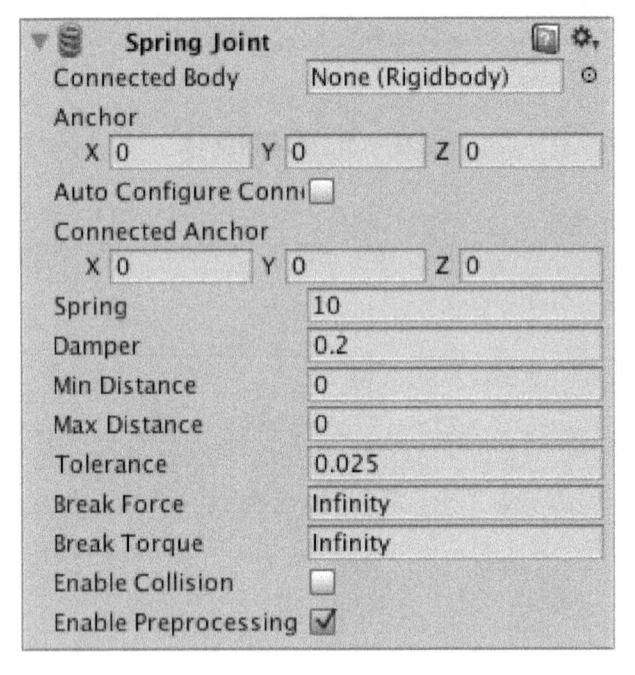

图 6-49 弹簧关节

表 6-24 属性与功能

| 属性 | 功能 |
| --- | --- |
| Connected Body | 包含弹簧关节的对象连接到的刚体对象，如果未指定对象，则弹簧将连接到空间中的固定点 |
| Anchor | 关节在对象的局部空间中所附加到的点 |
| Auto Configure Connected Anchor | Unity 是否应该自动计算链接锚点的位置 |
| Connected Anchor | 关节在连接对象的局部空间中所附加到的点 |
| Spring | 弹簧的强度 |
| Damper | 弹簧为活性状态时的压缩程度 |

续表

| 属性 | 功能 |
| --- | --- |
| Min Distance | 弹簧不施加任何力的距离范围的下限 |
| Max Distance | 弹簧不施加任何力的距离范围的上限 |
| Tolerance | 更改容错。允许弹簧具有不同的静止长度 |
| Break Force | 为破坏此关节而需要施加的力 |
| Break Torque | 为破坏此关节而需要施加的扭矩 |
| Enable Collision | 是否应启用两个连接对象之间的相互碰撞 |
| Enable Preprocessing | 禁用预处理有助于稳定无法满足的配置 |

弹簧就像一块弹性物，试图将两个锚点一起拉到完全相同的位置。拉力的强度与两个点之间的当前距离成比例，其中每单位距离的力由 Spring 属性设定。为了防止弹簧无休止振荡，可以设置 Damper 值，从而根据与两个对象之间的相对速度按比例减小弹簧力。值越高，振荡消失的速度越快。

可以手动设置锚点，但如果启用 Auto Configure Connected Anchor，Unity 将自动设置链接锚点，以保持它们之间的初始距离（即在定位对象时在 Scene 视图中设置的距离）。

Min Distance 和 Max Distance 值用于设置弹簧不施加任何力的距离范围，例如，可以使用该距离范围允许对象进行少量的独立移动，但当对象之间的距离太大时将它们拉到一起。

## 6.22 布料

布料（Cloth）组件与带蒙皮的网格渲染器（Skinned Mesh Renderer）协同工作，从而提供基于物理的面料模拟解决方案。此组件是专为角色服装设计的，仅对蒙皮网格有效。如果向非蒙皮网格中添加 Cloth 组件，则 Unity 会删除非蒙皮网格并添加蒙皮网格。

要将 Cloth 组件附加到蒙皮网格，请在 Editor 中选择游戏对象，在 Inspector 窗口中单击 Add Component 按钮，然后选择 Physics>Cloth，Inspector 中将显示该组件（图 6-50、表 6-25）。

```
┌─────────────────────────────────────────────────┐
│ ▼ ✓ Cloth                                   □ ✿.│
│                    ⚛ ⚛                          │
│   Stretching Stiffness    1                     │
│   Bending Stiffness       0                     │
│   Use Tethers             ✓                     │
│   Use Gravity             ✓                     │
│   Damping                 0                     │
│   External Acceleration   X 0    Y 0    Z 0     │
│   Random Acceleration     X 0 □  Y 0    Z 0     │
│   World Velocity Scale    0.5                   │
│   World Acceleration Scale 1                    │
│   Friction                0.5                   │
│   Collision Mass Scale    0                     │
│   Use Continuous Collision ✓                    │
│   Solver Frequency        120                   │
│   Sleep Threshold         0.1                   │
│ ▶ Capsule Colliders                             │
│ ▼ Sphere Colliders                              │
│     Size                  0                     │
└─────────────────────────────────────────────────┘
```

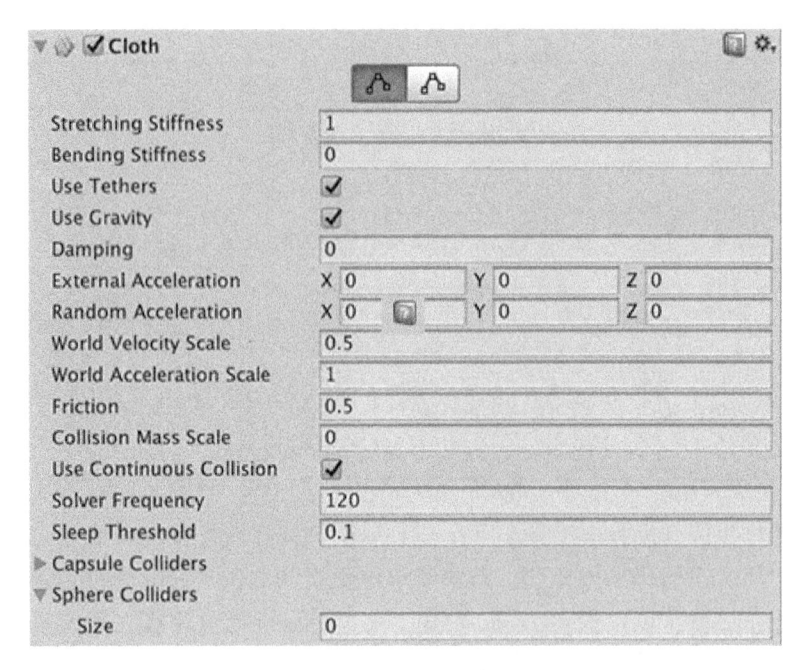

图 6-50　布料组件

表 6-25　属性与功能

| 属性 | 功能 |
| --- | --- |
| Stretching Stiffness | 布料的拉伸刚度 |
| Bending Stiffness | 布料的弯曲刚度 |
| Use Tethers | 施加约束以帮助防止移动的布料粒子离开固定粒子的距离太远。此属性有助于减少过度拉伸 |
| Use Gravity | 是否应该对布料施加重力加速度 |
| Damping | 运动阻尼系数 |
| External Acceleration | 施加在布料上的恒定外部加速度 |
| Random Acceleration | 施加在布料上的随机外部加速度 |
| World Velocity Scale | 角色多大程度的世界空间移动会影响布料顶点 |
| World Acceleration Scale | 角色多大的世界空间加速度会影响布料顶点 |
| Friction | 布料与角色碰撞时的摩擦力 |
| Collision Mass Scale | 碰撞粒子的质量增加量 |
| Use Continuous Collision | 启用连续碰撞来提高碰撞稳定性 |
| Use Virtual Particles | 每个三角形添加一个虚拟粒子，从而提高碰撞稳定性 |

续表

| 属性 | 功能 |
|---|---|
| Solver Frequency | 解算器每秒迭代次数 |
| Sleep Threshold | 布料的睡眠阈值 |
| Capsule Colliders | 应与此 Cloth 实例碰撞的 CapsuleCollider 的数组 |
| Sphere Colliders | 应与此 Cloth 实例碰撞的 ClothSphereColliderPairs 的数组 |

布料不响应场景中的任何碰撞体，也不会将力反射回世界，添加 Cloth 组件后，该组件完全不会响应和影响任何其他实体。因此在手动将碰撞体从世界添加到 Cloth 组件之前，布料和世界无法识别或看到彼此。即使执行了此操作，模拟仍是单向的，布料可以响应实体，但不会反向施力。此外，只能对布料使用 3 种类型的碰撞体：球体、胶囊体以及使用两个球形碰撞体构造而成的圆锥胶囊碰撞体，之所以存在这么多限制是为了帮助提高性能。

### 6.22.1 编辑约束工具

可以将约束应用于布料的特定顶点，以增加或减少这些顶点的移动自由度。在 Inspector 中，选择 Cloth 组件中的 Edit cloth constraints（左上角的按钮），启用该工具后，在 Scene 视图中，网格的所有顶点上都将出现小球体，这些小球体代表可以应用约束的布料粒子。Scene 视图右下角还会显示 Cloth Constraints 工具窗口（图 6-51）。

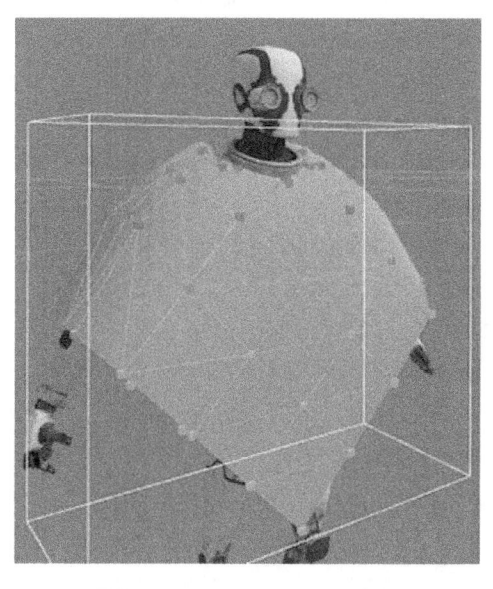

图 6-51 在带蒙皮的网格渲染器上使用的布料约束工具

#### 6.22.1.1 约束类型和颜色

对于每个布料粒子,可以设置和显示两种约束。*Max Distance 布料粒子可从顶点位置行进的最大距离;*Surface Penetration 布料粒子可穿透网格的深度。根据当前选择的约束的类型,粒子的颜色表示该粒子的约束在布料内的相对值。

#### 6.22.1.2 约束虚拟化

约束虚拟化见图 6-52、表 6-26。

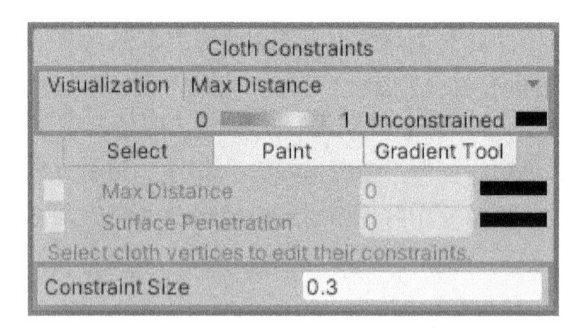

图 6-52 Cloth Constraints 工具的虚拟化属性

表 6-26 属性与功能

| 属性 | 功能 |
| --- | --- |
| Visualization | 选择要显示的约束类型和粒子 |
| Max Distance | 仅显示布料粒子的 Max Distance 值 |
| Surface Penetration | 仅显示布料粒子的 Surface Penetration 值 |
| Manipulate Backfaces | 启用此选项可以可视化和操控可能隐藏在布料当前朝向部分后面的粒子 |
| 色谱 | 根据当前在整块布料中应用的最小值和最大值,为上述选定的约束类型提供粒子颜色和约束值之间的对应关系。黑色始终表示粒子没有约束 |
| Constraint Size | 代表布料粒子的球体的显示大小。在方便时可以调整此值以便简化约束版本。这个属性对约束本身没有任何影响 |

#### 6.22.1.3 约束版本模式

可以使用 3 种不同的模式来编辑布料约束值(表 6-27)。

表 6-27 属性与功能

| 属性 | 功能 |
| --- | --- |
| Select | 将固定约束值应用于预先选择的粒子组 |
| Paint | 通过用画笔绘制布料粒子来施加固定的约束值 |
| Gradient | 将约束值的从左到右线性渐变应用于预先选择的粒子组 |

根据使用的模式，工具属性和所需执行的步骤会有所不同。在所有情况下，最后一步都对应于应用约束值的操作。

Select 模式见图 6-53。

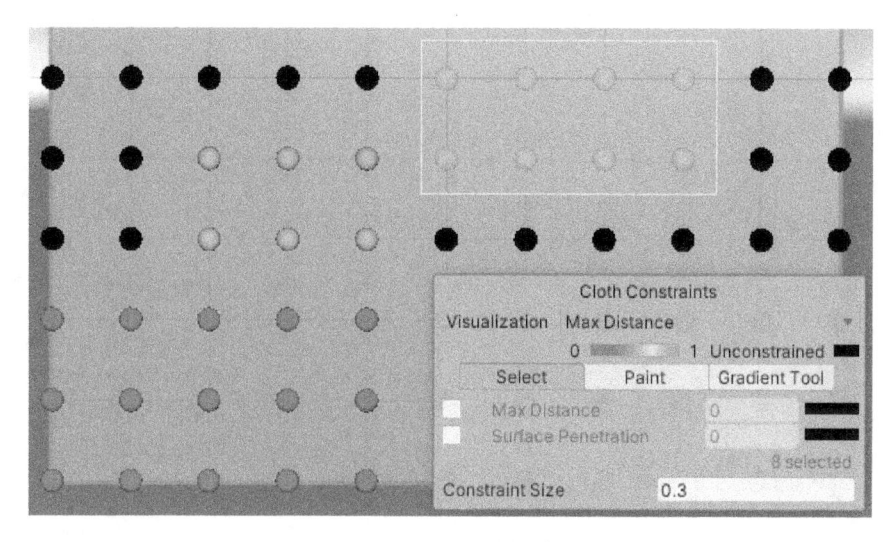

图 6-53  Select 模式

使用鼠标光标来绘制一个选框，或一次单击一个粒子；启用要应用于选定项的约束类型：Max Distance 和/或 Surface Penetration；根据刚启用的约束类型设置一个值。

Paint 模式见图 6-54。

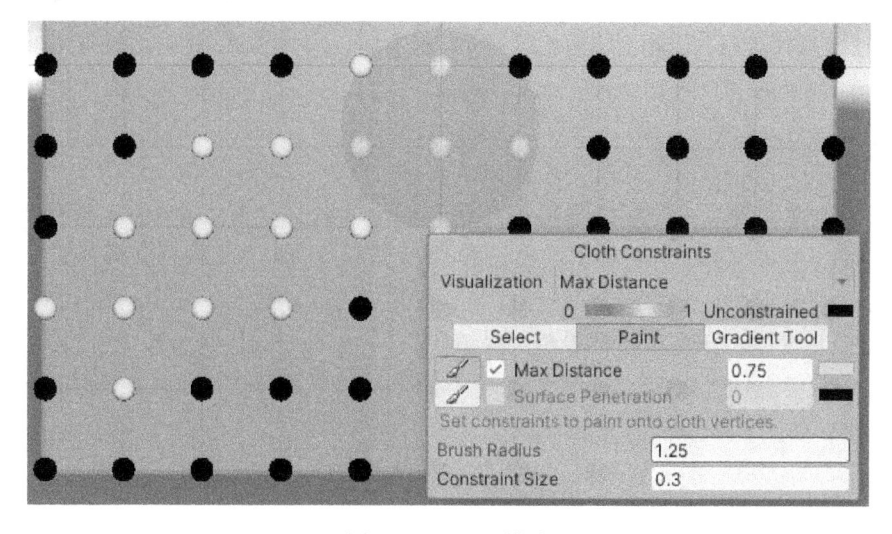

图 6-54  Paint 模式

根据需要用画笔覆盖的区域来调整 Brush Radius；启用要应用的约束类型：Max Distance 和/或 Surface Penetration；根据刚启用的约束类型设置一个绘制值；用画笔在粒子上绘制约束。

Gradient 模式见图 6-55。

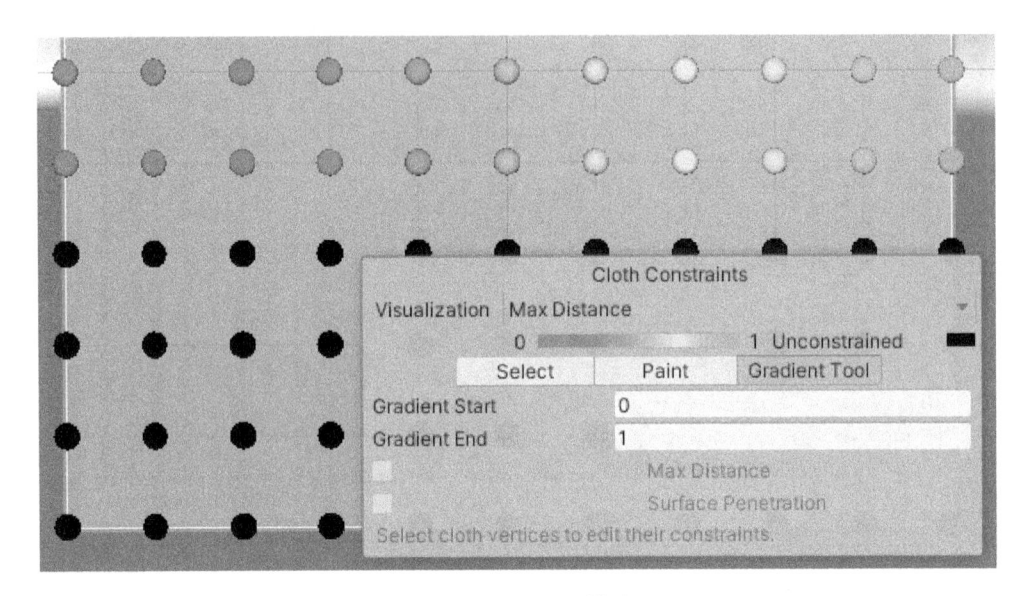

图 6-55　Gradient 模式

确保在 Scene 视图中开启 2D 视图（该工具在 3D 视图下无法应用渐变）；使用鼠标光标来绘制一个选框，或一次单击一个粒子；设置要在选择范围内从左到右应用的渐变的极限值：Gradient Start 和 Gradient End；启用要应用于选定项的约束类型：Max Distance 和/或 Surface Penetration。

### 6.22.2　自碰撞和互碰撞

布料碰撞使游戏中的角色服装和其他面料更加逼真。在 Unity 中，布料有几种处理碰撞的布料粒子，可将布料粒子设置为：

（1）自碰撞，防止布料穿透自身。

（2）互碰撞，允许布料粒子相互碰撞。

要为布料设置碰撞粒子，请在 Cloth Inspector 中选择 Self Collision and Intercollision 按钮，如图 6-56 所示。

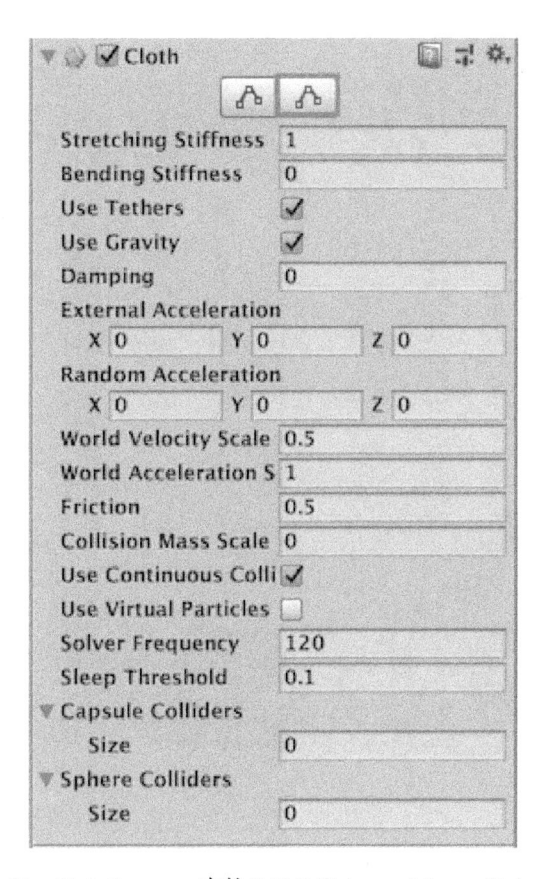

图 6-56  Cloth Inspector 中的 Self Collision and Intercollision 按钮

此时将在 Scene 视图中显示 Cloth Self Collision And Intercollision 窗口，如图 6-57 所示。

图 6-57  Cloth Self Collision And Intercollision 窗口

包含 Cloth 组件的蒙皮网格将自动显示布料粒子，最初没有任何布料粒子设置为使用碰撞，这些未使用的粒子显示为黑色，如图 6-58 所示。

# 虚拟考古展馆开发技术

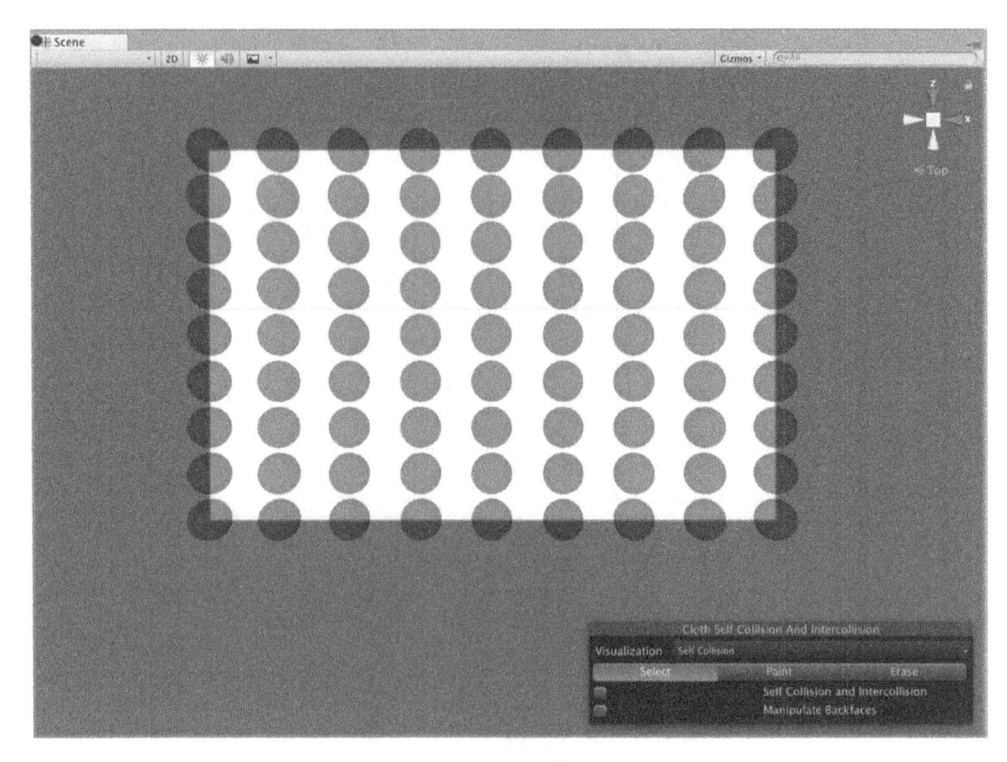

图 6-58　未使用的布料粒子

要应用自碰撞或互碰撞，必须选择一组粒子来应用碰撞，要选择一组粒子进行碰撞，请单击 Select 按钮，如图 6-59 所示。

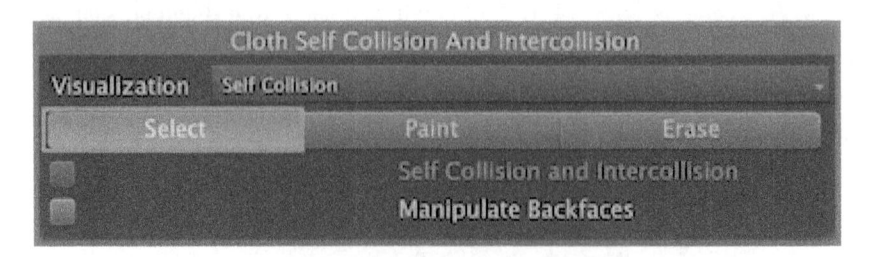

图 6-59　Select 布料粒子按钮

左键单击并拖动以便选择要应用碰撞的粒子，使用单击并拖动的方式选择布料粒子，选定粒子显示为蓝色，如图 6-60 所示。

第六章 构建真实的物理系统

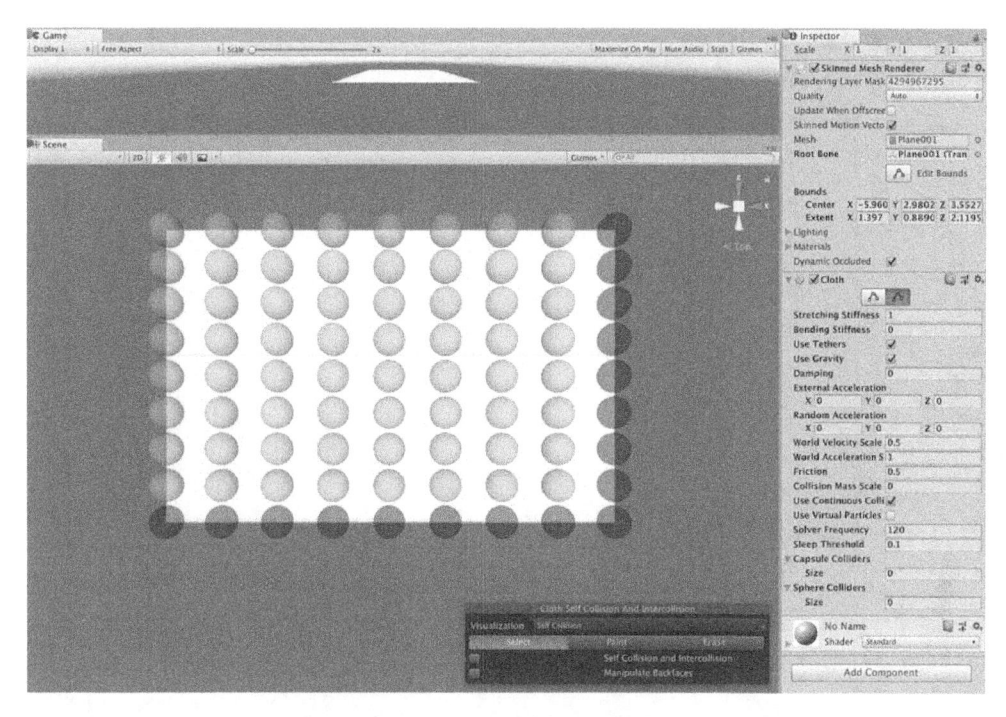

图 6-60 选定的布料粒子为蓝色

勾选 Self Collision and Intercollision 复选框可将碰撞应用于选定粒子，如图 6-61 所示。

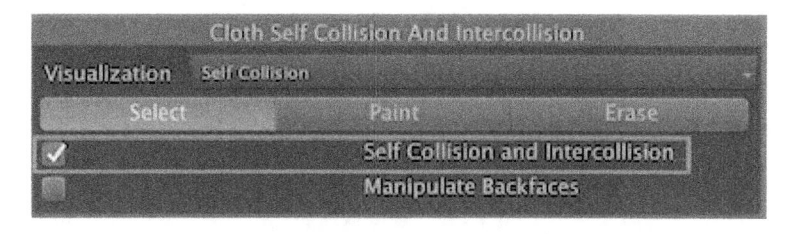

图 6-61 Self Collision and Intercollision 复选框

指定用于碰撞的粒子将显示为绿色，如图 6-62 所示。

要为布料启用自碰撞行为，请选择 Cloth Inspector 窗口的 Self Collision 部分，并将 Distance 和 Stiffness 设置为非零值，如图 6-63 所示，属性与功能见表 6-28。

*179*

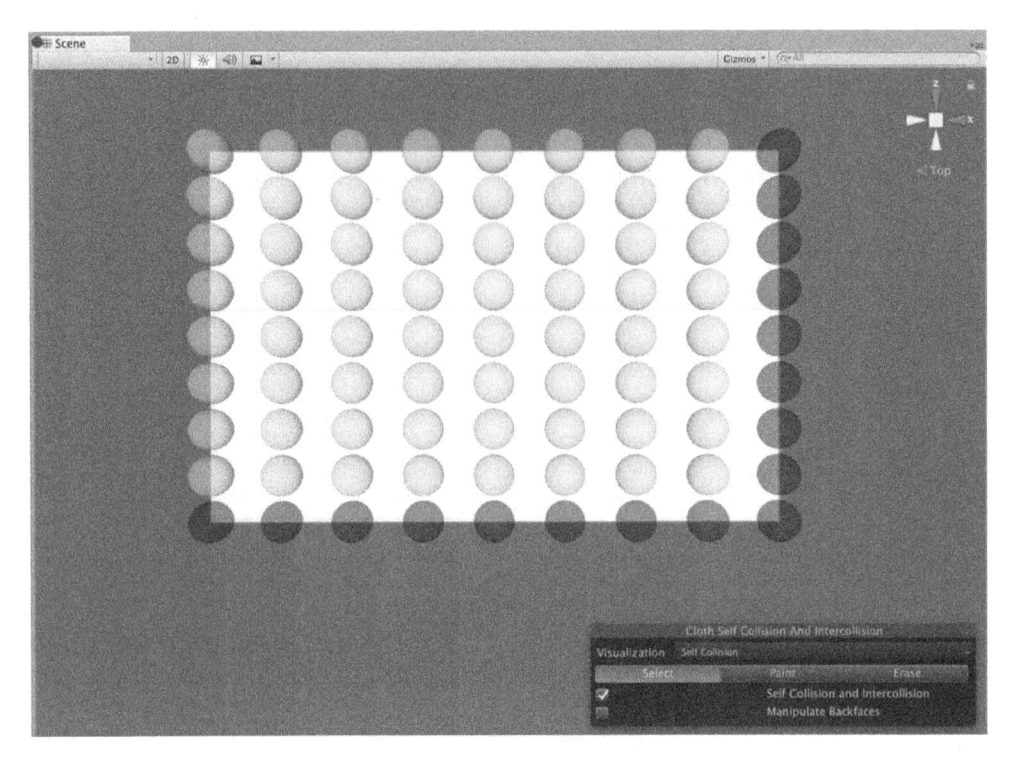

图 6-62　选定粒子为绿色

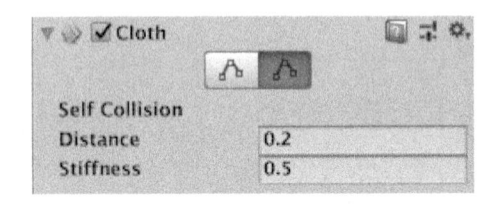

图 6-63　Self Collision 属性的参数

表 6-28　属性与功能

| 属性 | 功能 |
| --- | --- |
| Distance | 每个粒子的包裹球体的直径。Unity 确保这些球体在模拟过程中不会重叠。Distance 属性的值应小于配置中的两个粒子之间的最小距离。如果距离较大，则自碰撞可能违反某些距离约束并导致抖动 |
| Stiffness | 粒子之间的分离冲力的强度。此值由布料解算器进行计算，应足以保持粒子分离 |

自碰撞和互碰撞可能需要大量的总模拟时间，请考虑缩小碰撞距离并使用自碰

撞索引来减少彼此碰撞的粒子数。自碰撞使用顶点，而不是三角形，因此对于三角形远大于布料厚度的网格，不要指望碰撞能够完美运行。

Paint 和 Erase 模式允许通过按住鼠标左键并拖动单个布料粒子来添加或删除用于碰撞的粒子，如图 6-64 所示。

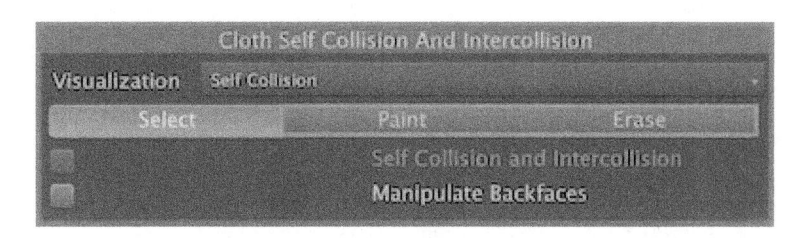

图 6-64　Self Collision 参数

在 Paint 或 Erase 模式下，指定用于碰撞的粒子为绿色，未指定的粒子为黑色，画笔下方的粒子为蓝色，如图 6-65 所示。

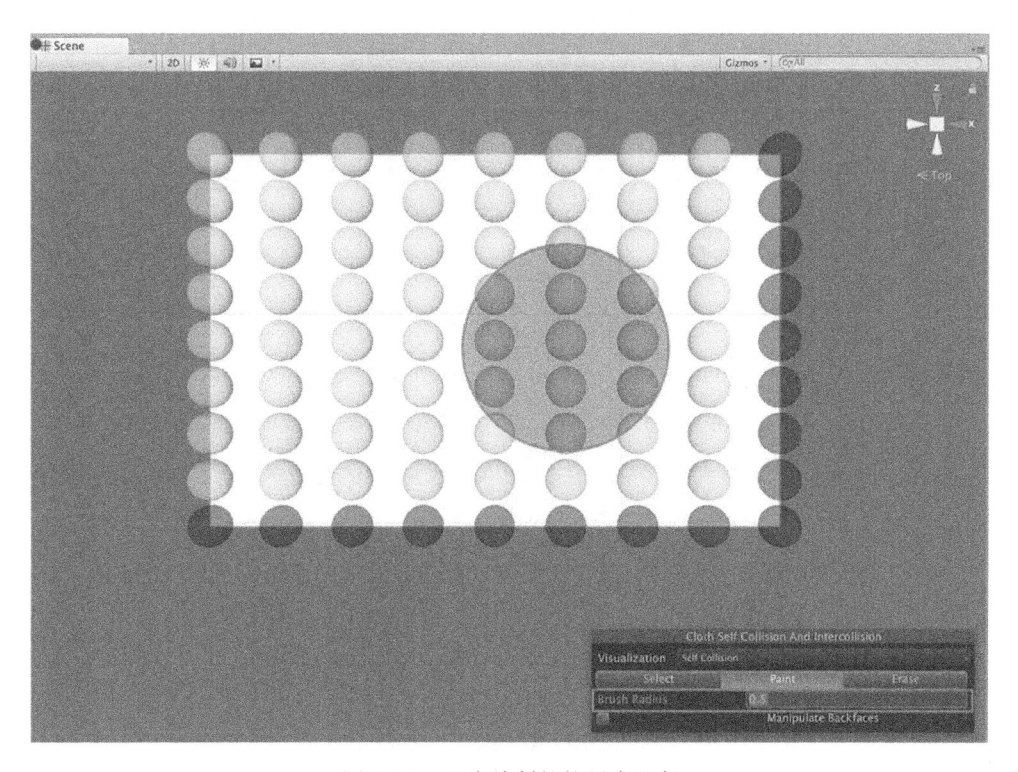

图 6-65　正在绘制的粒子为蓝色

### 6.22.3 布料互碰撞

可使用与指定自碰撞粒子相同的方式（如上所述）为互碰撞指定粒子，与自碰撞一样，可以指定一组用于互碰撞的粒子。

要启用互碰撞行为，请打开 Physics 设置（从 Unity 主菜单中选择：Edit>Project Settings，然后选择 Physics 类别），并在 Cloth InterCollision 部分将 Distance 和 Stiffness 设置为非零值，如图 6-66 所示。

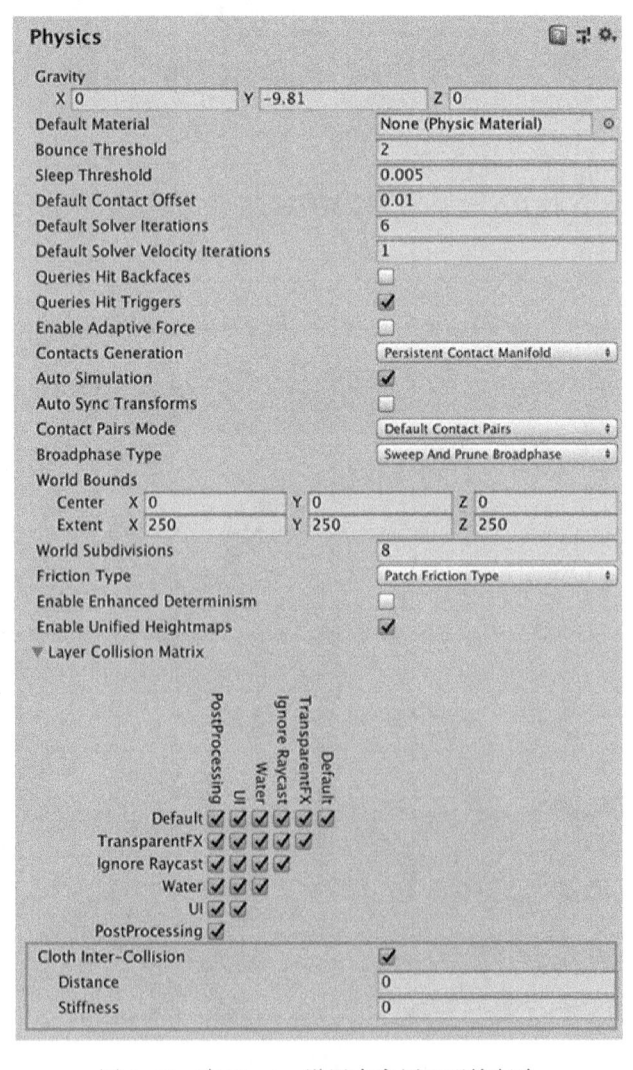

图 6-66　在 Physics 设置中启用互碰撞行为

布料互碰撞的 Distance 和 Stiffness 属性与以上描述的自碰撞的 Distance 和 Stiffness 属性功能相同。

### 6.22.4 碰撞体碰撞

布料无法直接与任意世界几何体碰撞，只会与胶囊碰撞体或球形碰撞体数组中指定的碰撞体相互作用。

球形碰撞体数组可以包含单个有效的 SphereCollider 实例（第二个为 null）或一对实例。在前一种情况下，ClothSphereColliderPair 仅表示待碰撞布料的单个球形碰撞体；在后一种情况下，它表示由两个球体以及连接这两个球体的锥体所定义的圆锥形胶囊形状，圆锥形胶囊形状在对角色的四肢进行建模时非常有用。

## 6.23 车轮碰撞体

车轮碰撞体（Wheel Collider）是一种用于地面交通工具的特殊碰撞体，此碰撞体内置了碰撞检测、车轮物理组件和基于打滑的轮胎摩擦模型，可以用于除车轮以外的其他对象，但专门设计用于有轮的交通工具（图 6-67、图 6-68、表 6-29）。

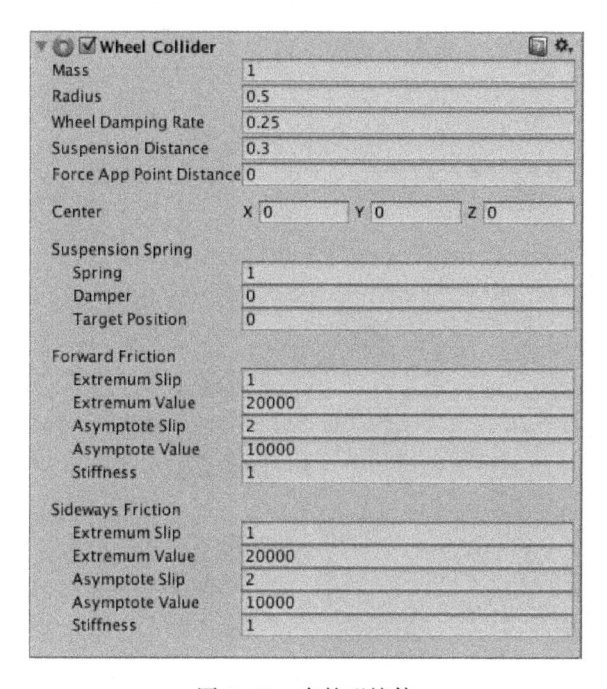

图 6-67　车轮碰撞体

表 6-29 属性与功能

| 属性 | 功能 | | |
|---|---|---|---|
| 质量 | 车轮的质量 | | |
| 半径 | 车轮的半径 | | |
| 车轮阻尼值 | 这是应用于车轮的阻尼值 | | |
| 悬挂距离 | 车轮悬架的最大延伸距离（在局部空间中测量），悬架始终向下延伸穿过局部 Y 轴 | | |
| 强制应用点距离 | 此参数定义车轮上的受力点，此距离应该是距车轮底部静止位置的距离（沿悬架行程方向），以米为单位。当 forceAppPointDistance＝0 时，受力点位于静止的车轮底部。较好的车辆会使受力点略低于车辆质心 | 弹簧力尝试到达目标位置。值越大，悬架达到目标位置就越快 | 抑制悬架速度。值越大，悬架弹簧移动就越慢 |
| 居中 | 车轮在对象局部空间中的中心位置 | | |
| 悬挂弹簧 | 悬架尝试通过增加弹簧力和阻尼力来到达目标位置（Target Position） | | |
| 目标位置 | 悬架沿悬架距离（Suspension Distance）的静止距离。1 对应于完全展开的悬架，0 对应于完全压缩的悬架。默认值为 0.5，与常规汽车的悬架行为匹配 | | |
| 向前/侧面摩擦力 | 车轮向前和侧向滚动时轮胎摩擦的特性。请参阅下面的车轮摩擦曲线部分 | | |

图 6-68 车轮碰撞体（Wheel Collider）组件（汽车模型由 ATI Technologies Inc. 提供）

## 6.23.1 详细信息

通过从中心（Center）向下穿过局部 Y 轴进行射线投射来执行车轮的碰撞检测。车轮具有半径（Radius），并且根据悬架距离（Suspension Distance）向下延伸。通过脚本使用不同属性来控制车辆，这些属性包括：motorTorque、brakeTorque 和 steerAngle。

车轮碰撞体使用基于打滑的摩擦模型计算摩擦力（独立于物理引擎的其余部分），这样可以实现更逼真的行为，但也会导致车轮碰撞体忽略标准物理材质设置。

### 6.23.1.1 车轮碰撞体设置

不必通过转动或滚动 WheelCollider 对象来控制汽车，附加了 WheelCollider 的对象应始终相对于汽车本身固定。但是，可通过转动并滚动图形化的车轮表示。最好的方法是为车轮碰撞体和可见车轮设置单独的对象，如图 6-69 所示。

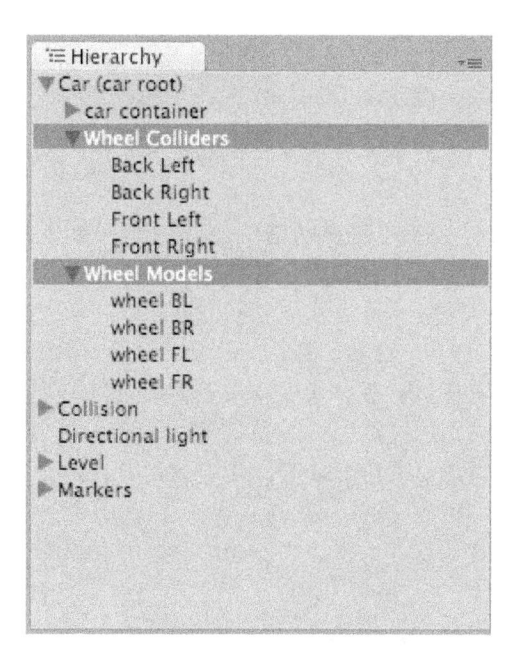

图 6-69 车轮碰撞体（Wheel Colliders）与可见车轮模型（Wheel Models）彼此独立

在播放模式下，WheelCollider 位置的辅助图标图形不会更新，如图 6-70 所示。

### 6.23.1.2 碰撞几何体

因为赛车可以达到很高的速度，所以正确设置赛道碰撞几何体非常重要。具体而言，碰撞网格不应具有构成可见模型（如栅栏杆）的微小凹凸痕迹。通常，用于赛道的碰撞网格与可见网格分开制作，使碰撞网格尽可能平滑。此外不应有薄型对

图 6-70　使用悬架距离 0.15 的 WheelCollider 辅助图标在运行时的位置

象,如果有薄型轨道边界,请在碰撞网格中使其加宽(如果汽车绝不会到达该处,应完全移除另一侧),如图 6-71 所示。

图 6-71　碰撞几何体

### 6.23.1.3　车轮摩擦曲线

车轮摩擦曲线可以描述轮胎摩擦,车轮的前进(滚动)方向和侧向方向有单独的曲线。在这两个方向上,首先确定轮胎打滑的程度(基于轮胎橡胶和道路之间的速度差异),然后,将该打滑值用于计算施加在接触点上的轮胎力。

曲线以轮胎打滑的度量值作为输入,并以力作为输出。曲线由包含两部分的样条图近似模拟；第一部分从（0，0）到（ExtremumSlip，ExtremumValue），目标点处曲线的正切值为零；第二部分从（ExtremumSlip，ExtremumValue）到（AsymptoteSlip，AsymptoteValue），目标点处曲线的正切值再次为零，如图6-72、表6-30所示。

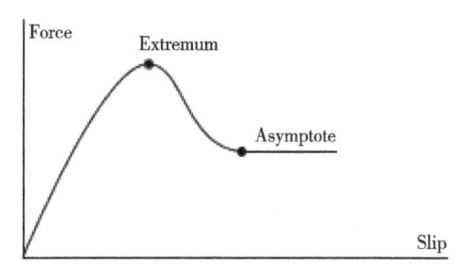

图6-72 车轮摩擦曲线的典型形状

根据真实轮胎的特性，在低打滑条件下，轮胎可能会施加很大的力，因为橡胶会通过拉伸来补偿打滑。随后，当打滑变得非常高时，随着轮胎开始滑动或旋转，力会减小。因此，轮胎摩擦曲线的形状与上图相似。

表6-30 属性与功能

| 属性 | 功能 |
| --- | --- |
| Extremum Slip/Value | 曲线的极值点 |
| Asymptote Slip/Value | 曲线的渐近点 |
| Stiffness | Extremum Value 和 Asymptote Value 的乘数（默认值为1）。改变摩擦力的刚度，将此值设置为零将完全禁用车轮的所有摩擦力。通常在运行时修改刚度以使用脚本来模拟各种地面材质 |

## 6.23.2 提示

在 Time 窗口中降低物理时间步长长度以获得更稳定的汽车物理特性，特别是在高速赛车的情况下。

为防止汽车太容易翻转，可以通过脚本稍微降低其刚体质心，并施加取决于汽车速度的"下压"力。

## 6.24 地形碰撞体

地形碰撞体（Terrain Collider）实现了一个碰撞表面，其形状与其所附加到的

187

Terrain 对象相同。如图 6-73、表 6-31 所示。

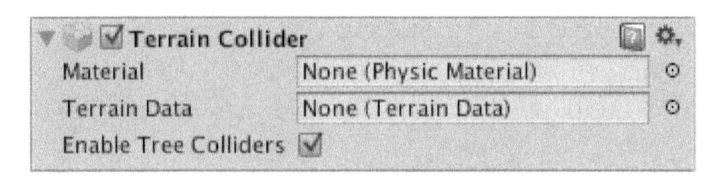

图 6-73 地形碰撞体

表 6-31 属性与功能

| 属性 | 功能 |
| --- | --- |
| Material | 引用物理材质，可确定该碰撞体与其他对象的交互方式 |
| Terrain Data | 地形数据 |
| Enable Tree Colliders | 选中此属性时，将启用树碰撞体 |

应注意，Unity 5.0 之前的版本中，地形碰撞体具有 Smooth Sphere Collisions 属性，用于改善地形和球体之间的相互作用。此属性现已废弃，因为平滑交互是物理引擎的标准行为，将其关闭没有特别的优势。

## 6.25　物理材质

物理材质（Physic Material）用于调整碰撞对象的摩擦力和反弹效果。要创建物理材质，请从菜单栏中选择 Assets＞Create＞Physic Material，然后将物理材质从 Project 视图拖入场景中的碰撞体，如图 6-74、表 6-32 所示。

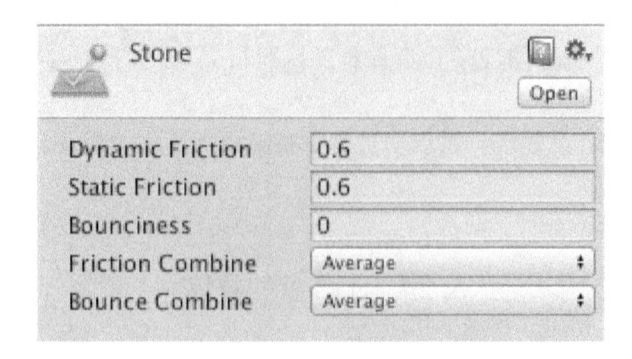

图 6-74 物理材质

表 6-32 属性与功能

| 属性 | 功能 |
| --- | --- |
| Dynamic Friction | 已在移动时使用的摩擦力,通常为 0 到 1 之间的值,值为零则表面就像冰一样,值为 1 将使对象迅速静止(除非用很大的力或重力推动对象) |
| Static Friction | 当对象静止在表面上时使用的摩擦力,通常为 0 到 1 之间的值,值为零则表面就像冰一样,值为 1 将导致很难让对象移动 |
| Bounciness | 值为 0 将不会反弹,值为 1 将在反弹时不产生任何能量损失,预计会有一些近似值,但可能只会给模拟增加少量能量 |
| Friction Combine | 两个碰撞对象的摩擦力的组合方式 |
| -Average | 对两个摩擦值求平均值 |
| -Minimum | 使用两个值中的最小值 |
| -Maximum | 使用两个值中的最大值 |
| -Multiply | 两个摩擦值相乘 |
| Bounce Combine | 两个碰撞对象的弹性的组合方式。其模式与 Friction Combine 模式相同 |

摩擦力是防止表面相互滑落的量。尝试堆叠对象时,此值很重要。摩擦力有两种形式:动态和静态。对象静止时使用静态摩擦力,静态摩擦力会阻止对象开始移动,如果向对象施加足够大的力,对象将开始移动,随后,动态摩擦力将发挥作用,动态摩擦力将尝试在与另一个对象接触时减慢对象的速度。

当两个对象接触时,根据所选择的模式对它们两者施加相同的弹性和摩擦力效果。当两个接触的碰撞体具有不同的组合模式设置时,存在一种特殊情况,在这种特殊情况下,使用具有最高优先级的函数,优先级顺序如下:Average<Minimum<Multiply<Maximum。例如,如果一种材质设置了 Average,但另一种材质设置了 Maximum,那么要使用的组合函数是 Maximum,因为它具有更高的优先级。

Nvidia PhysX 引擎使用的摩擦力模型针对模拟的性能和稳定性进行了调整,并不一定代表真实物理的高度近似值。具体而言,大于单个点的接触面(如两个相互叠放在一起的盒子)将计算为具有两个接触点,其摩擦力将是现实世界物理学中的两倍。在这种情况下,可将摩擦系数乘以 0.5 以获得更真实的结果。同样的逻辑适用于弹性模型。由于各种模拟细节(如位置校正),Nvidia PhysX 无法保证完美的能量守恒效果,因此,如果受重力影响的对象的弹性值为 1,并与弹性为 1 的地面碰撞,则对象的弹跳高度应该会高于初始位置。

## 6.26 物理系统操作方法

本部分列出了 Unity 中常见的物理系统相关任务并说明如何执行这些任务。

### 6.26.1 布娃娃向导

Unity 有一个简单的向导可用于快速创建布娃娃，只需在向导中的各种属性上拖动不同的肢体即可，然后，选择 Create，Unity 便会自动生成构成布娃娃的所有碰撞体、刚体和关节。

#### 6.26.1.1 创建角色

布娃娃使用蒙皮网格，这是在 3D 建模应用程序中使用骨骼装配的角色网格。因此，必须在 Autodesk® Maya® 等 3D 软件包中构建布娃娃角色。

创建角色并进行装配后，将资源正常保存在 Project 文件夹中。切换到 Unity 时，可看到该角色资源文件，选择该文件，然后 Inspector 中将显示 Import Settings 对话框。确保未启用 Mesh Colliders。

#### 6.26.1.2 使用向导

将实际的源资源变成一个布娃娃，这将需要修改源资源文件，因此是不可能的。正确的做法是将角色资源的实例变成一个布娃娃，然后保存为预制件以供重复使用。

创建角色实例的方法是将角色从 Project 视图拖动到 Hierarchy 视图。单击层级视图中实例名称左侧的小箭头，展开其变换层级视图。从菜单栏中选择 GameObject>3D Object>Ragdoll… 以打开布娃娃向导，如图 6-75 所示。

为布娃娃分配部件的过程需将角色实例的不同变换拖动到向导上的相应属性，如果已自行创建角色资源，此过程则十分容易。完成后，单击 Create 按钮。现在进入播放模式时，会看到角色像布娃娃一样跛行。最后一步是将设置的布娃娃保存为预制件。从菜单栏中选择 Assets>Create>Prefab，随后将看到在 Project 视图中显示了一个新预制件（New Prefab），将该预制件重命名为"Ragdoll Prefab"，将布娃娃角色实例从层级视图拖动到"Ragdoll Prefab"上。此时，有了一个完整设置并可重复使用的布娃娃角色，可在游戏中任意多次使用。

对于通过布娃娃向导制作的角色关节，关节的扭转轴与肢体的最大摆动轴对应，关节的 Swing 1 轴与肢体的较小摆动轴对应，而关节的 Swing 2 表示扭转肢体。采用这种命名方案是为了沿用旧版。

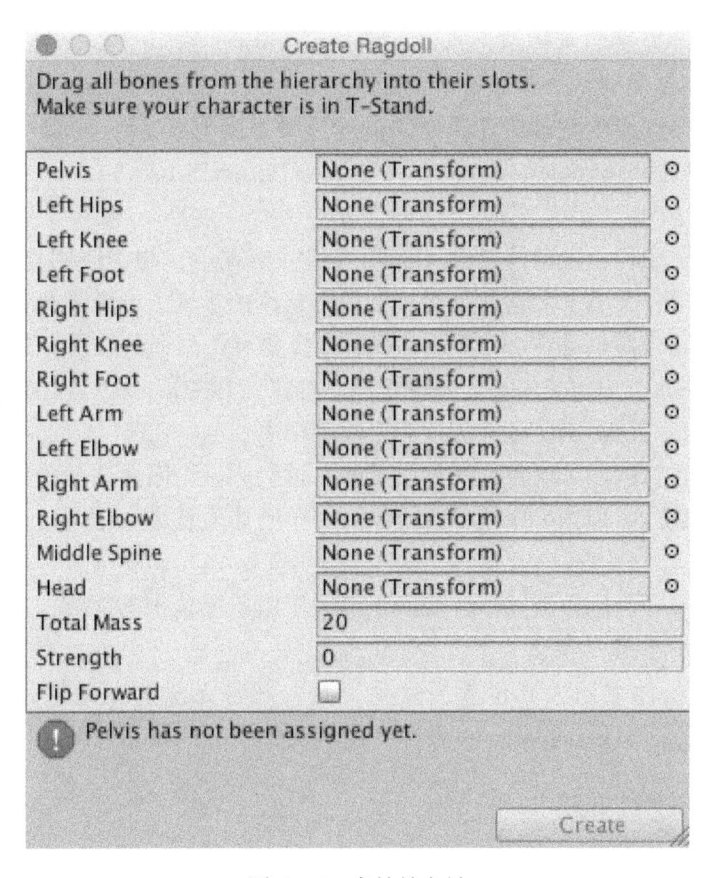

图 6-75 布娃娃向导

## 6.26.2 关节和布娃娃稳定性

避免将 Angular Y Limit 和 Angular Z Limit 设置为较小的关节角度。根据具体设置，为了保持稳定，最小角度应在 5 到 15 度。尝试将角度设置为零，而不是使用小角度，这样会锁定轴并提供稳定的模拟。

取消选中关节的 Enable Preprocessing 属性。通过禁用预处理，可在关节被强制进入无法满足关节约束条件的情况时帮助防止关节不规律地分离或移动。如果通过关节连接的刚体组件被静态碰撞几何体拉开（如在墙内不完整生成布娃娃），则会发生这种情况。

在极端情况下（如在墙内不完整生成布娃娃或用大力推动布娃娃），关节解算器无法将布娃娃的刚体组件保持在一起，这种情况下可能导致拉伸。要解决此问题，请使用 ConfigurableJoint.projectionMode 或 CharacterJoint.enableProjection 在关节上启用投影。

如果与关节连接的刚体组件抖动，请打开 Physics 窗口（Edit>Project Settings，然后选择 Physics 类别）并尝试将 Default Solver Iterations 值增加到 10 到 20 之间。

如果与关节连接的刚体组件未准确响应反弹，请打开 Physics 窗口（Edit>Project Settings，然后选择 Physics 类别）并尝试将 Default Solver Velocity Iterations 值增加到 10 到 20 之间。

在运动刚体组件由关节连接到其他刚体组件情况下，切勿使用直接变换访问，这样做会跳过 PhysX 计算相应刚体组件的内部速度的步骤，导致解算器提供意外的结果。常见的错误案例是在 2D 项目中使用直接变换访问通过在骨架的根节点上更改 Transform. TransformDirection 来翻转角色。如果改用 Rigidbody2D. MovePosition 和 Rigidbody2D. MoveRotation，那么此行为会改善很多。

避免关节连接的刚体组件之间的质量差异过大。一个刚体质量是另一个刚体质量的两倍是可以的，但当一个刚体质量是另一个刚体质量的十倍时，模拟就会变得不稳定。

尽量避免在包含刚体或关节的变换组件中使用不等于 1 的缩放，这样的缩放不可能在所有情况下都可靠。

如果刚体组件在插入到世界后发生重叠，并且无法避免重叠，请尝试降低 Rigidbody. maxDepenetrationVelocity 使刚体组件更加平滑地相互退出。

### 6.26.3 车轮碰撞体教程

车轮碰撞体（Wheel Collider）组件由 PhysX 3 车辆 SDK 提供支持。

首先选择 GameObject>3D Object>Plane，这是汽车行驶的地面。简单起见，请确保地面的变换为 0（在 Inspector 窗口的 Transform 组件上，单击 Settings 齿轮，然后单击 Reset），将 Transform 组件的 Scale 字段增大到 100 以放大平面。

#### 6.26.3.1 创建一个基本的汽车骨架

首先，添加一个游戏对象作为汽车的根游戏对象。为此，请选择 GameObject>Create Empty，将游戏对象的名称更改为 car_root，向 car_root 中添加一个 3D 物理刚体组件。对于默认悬架设置而言，默认质量 1kg 太轻，请将其更改为 1500kg 以大幅增加其质量。然后，创建汽车车身碰撞体，选择 GameObject>3D Object>Cube，将此立方体设为 car_root 下面的一个子游戏对象，将 Transform 重置为 0 以使其在局部空间中完美对齐，汽车沿 Z 轴定向，因此请将 Transform 中的 Z Scale 设置为 3。添加车轮根节点，依次选择 car_root 和 GameObject>Create Empty Child，将名称更改为 wheels，重置其中的 Transform 组件，此游戏对象不是必需的，但对于后面的调整和调试很有用。要创建第一个车轮，请选择 wheels 游戏对象，然后选择 GameObject>Create Empty Child，并将其命名为 frontLeft，重置 Transform 组件，然后将 Transform

Position X 设置为-1，将 Y 设置为 0，并将 Z 设置为要向车轮添加碰撞体，请选择 Add component>Physics>Wheel Collider，复制 frontLeft 游戏对象，将 Transform 的 X 位置更改为 1，将名称更改为 frontRight，同时选择 frontLeft 和 frontRight 游戏对象，复制这两个游戏对象，将这两个游戏对象的 Transform Z 位置更改为-1，将名称分别更改为 rearLeft 和 rearRight。最后，选择 car_ root 游戏对象，并使用移动工具将其抬高到略高于地面的位置。

现在应该能看到如图 6-76 所示的结果。

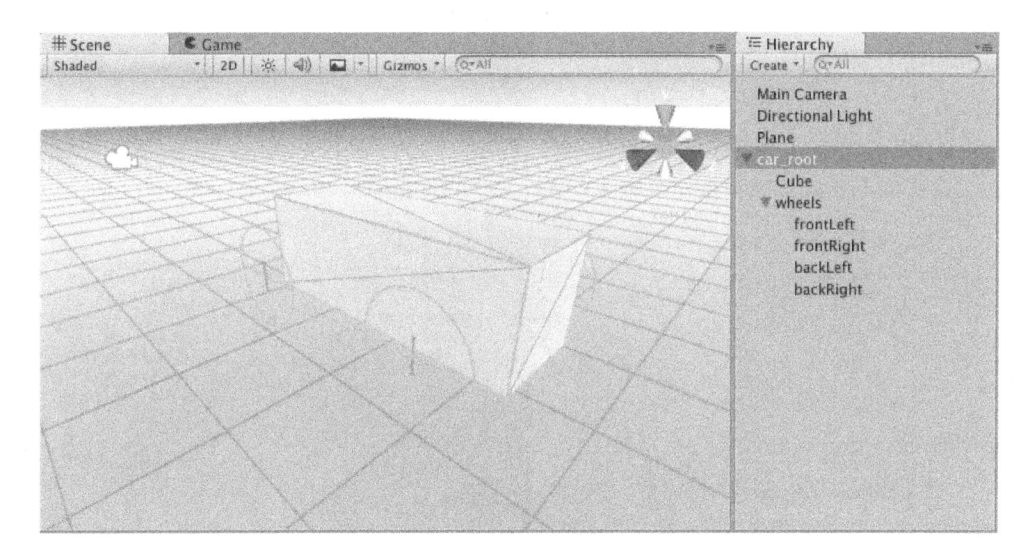

图 6-76 创建一个基本的汽车骨架

为了使这辆车真正可驾驶，需要为其编写一个控制器，以下代码示例将用作控制器：

using UnityEngine；

using System. Collections；

using System. Collections. Generic；

public class SimpleCarController：MonoBehaviour｛

  public List<AxleInfo>axleInfos；//关于每个轴的信息

  public float maxMotorTorque；//电机可对车轮施加的最大扭矩

  public float maxSteeringAngle；//车轮的最大转向角

  public void FixedUpdate（）

```
        }
                float motor = maxMotorTorque * Input.GetAxis("Vertical");
                float steering = maxSteeringAngle * Input.GetAxis("Horizontal");

                foreach(AxleInfo axleInfo in axleInfos){
                    if(axleInfo.steering){
                        axleInfo.leftWheel.steerAngle = steering;
                        axleInfo.rightWheel.steerAngle = steering;
                    }
                    if(axleInfo.motor){
                        axleInfo.leftWheel.motorTorque = motor;
                        axleInfo.rightWheel.motorTorque = motor;
                    }
                }
            }
        }


[System.Serializable]
    public class AxleInfo{
        public WheelCollider leftWheel;
        public WheelCollider rightWheel;
        public bool motor;//此车轮是否连接到电机?
        public bool steering;//此车轮是否施加转向角?
    }
```

在 car_root 游戏对象上创建新的 C#脚本（Add Component>New Script），将该示例代码复制到脚本文件中并保存。可以按如下所示调整脚本参数，尝试使用不同设置并进入播放模式以测试结果。图 6-77 所示设置作为汽车控制器非常有效，过程中请确保增大 AxleInfo 的 size。

单个车辆实例上最多可以有 20 个车轮，每个车轮都施加转向、电机或制动扭矩。车轮碰撞体不会将模拟的车轮位置和旋转反向应用于车轮碰撞体的变换，因此添加可视车轮需要一些技巧。可以用圆柱体制作简单的车轮形状，制作车轮后必须在脚本属性中手动分配可视车轮，或者编写一些逻辑来自动查找相应的可视车轮。本文遵循第二种方法，将可视车轮附加到车轮碰撞体游戏对象。

接下来，更改控制器脚本：

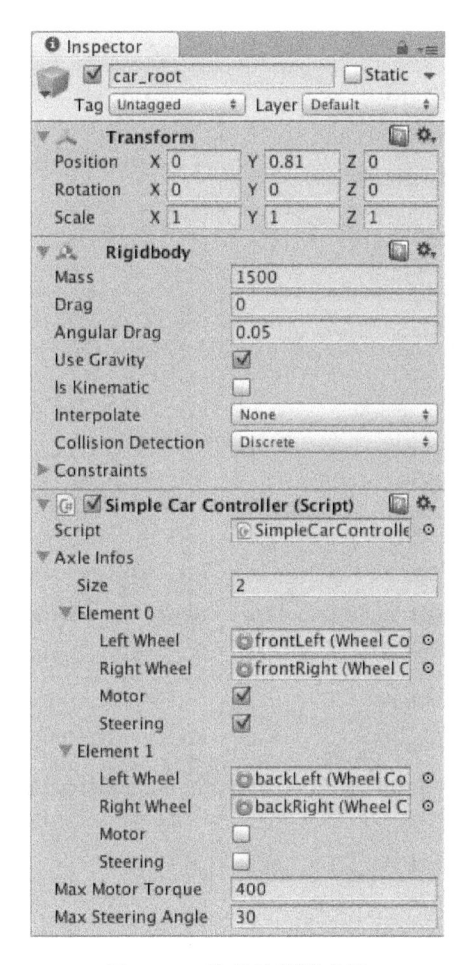

图 6-77 汽车控制器参数

using UnityEngine;
using System. Collections;
using System. Collections. Generic;

[System. Serializable]
public class AxleInfo{
　　public WheelCollider leftWheel;
　　public WheelCollider rightWheel;
　　public bool motor;
　　public bool steering;
}

```
public class SimpleCarController:MonoBehaviour{
    public List<AxleInfo>axleInfos;
    public float maxMotorTorque;
    public float maxSteeringAngle;

    //查找相应的可视车轮
    //正确应用变换
    public void ApplyLocalPositionToVisuals(WheelCollider collider)
    {
        if(collider.transform.childCount==0){
            return;
        }

        Transform visualWheel=collider.transform.GetChild(0);

        Vector3 position;
        Quaternion rotation;
        collider.GetWorldPose(out position,out rotation);

        visualWheel.transform.position=position;
        visualWheel.transform.rotation=rotation;
    }

    public void FixedUpdate()
    {
        float motor=maxMotorTorque*Input.GetAxis("Vertical");
        float steering=maxSteeringAngle*Input.GetAxis("Horizontal");

        foreach(AxleInfo axleInfo in axleInfos){
            if(axleInfo.steering){
                axleInfo.leftWheel.steerAngle=steering;
                axleInfo.rightWheel.steerAngle=steering;
            }
            if(axleInfo.motor){
```

```
            axleInfo.leftWheel.motorTorque = motor;
            axleInfo.rightWheel.motorTorque = motor;
        }
        ApplyLocalPositionToVisuals(axleInfo.leftWheel);
        ApplyLocalPositionToVisuals(axleInfo.rightWheel);
    }
}
```

车轮碰撞体组件的一个重要参数是 Force App Point Distance，此参数是从静止车轮的底部到车轮受力点的距离，默认值为 0，表示在静止车轮的底部施加力，更好的做法是将此点定位在略低于汽车质心的位置。

### 6.26.4 注意

要查看车轮碰撞体的实际应用（图 6-78），请下载 Vehicle Tools 资源包，其中包含了用于装配轮式车辆以及为车轮碰撞体创建悬架的工具。

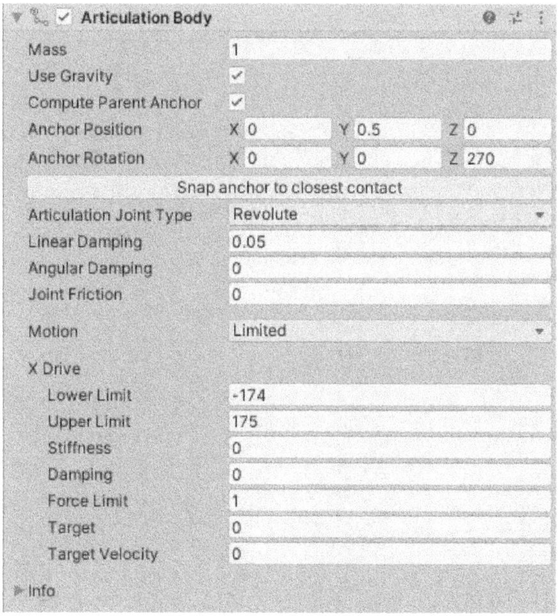

图 6-78 车轮碰撞体组件

# 第七章 场馆中的漫游

虚拟场景中展示和漫游的主要组件就是摄像机。通过自定义和操纵摄像机，可以让自己的游戏呈现出真正的独特性。在场景中可拥有无限数量的摄像机，这些摄像机可设置为以任何顺序在屏幕上任何位置或仅在屏幕的某些部分进行渲染。

## 7.1 摄像机的属性

摄像机的属性见图 7-1。

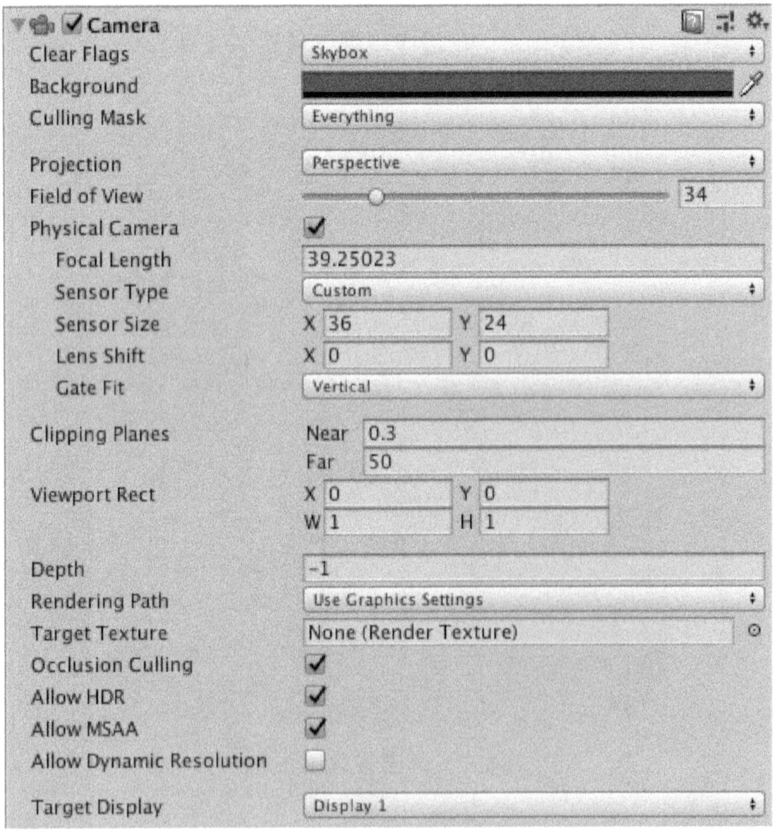

图 7-1 摄像机的属性

（1）Clear Flags  确定将清除屏幕的哪些部分。使用多个摄像机来绘制不同游戏元素时十分方便。

（2）Background  在绘制视图中的所有元素之后但没有天空盒的情况下，应用于剩余屏幕部分的颜色。

（3）Culling Mask  包含或忽略要由摄像机渲染的对象层。在检视面板中将层分配到对象。

（4）Projection  切换摄像机模拟透视的功能。

（5）Focal Length  设置摄像机传感器和摄像机镜头之间的距离（以毫米为单位）。较小的值产生更宽的 Field of View，反之亦然。更改此值时，Unity 会相应自动更新 Field of View 属性。

（6）Sensor Type  指定希望摄像机模拟的真实摄像机格式。从列表中选择所需的格式。

（7）选择摄像机格式时，Unity 会自动将 Sensor Size>X 和 Y 属性设置为正确的值。如果手动更改 Sensor Size 值，Unity 会自动将此属性设置为 Custom。

（8）Sensor Size  设置摄像机传感器的大小（以毫米为单位）。选择 Sensor Type 时，Unity 会自动设置 X 和 Y 值。如果需要，可以输入自定义值。

（9）Vertical  使分辨率门适应胶片门的高度。如果传感器宽高比大于 Game 视图宽高比，Unity 会在两侧裁剪渲染的图像。如果传感器宽高比小于 Game 视图宽高比，Unity 会在两侧对渲染的图像进行扫描。选择此设置时，更改传感器宽度（Sensor Size>X 属性）不会影响渲染的图像。

（10）Horizontal  使分辨率门适应胶片门的宽度。如果传感器宽高比大于 Game 视图宽高比，Unity 会在顶部和底部对渲染的图像进行扫描。如果传感器宽高比小于 Game 视图宽高比，Unity 会在顶部和底部裁剪渲染的图像。选择此设置时，更改传感器高度（Sensor Size>Y 属性）不会影响渲染的图像。

（11）Fill  使分辨率门适应胶片门的宽度或高度（以较小者为准），这会裁剪渲染的图像。Overscan 使分辨率门适应胶片门的宽度或高度（以较大者为准），这会过扫描（overscan）渲染的图像。None 忽略分辨率门，仅使用胶片门，这会拉伸渲染的图像以适应 Game 视图宽高比。Clipping Planes 开始和停止渲染位置到摄像机的距离。

（12）Near  相对于摄像机的最近绘制点。

（13）Far  相对于摄像机的最远绘制点。

（14）Target Texture  引用将包含摄像机视图输出的渲染纹理。设置此引用将禁用此摄像机的渲染到屏幕功能。

（15）Occlusion Culling  为此摄像机启用高动态范围渲染。请参阅遮挡剔除

(Occlusion Culling)以了解详细信息

（16）Allow HDR　为此摄像机启用高动态范围渲染。请参阅高动态范围渲染以了解详细信息。

（17）Allow MSAA　为此摄像机启用多重采样抗锯齿。

（18）Allow Dynamic Resolution　为此摄像机启用动态分辨率渲染。请参阅动态分辨率以了解详细信息。

（19）Target Display　定义要渲染到的外部设备。值为1~8之间。

## 7.2　摄像机的应用

摄像机渲染视图时，会缓存颜色和深度信息，绘制出来的图像中那部分没有被绘制到的部分是空白，默认会显示天空盒的颜色。使用天空盒填充空白部分，默认使用渲染设置［Window-Rendering-Lighting Settings］中的天空盒，若渲染设置也没有设置天空盒，则会使用背景颜色。常用的操作是通过WASD来前后左右移动摄像机，通过QE可以抬升下降，按住Shift可以加速。通过鼠标滚轮可以缩放视图，鼠标按下鼠标右键并移动，可以旋转摄像机。

```
public Camera camera_;
//摄像机移动速度和旋转灵敏度
public float mouseSenstivity=100;
public float speed=5;
void Update()
{
    //键盘控制摄像机移动
    Move_Update();

    //鼠标滚轮控制场景缩放
    MousewheelZoom_Update();

    //鼠标右键控制场景旋转
    MousergihtRot_Update();
}
private void Move_Update()
{
```

```
        if( Input. GetKey( KeyCode. W) )
        {
            camera_. transform. Translate( Vector3. forward * Time. deltaTime * speed) ;
        }
        if( Input. GetKey( KeyCode. S) )
        {
            camera_. transform. Translate( Vector3. back * Time. deltaTime * speed) ;
        }
        if( Input. GetKey( KeyCode. A) )
        {
            camera_. transform. Translate( Vector3. left * Time. deltaTime * speed) ;
        }
        if( Input. GetKey( KeyCode. D) )
        {
            camera_. transform. Translate( Vector3. right * Time. deltaTime * speed) ;
        }
        if( Input. GetKey( KeyCode. Q) )
        {
            camera_. transform. Translate( Vector3. up * Time. deltaTime * speed) ;
        }
        if( Input. GetKey( KeyCode. E) )
        {
        camera_. transform. Translate( Vector3. down * Time. deltaTime * speed) ;
        }

}
private void MousewheelZoom_Update( )
{
    if( Input. GetAxis( "Mouse ScrollWheel" ) <0)
    {
        camera_. fieldOfView+ = 2;
    }
    if( Input. GetAxis( "Mouse ScrollWheel" ) >0)
    {
```

```
                camera_.fieldOfView-=2;
            }
        }
        private void MousergihtRot_Update()
        {
            if(Input.GetMouseButton(1))
            {
                //X 轴控制上下旋转,Y 轴控制左右旋转
                float mouseX = Input.GetAxis("Mouse X") * Time.deltaTime * mouseSenstivity;
                float mouseY = Input.GetAxis("Mouse Y") * Time.deltaTime * mouseSenstivity;

                //注意这里因为 X 轴是控制上下的,Y 轴是控制左右的
                //而 mouseX 返回的是屏幕的左右值,所有他俩调换了一下
                //又因为 mouseY 向下为负值,而摄像机 Y 轴向下则为正值,则对 mouseY 进行了一个取反。
                //这里要是理解不了,推荐看参考资料的第一篇博文,总结了 Unity 相关的移动控制方法。
                camera_.transform.Rotate(new Vector3((0f-mouseY),mouseX,0));
            }
        }
```

## 7.3 使用正交投影做 2DUI

（1）首先创建一个正交摄像机，自己点挂载一个 UI 节点，移动到 Game 视图以外。

（2）正交摄像机只显示 UI 层的物体，也就是 UI 节点所在的层（Depth2）。

（3）把透视摄像机背景设置为 Dont clear。

（4）在透视摄像机的显示的层中，去除 UI 层（Depth1）。

（5）这时候就同时显示透视界面的画面和 UI 画面。

（6）把完全不在视椎内的物体排除掉叫视椎裁剪，用途是剔除掉不在摄像机中的物体。

（7）把模型的世界坐标转化为摄像机坐标，摄像机坐标系是以摄像机为原点，X、Y、Z 轴在点击摄像机节点的时候都会显示。

（8）把以摄像机为原点的物体的摄像机 3D 坐标转为 2D 坐标，使用的是相似三角形，以 Z/Z1 为比例。

# 第八章　展馆中的动画

展馆通过对视频、音频、动画、图片、文字等媒体加以组合应用，深度挖掘展览陈列对象所蕴含的背景、意义，实现普通陈列手段难以做到的既有纵向深入解剖，又有横向关联扩展的动态展览形式，促进观众视觉、听觉及其他感官和行为的配合，创造崭新的参观体验，提高其观赏、探索的兴趣，从而最大程度领略展览设计者的意图。因此形象生动的动画系统已成为展览陈列艺术中一种新兴的重要表现形式。

目前展馆中常用的动画系统主要包括：多媒体投影沙盘、虚拟讲解员、全景成像、百米长卷、环幕影院、多媒体故事墙等。虚拟展馆展览陈列的设计要"从展品出发，以观众为中心"，积极调动起观众参与的兴趣，从而潜移默化地传递过往历史发展过程的信息、启迪对未来社会发展的思考。

Unity 有一个丰富而复杂的动画系统——"Mecanim"。该系统具有以下功能：

（1）为 Unity 的所有元素（包括对象、角色和属性）提供简单工作流程和动画设置。

（2）支持导入的动画剪辑以及 Unity 内创建的动画。

（3）人形动画重定向能够将动画从一个角色模型应用到另一角色模型。

（4）对齐动画剪辑的简化工作流程。

（5）方便预览动画剪辑以及它们之间的过渡和交互。因此，动画师与工程师之间的工作更加独立，使动画师能够在挂入游戏代码之前为动画构建原型并进行预览。

（6）提供可视化编程工具来管理动画之间的复杂交互。

（7）以不同逻辑对不同身体部位进行动画化。

（8）分层和遮罩功能。

## 8.1　动画工作流程

Unity 的动画系统基于动画剪辑的概念。动画剪辑包含某些对象应如何随时间改变其位置、旋转或其他属性的相关信息，每个剪辑可视为单个线性录制，来自外部的动画剪辑由美术师或动画师使用第三方工具（例如，Autodesk® 3ds Max®或 Autodesk® Maya®）创建而成，或者来自动作捕捉工作室或其他来源。

然后，动画剪辑将编入称为 Animator Controller 的一个类似于流程图的结构化系统中。Animator Controller 充当"状态机"，负责跟踪当前应该播放哪个剪辑以及动画应该何时改变或混合在一起。一个非常简单的 Animator Controller 可能只包含一个或两个剪辑，例如，使用此剪辑来控制能量块旋转和弹跳，或设置正确时间开门和关门的动画。一个更高级的 Animator Controller 可包含用于主角所有动作的几十段人形动画，并可同时在多个剪辑之间进行混合，从而当玩家在场景中移动时可为玩家提供流畅的动作。

Unity 的动画系统还具有用于处理人形角色的许多特殊功能，这些功能可让人形动画从任何来源（例如，动作捕捉、Asset Store 或某个其他第三方动画库）重定向到角色模型中，并可调整肌肉定义。这些特殊功能由 Unity 的替身系统启用，在此系统中，人形角色会被映射到一种通用的内部格式中。

所有这些部分（动画剪辑、Animator Controller 和 Avatar）都通过 Animator 组件一起附加到某个游戏对象上，该组件引用了 Animator Controller，并（在必需时）引用此模型的 Avatar。Animator Controller 又进一步包含所使用的动画剪辑的引用（图 8-1）。

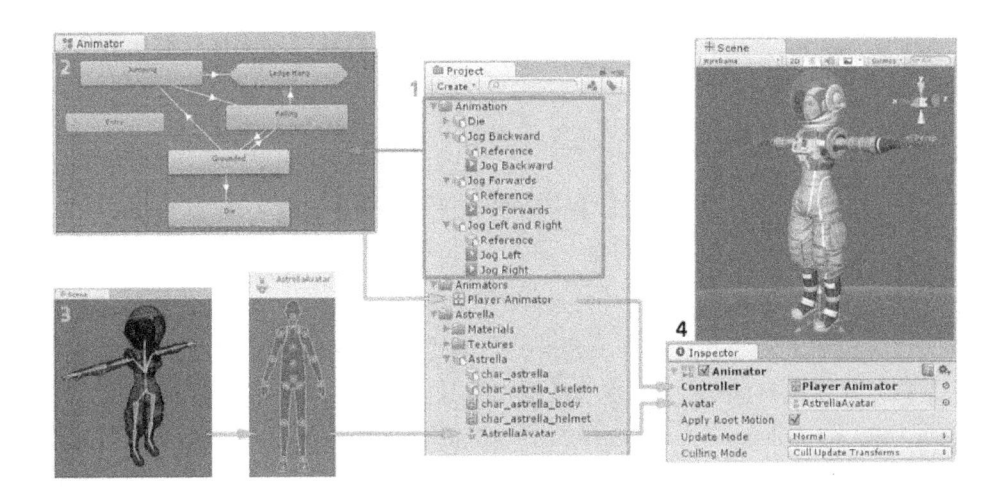

图 8-1　动画工作流程

图 8-1 显示了以下内容：

（1）动画剪辑是从外部来源导入的或在 Unity 内创建的，在此示例中，它们是导入的动作捕捉人形动画。

（2）动画剪辑显示并排列在 Animator Controller 中，因此，在 Animator 窗口中会显示 Animator Controller 的视图，状态（可表示动画或嵌套的子状态机）显示为通过线条连接的节点。此 Animator Controller 作为资源存在于 Project 窗口中。

（3）骨架角色模型（在本示例中为宇航员"Astrella"）具有映射到 Unity 常见替身格式骨骼的特定配置，此映射作为导入的角色模型的一部分存储为 Avatar 资源，并且在 Project 窗口中显示（如图 8-1 所示）。

（4）对角色模型进行动画化时，角色模型会附带一个 Animator 组件，在图 8-1 所示的 Inspector 视图中，可以看到一个 Animator 组件，该组件已被分配了 Animator Controller 和替身，Animator 将这些一起用于对模型的动画化过程，仅在对人形角色进行动画化时，才需要引用 Avatar。对于其他动画类型，只需 Animator Controller。

## 8.2　相关术语

Animation Clip：动画剪辑。可用于动画角色或简单动画的动画数据，这是一种简单的单位动作，例如"空闲""行走"或"奔跑"（其中一个具体实例）。

Animation Curves：动画曲线。曲线可以附加到动画剪辑，并由游戏中的各种参数控制。

Avatar Mask：Avatar 遮罩。为骨架指定要包含或排除哪些身体部位，在动画层和导入器中使用。

## 8.3　Animation 编辑器

在场景中加入动态的物体，可以让整个场景更加生动、真实。Unity 场景中的物体可以通过制作动画，让物体动起来。简单的动画如物体的移动、旋转（旋转的风扇、闪烁不定的灯泡等），复杂的动画如游戏中角色的动作、面部表情等。

在 Unity 的 Animation 窗口中还可以创建和编辑动画剪辑，这些剪辑可针对以下各项设置动画：

（1）游戏对象的位置、旋转和缩放。
（2）组件属性，例如材质颜色、光照强度、声音音量。
（3）自定义脚本中的属性，包括浮点、整数、枚举、矢量和布尔值变量。
（4）自定义脚本中调用函数的时机。

### 8.3.1　Unity 动画来源

Unity 中的动画主要有 3 种来源：
（1）在 Unity 引擎中制作动画。

（2）从外部工具（如 3ds Max、Maya 等）导入动画。
（3）使用代码制作的动画。

Unity 中内置了强大的动画系统，可以支持在 Unity 内制作动画，也支持从外部导入动画。动画系统基于一种名为 Animation Clip（动画剪辑）的资源，这些资源以文件的形式存在工程中，这些文件内的数据记录了物体如何随着时间移动、旋转、缩放，物体上的属性如何随着时间变化。每一个 Clip 文件是一段动画。这些动画可以在 Unity 中直接制作，也可以在 3D 建模软件中制作并导入 Unity 中。

### 8.3.2 在 Unity 中制作动画

在 Unity 中制作动画需要用到 Animation 窗口，可以通过菜单栏 Window>Animation 打开 Animation 窗口。通过这个窗口可以创建、编辑动画，也可以查看导入的动画。Animation 窗口同一时间只能查看、编辑同一段 Clip 中的动画。Animation 适合单个物体（及其子物体）的动画编辑，更复杂的动画创作和编辑可以使用 Timeline 系统，Timeline 适合同时对场景中多个物体制作复杂动画，还能包含音频及自定义的动画内容。

在 Unity 中制作动画一般分为以下几个步骤：
（1）打开 Animation 窗口。
（2）选中要制作动画的物体。
（3）创建新的动画 Clip。
（4）编辑、预览、修改动画。

### 8.3.3 创建动画

创建新的 Animation Clip。

选中要制作动画的物体，这时候 Animation 窗口会有以下两种状态：
（1）该物体上没有动画，可以点击 Animation 窗口中间的 Create 按钮创建动画 Clip。
（2）该物体上已经有动画，会在窗口中显示一段动画的关键帧，可以通过左上角的菜单切换预览动画、创建新动画，可以点击 Create New Clip... 来创建新的动画 Clip。

点击完创建新的动画 Clip 后，会弹出一个文件对话框，可以设置保存动画 Clip 的位置（为了保持工程文件目录的整洁，不要保存在工程根目录，建议保存在 Animations 文件夹中）。保存完毕后，原来没有动画的物体上会自动附加一个 Animator 组件，如图 8-2 所示。

Animation Clip 只是一段动画数据，可以把它类比成视频文件，而 Animator 组件是一个播放器，用来控制动画的播放、多个动画片段之间的切换等。

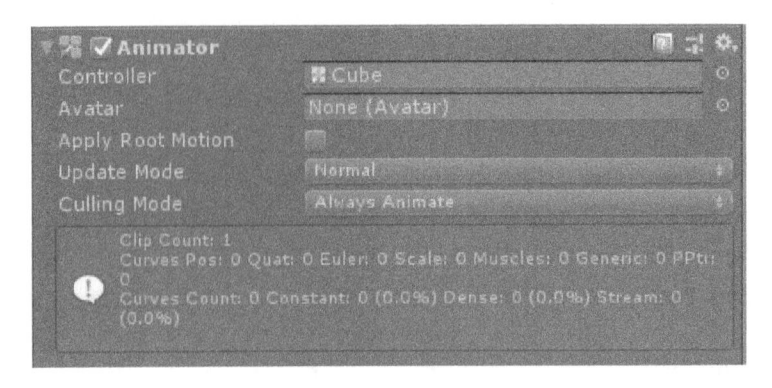

图 8-2 动画组件

## 8.4 制作动画

创建了动画 Clip 后，就可以开始制作动画了。Animation 窗口有两种模式：录制模式（图 8-3）和预览模式（图 8-4）。

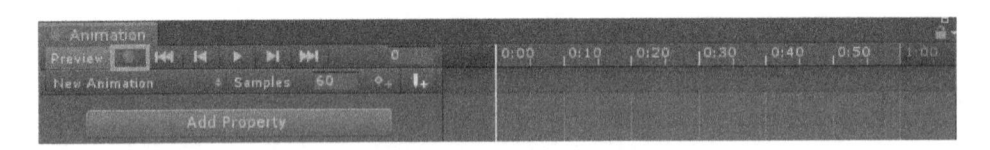

图 8-3 动画窗口

点击图中红色按钮进入录制模式，时间轴会显示为红色。

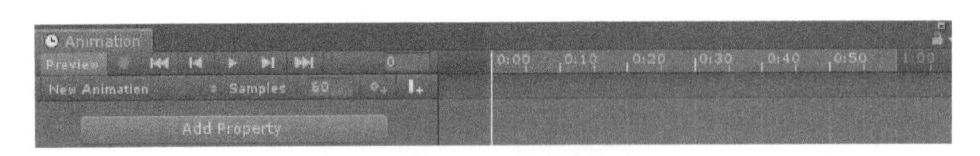

图 8-4 动画预览模式

点击图中 Preview 按钮进入预览模式，时间轴会显示为浅蓝色，在时间轴上点击也会自动进入预览模式。

在录制模式下，对物体进行改动时（例如移动、旋转、缩放、修改属性等），Unity 会自动在当前时间位置生成关键帧，记录修改的属性。

在预览模式下，修改物体不会自动创建/修改关键帧，如果需要创建/修改关键帧，需要手动点击添加关键帧按钮。

### 8.4.1 录制关键帧

点击录制按钮后，就进入了录制状态，可以通过在时间轴上拖动修改当前所在的时间位置，如图 8-5 所示，也可以通过修改当前帧数输入框中的数字，修改时间轴的位置。默认情况下，动画的帧速率是 60，即每秒播放 60 帧，如果设置当前帧数为 30，就是 0.5 秒的位置。

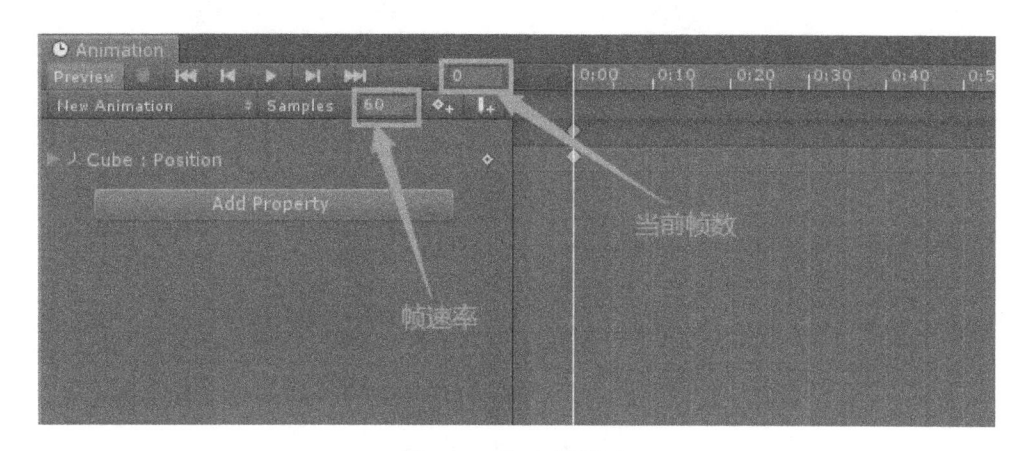

图 8-5 动画录制状态

在录制模式下，无论是在场景中移动、旋转、缩放物体，还是在 Inspector 面板中修改物体组件的属性（Unity 动画支持的属性），Unity 都会自动在动画 Clip 的当前时间上添加关键帧保存。同时，当前被记录的属性，在 Inspector 上会以红色背景显示。

编辑完动画后，可以再次点击录制按钮退出录制模式，避免后续对物体的操作被记录到动画中。在 Animation 窗口中，左侧多出很多个属性，这些属性就是所有被记录的属性列表，也可以通过点击下方的 Add Property 按钮手动添加需要被动画记录的属性。

### 8.4.2 手动创建关键帧

如果没有在录制模式下，对物体的修改不会自动记录到动画 Clip 中，如果需要记录，则需手动添加关键帧进行记录。如果在 Inspector 中修改了物体的属性，物体的属性会从浅蓝色背景变为浅红色，代表该属性已经被修改。此时可以右键点击对应的属性，在弹出菜单中点击 Add Key 即可添加关键帧，如图 8-6 所示，将该属性的数据保存到动画 Clip 中。如果在当前帧修改了多个属性，可以点击菜单中的 Key All Modified（将所有修改的属性记录关键帧）或 Key All Animated（记录属性列表中所有属性的数值，即使与上一帧相同数值的属性也会被记录）来一次性将所有修改的属性保存。

也可以点击 Animation 窗口左侧的 Add Keyframe 按钮来记录当前属性列表中选中属性的关键帧，如果当前没有选中任何属性，则会记录所有属性，如图 8-7 所示。

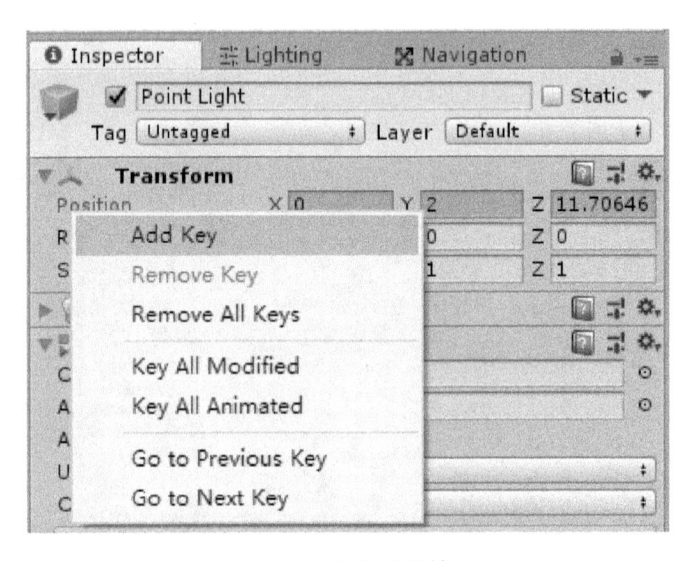

图 8-6　添加关键帧

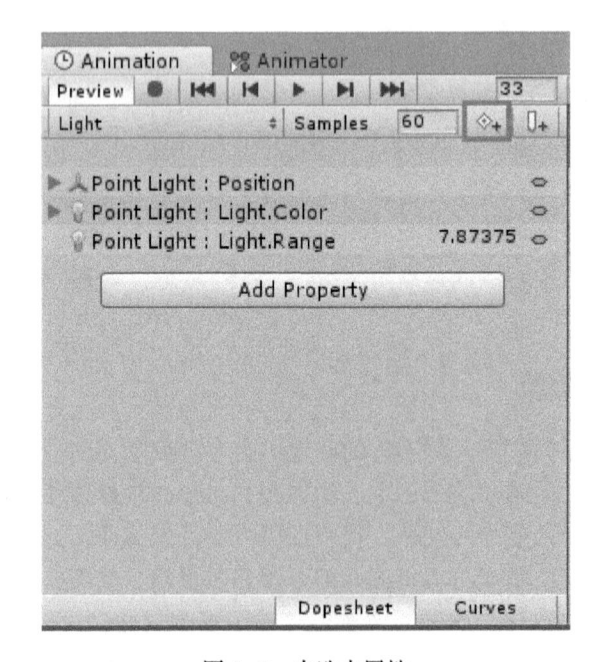

图 8-7　未选中属性

添加关键帧的快捷键：

K：Key All Animated，将记录当前属性列表中选中属性的关键帧，如果当前没有选中任何属性，则会记录所有属性。

Shift+K：Key All Modified，将动画属性列表中所有已修改的属性的数值记录为关键帧。

### 8.4.3 使用曲线编辑动画

默认情况下，Animation 窗口是 DopeSheet 模式，显示的是关键帧的点，可以通过点击下方的 Curves 切换为曲线模式，如图 8-8 所示，进一步调节关键帧之间的数值是如何过渡的。切换到 Curves 模式后，出现的曲线编辑框和粒子系统模块中的用法是一样的，可以在左侧属性列表选中一条或多条曲线进行编辑。

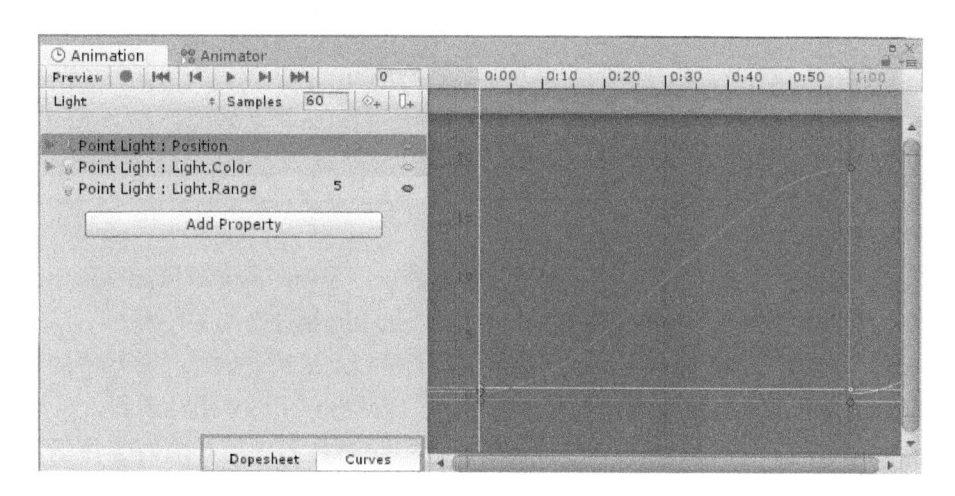

图 8-8　曲线模式

### 8.4.4 编辑关键帧

编辑关键帧时，可以多选（在 Curve 编辑中同理）：

（1）按住 Shift 或 Ctrl，再点击关键帧可以选中多个关键帧。

（2）通过框选多选关键帧。

（3）按住 Shift 或 Ctrl 的同时框选，可以添加或移除框选住的关键帧。

### 8.4.5　Ripple Edit 波纹编辑

直接拖拽多个关键帧时，后方的关键帧并不会跟随这些关键帧移动，如果想让后方的关键帧也跟着移动，可以按住 R 键，同时拖拽这些关键帧。这种编辑方式叫作 Ripple Edit（在音视频编辑软件中很常见）。缩放同理。

### 8.4.6 预览动画效果

点击 Animation 窗口中的播放按钮，可以在 Scene 中预览动画。

### 8.4.7 在游戏运行时播放动画

动画制作完以后，在点击 Play 按钮以后就会自动循环播放了，如果不想循环播放，可以选中 Animation Clip 文件，取消 Loop 的勾选。如果不想让这段动画自动播放，则需要修改 Animator Controller。

## 8.5 外部来源的动画

外部来源的动画按照与常规 3D 文件相同的方式导入 Unity，这些文件（无论是通用 FBX 文件还是来自 Autodesk® Maya®、Cinema 4D、Autodesk® 3ds Max®或 Blender™ 等 3D 软件的原生格式）可包含动画数据，这些数据的形式为文件中对象移动的线性录制结果。

在某些情况下，要动画化的对象（例如角色）以及随附的动画可能存在于同一文件中。在其他情况下，动画可能存在于与动画化模型相分离的文件中。

动画可能是特定模型所特有的，不能在其他模型上复用，例如，游戏中的最终 boss 巨型章鱼可能具有独特的肢体和骨骼排列，因此有自己的一组动画。

在其他情况下，可以制作一个动画库，这些动画将用于场景中的各种不同模型，例如，许多不同的人形角色可能都使用相同的行走和奔跑动画，在这些情况下，为了预览动画文件，在这些文件中使用简单占位模型是很常见的做法，或者可以使用只有动画数据而没有几何体的动画文件。

导入多个动画时，每个动画可以在项目文件夹中以单独文件形式存在，如果之前以连续片段形式从 Motion Builder 或使用 Autodesk® Maya®、Autodesk® 3ds Max®或其他 3D 包的插件/脚本导出了 FBX 文件，可以从单个 FBX 文件提取多个动画剪辑。如果文件包含了在单个时间轴上排列的多个单独动画，可能需要执行此操作。例如，长时间的运动捕捉时间轴可能包含几个不同跳跃动作的动画，若希望剪切其中的某些部分以用作单个剪辑而丢弃其余部分，Unity 提供了动画剪切工具来实现此目的，在一个时间轴中导入所有动画时，这些工具允许为每个剪辑选择帧范围。

可以在 Animation 窗口中查看导入的动画剪辑的关键帧和曲线。如果这些导入的剪辑存在带有大量关键帧的很多骨骼，信息量可能非常复杂，为了简化视图，可选择希望检查的特定骨骼，然后，Animation 窗口仅显示这些骨骼的关键帧或曲线。

查看导入的动画关键帧时，Animation 窗口提供动画数据的只读视图，要编辑此数据，可在 Unity 中创建新的空动画剪辑，然后选择、复制导入的动画剪辑的动画数据并将其粘贴到新的可写动画剪辑中。

# 第九章　展馆的导航系统

　　游客游览文化展馆大多是走马观花式的，一般是在展品边上有简要的文字说明，游客的目光在展品和文字宣传之间反复切换，参观体验很差。

　　在虚拟展馆中，通过导航系统能够充分利用多媒体、物联网和云计算技术，突破传统展馆地域限制、空间限制、资源限制，告别知识内容匮乏，可以带来更便捷、更舒适、更有趣的体验和服务，智慧化发挥社会教育功能，提升文化传播水平，提高展馆管理效率，降低展馆维护成本等。其中寻息科技室内导航解决方案为展馆或景区开发定制的 APP 版或微信版导览，游客可根据制定的导览路线进行游玩，个性化定制导览服务，帮助提升游客的游览体验，让智慧导览成为游客的私人导游。

　　Unity 3D Navigation（导航）是用于实现动态物体自动寻路的一种技术，它将游戏场景中复杂的结构关系简化为带有一定信息的网格，并在这些网格的基础上通过一系列相应的计算来实现自动寻路。过去，开发者必须自己打造寻路系统，特别是在基于节点的寻路系统中，必须手动地在 AI 使用的点之间进行导航，因此基于节点系统的寻路非常烦琐。Unity 3D 不仅具有导航功能，还使用了导航网格（navigation meshes），这比手动放置节点更高效而且更流畅。更重要的是，还可以一键重新计算整个导航网格，彻底摆脱了手动修改导航节点的复杂方法。

## 9.1　导航系统

### 9.1.1　设置 NavMesh

　　NavMesh 的设置方法很简单，在 Hierarchy 视图中选中场景中除了目标和主角以外的游戏对象，在 Inspector 视图中单击 Static 下拉列表，在其中勾选 Navigation Static 即可，如图 9-1 所示。

### 9.1.2　烘焙

　　执行菜单 Window→AI→Navation 命令，打开导航窗口，单击右下角的 Bake（烘焙）按钮即可，烘焙后的场景如图 9-2 所示。

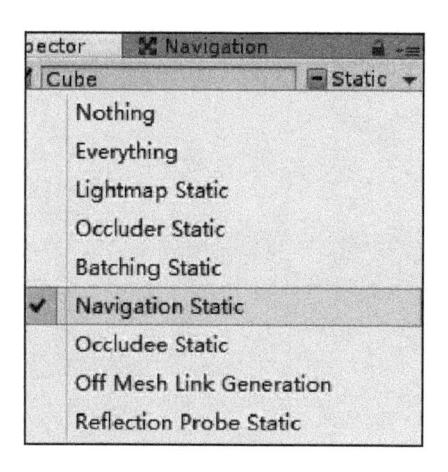

图 9-1　设置 NavMesh

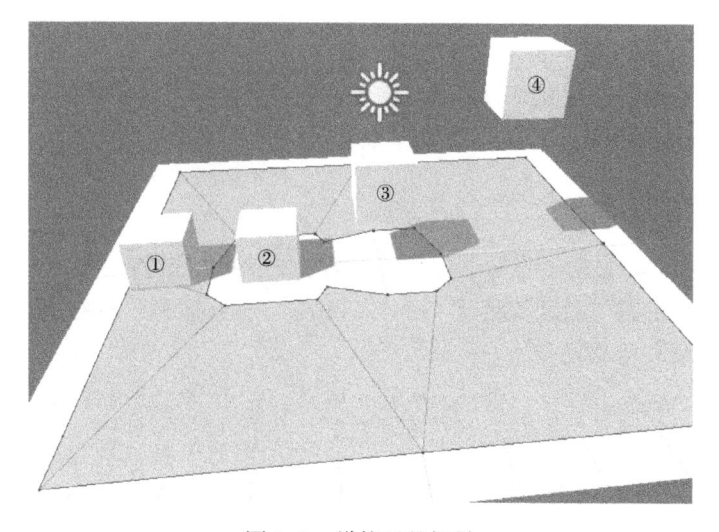

图 9-2　烘焙后的场景

这里需要注意的是场景里蓝色的部分就是可以自动导航的区域，其中有 4 个 Cube 模型，第一个和第四个 Cube 没有对导航区域产生影响，第一个 Cube 是因为没有设置 Navigation Static，所以不参与导航区域的计算，第四个 Cube 因为离开地面太高也没有对导航区域产生影响，第二个和第四个都设置了 Navigation Static，且或者与地面直接接触或有较低的高度，因此都对地面产生了影响。至于什么高度会对导航区域产生影响，这跟 Agent Height 值有关系。

生成导航区域以后，即便删除所有标记了 Navigation Static 的模型，也不会影响导航区域（即蓝色的部分），但导航区域无法被移动。

如果需要更大的导航区域或者不规则的导航区域，则可以通过多个物体相互连接的方式来实现，比如需要一个有坡度的导航区域，可以通过如图9-3所示的方式实现：

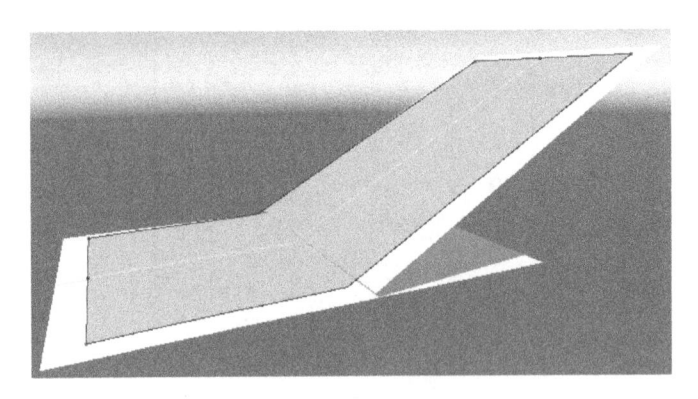

图 9-3　坡度导航区域

如果需要更复杂的导航区域，可以先在 Maya 或者 3D Max 中创建导航区域的表面，再导入 Unity 3D 中，通过上面的方法来创建导航区域。

### 9.1.3　设置导航代理

导航代理（Navigation Agent）可以理解为去寻路的主体，在导航网格生成之后，给需要漫游的游戏对象添加了一个 Nav Mesh Agent 组件，那么可以通过脚本来让这个游戏对象开始移动了。

Nav Mesh Agent 组件有一个 destination 属性，把要移动到的位置赋值给这个属性即可，例如：

GetComponent<NavMeshAgent>( ). destination = target. position；

## 9.2　让人物在展馆中行走

### 9.2.1　设置展馆的导航区域

在展馆场景中选择地面（即 CD_ ground_ 001 模型），地面已经设置了 Navigation Static，可以直接烘焙一下，如图 9-4 所示。

默认生成的导航区域有些"孤岛"，还有一些飘在天上的区域，显然这不是预期的结果。

首先我们把产生导航区域的模型上的 Navigation Static 标记去掉，让导航区域变成"空",然后通过多个 plane 游戏对象,如图 9-5 所示,拼接出需要的导航区域,最后烘焙一下看看效果,如图 9-6 所示。

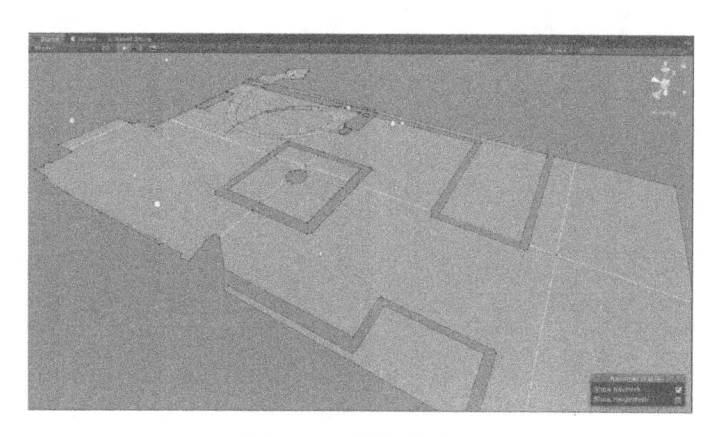

图 9-4 烘焙展馆地面

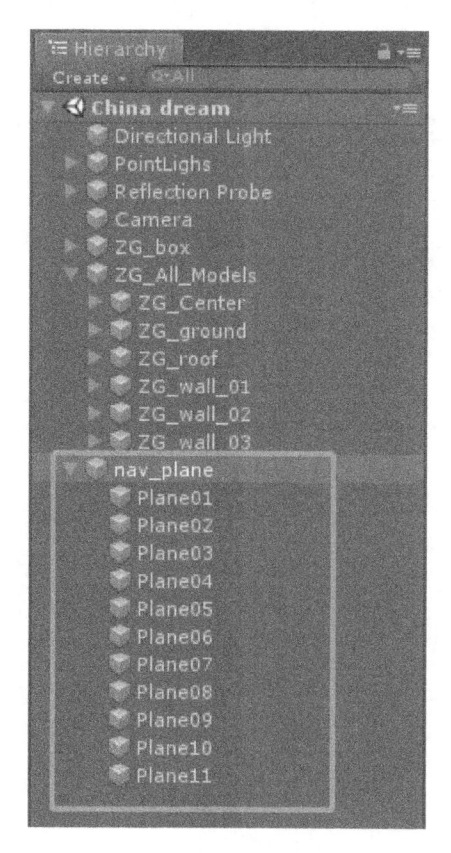

图 9-5 用于烘焙导航区域的 plane 组

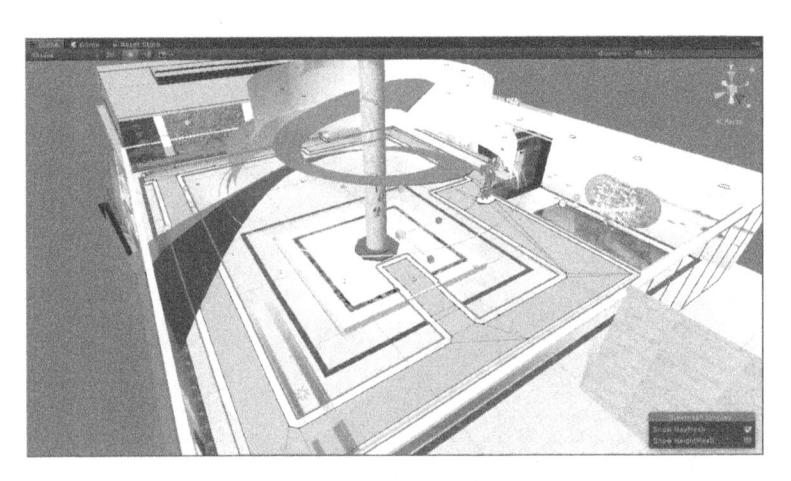

图 9-6 烘焙出的导航区域

烘焙结果没有问题以后，选中全部 Plane，然后在 Inspector 面板中将 Mesh Renderer 和 Mesh Collider 组件前的对号去掉，使这些 Plane 在场景中不可见，也不参与碰撞检测。如果确信不再修改导航区域，也可以直接删除这些 Plane，如图 9-7 所示。

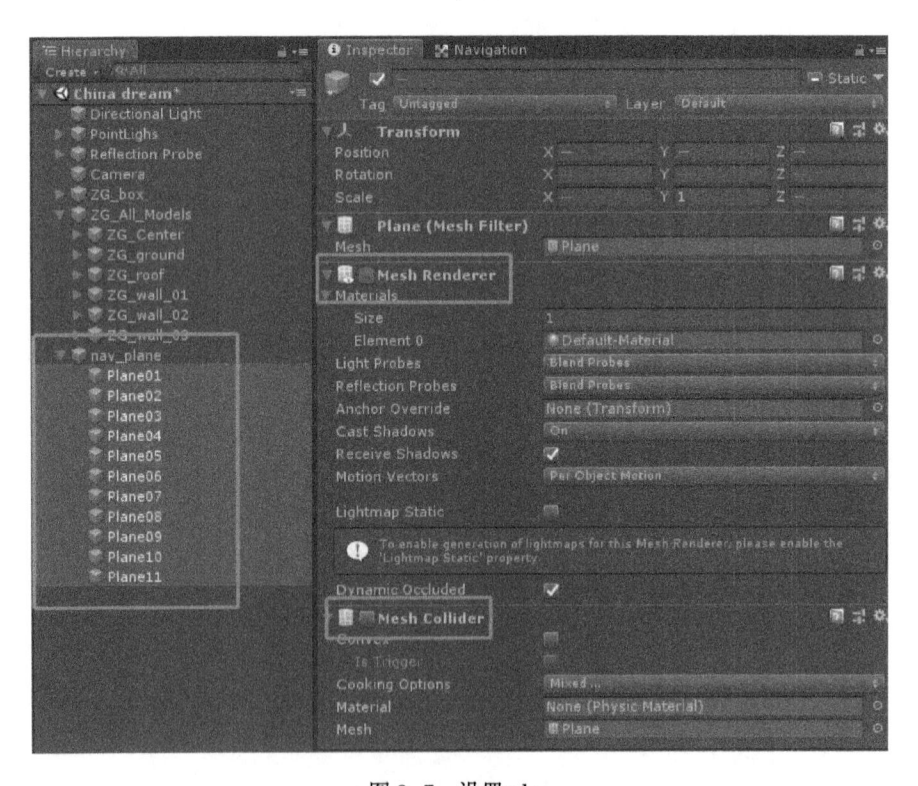

图 9-7 设置 plan

做完这些工作以后，千万不要再烘焙，否则导航区域会全部消失。

## 9.2.2 导入模型

在资源商店中搜索 Unity-Chan，如图 9-8 所示，找到后，导入场馆场景中。

图 9-8　导入模型

导入后，在 Assets \ unity-chan！\ Unity-chan！Model \ Prefabs 中找到 unitychan 预置，并把 unitychan 拖入场景中，并放到一个合理的位置（unitychan 一定要站在导航区域中，且 unitychan 的脚步一定要紧贴导航区域的 plane 上）。如果严格按照之前的操作规范，这里只要把模型的 Y 轴位置设置为 0 即可。

然后在 unitychan 的根结点上添加 Nav Mesh Agent 组件。

## 9.2.3 创建模型漫游地点

漫游停留地点需要保存在一个数组中，通常有两种做法，一种是将这些坐标写在一个文件中，程序运行时读取文件，这种做法后期很难修改，开发时也很难调试。建议采用另外一种方法，用空物体来代替保存停留地点的坐标，这样做既方便调试，又方便后期的修改。

在场景中，创建若干个空物体，将这些空物体按照漫游的顺序放在需要停留的地点，最后将这些空物体打包成一个组，如图 9-9 所示。

## 9.2.4 创建漫游代码

（1）为了使用 NavMeshAgent 组件，需要添加命名空间 using UnityEngine. AI。

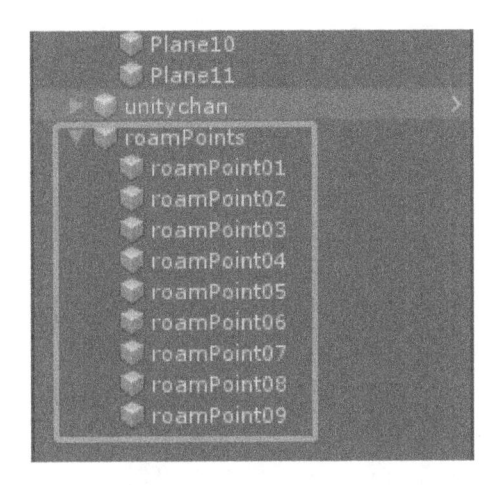

图 9-9 创建空物体

（2）声明用于保存漫游点的数组：public Transform［］roamPoints。

（3）初始化相关变量（在 Start 函数中）。

获取 NavMeshAgent 组件：agent=GetComponent<NavMeshAgent>（）;

设置第一个移动的位置：gent.destination=roamPoints［0］.position;

（4）设置游戏对象漫游（在 Update 函数中）。

计算目标与漫游点位置，当小于一个（非常小的）特定值时，可认为目标已经到达漫游点：if（agent.remainingDistance<0.5f）。

计时器累加时间，计算停留时间：timer2+=Time.deltaTime。

当累计时间超过设定的停留时间时，设置下一个漫游地点：agent.destination=roamPoints［index］.position;

这里给出完整的代码：

```
using System.Collections;
using System.Collections.Generic;
using UnityEngine;
using UnityEngine.AI;

public class roam:MonoBehaviour
{
    public Transform[ ]roamPoints;      //漫游点的数组
    public float timer;                 //计时器,每个漫游点的停留时间

    private NavMeshAgent agent;
```

```csharp
    private int index;             //多个漫游点的索引值
    private float timer2 = 0;      //漫游计时器

    //Start is called before the first frame update
    void Start()
    {
        agent = GetComponent<NavMeshAgent>();
        index = 0;
        agent.destination = roamPoints[0].position;
    }

    //Update is called once per frame
    void Update()
    {
        if(agent.remainingDistance<0.5f)//接近目的地就开始计时
        {
            timer2+=Time.deltaTime;
            if(timer2>=timer)
            {
                index++;         //到下一个漫游点的索引值
                index %= roamPoints.Length;   //如果索引值超过数组长度则从头开始
                timer2 = 0;      //计时器归零,准备走向下一个漫游点
                agent.destination = roamPoints[index].position;    //向下一个漫游点漫游
            }
        }
    }
}
```

## 9.3 导航技术详解

导航系统允许使用从场景几何体自动创建的导航网格来创建可在游戏世界中智

能移动的角色。动态障碍物可实现运行时更改角色的导航，而网格外链接（Off-Mesh Link）可以构建特定动作，如打开门或从窗台跳下。

作为完整的导航技术，如图9-10所示，主要涉及如何为场景构建导航网格（NavMesh）、创建导航网格代理（NavMesh Agent）、导航网格障碍物（NavMesh Obstacle）和网格外链接（Off-Mesh Link）4个方面的内容。

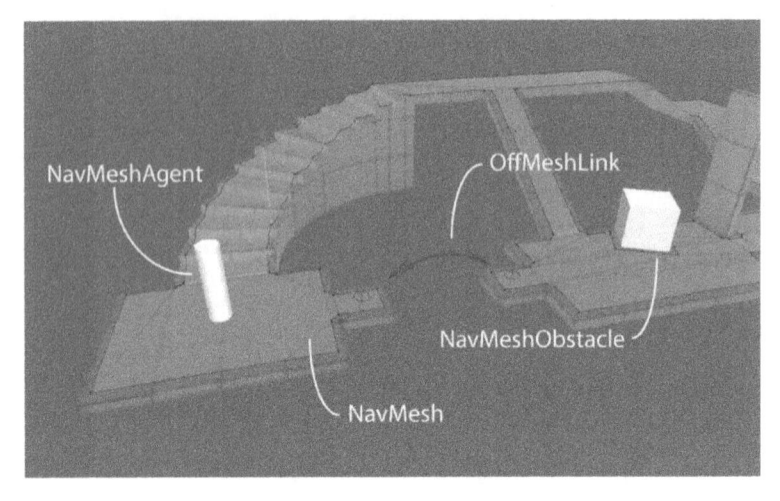

图9-10 完整的导航技术

导航系统让角色能够理解自身需要走楼梯才能到达二楼或跳过沟渠。Unity 导航网格（NavMesh）系统包含以下部分：

（1）Navigation Mesh（即导航网格，缩写为 NavMesh）是一种数据结构，用于描述游戏世界的可行走表面，并允许在游戏世界中寻找从一个可行走位置到另一个可行走位置的路径，该数据结构是从关卡几何体自动构建或烘焙的。

（2）Nav Mesh Agent（导航网格代理）组件可创建在朝目标移动时能够彼此避开的角色，代理使用导航网格来推断游戏世界，并知道如何避开彼此以及移动的障碍物。

（3）Off-Mesh Link（网格外链接）组件允许合并无法使用可行走表面来表示的导航捷径，例如，跳过沟渠或围栏，或在通过门之前打开门，全都可以描述为网格外链接。

（4）NavMesh Obstacle（导航网格障碍物）组件可用于描述代理在世界中导航时应避开的移动障碍物，由物理系统控制的木桶或板条箱便是障碍物的典型例子。障碍物正在移动时，代理将尽力避开它，但是障碍物一旦变为静止状态，便会在导航网格中雕刻一个孔，从而使代理能够改变自己的路径来绕过它，或者如果静止的障碍物阻挡了路径，则代理可寻找其他不同的路线。

### 9.3.1 导航系统的内部工作原理

当您希望智能地移动游戏中的角色（或者 AI 行业中所称的代理）时，必须解决两个问题：如何"推断"关卡来寻找目标，然后如何"移动"到该位置，这两个问题是紧密相关的，但性质却截然不同。关卡推断问题更具全局性和静态性，因为需要考虑整个场景；移动到目标更具局部性和动态性，只考虑移动的方向以及如何防止与其他移动的代理发生碰撞。

（1）可行走区域。导航系统需要自己的数据来表示游戏场景中的可行走区域，可行走区域定义了代理可在场景中站立和移动的位置。在 Unity 中，代理被描述为圆柱体，可行走区域是通过测试代理可站立的位置从场景中的几何体自动构建的，然后这些位置连接到场景几何体之上覆盖的表面，该表面称为导航网格（简称 NavMesh）。

导航网格将该表面存储为凸多边形，凸多边形是一种有用的表示，因为多边形内的任意两点之间没有障碍物。除了多边形边界外，我们还存储有关那些多边形彼此相邻的信息，如图 9-11 所示，这使我们能够推断整个可行走区域。

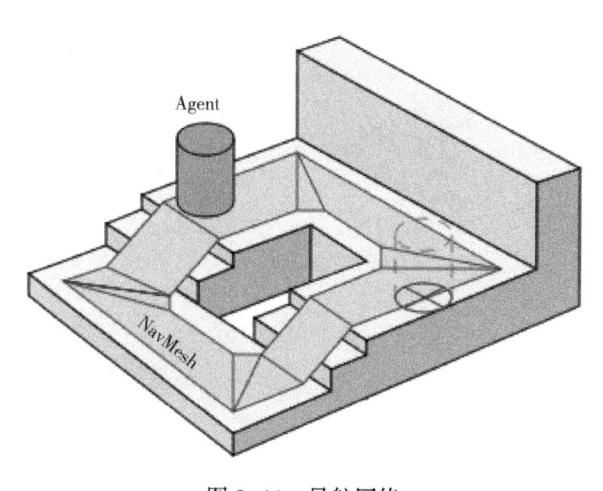

图 9-11 导航网络

（2）寻路。如图 9-12 所示，要寻找场景中两个位置之间的路径，首先需要将起始位置和目标位置映射到各自最近的多边形，然后，从起始位置开始搜索，访问所有邻居，直到到达目标多边形。通过跟踪被访问的多边形，可以找出从起点到目标的多边形序列。一种寻路的常用算法是 A *（发音为"A star"），这也是 Unity 使用的算法。

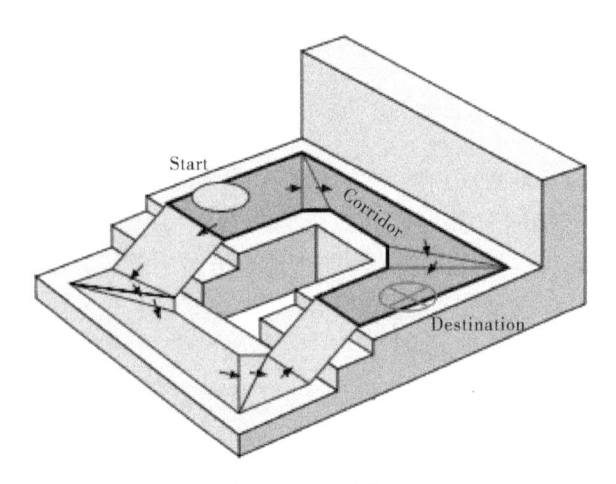

图 9-12 寻路

（3）跟随路径。如图 9-13 所示，描述从起点到目标多边形的路径的多边形序列称为"走廊"（corridor）。代理将始终朝着走廊的下一个可见拐角移动，直至到达目标。如果一个简单游戏只有一个代理在场景中移动，可一次性找出走廊的所有拐角，并推动角色沿着连接拐角的线段移动。

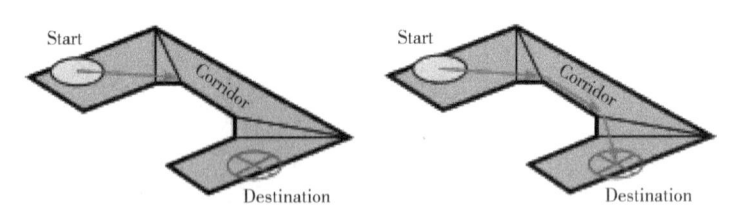

图 9-13 跟随路径

在多个代理同时移动的情况下，如图 9-14 所示，它们需要在避开彼此时偏离原始路径。试图使用由线段组成的路径来纠正这种偏差很快变得非常困难并且容易出错。

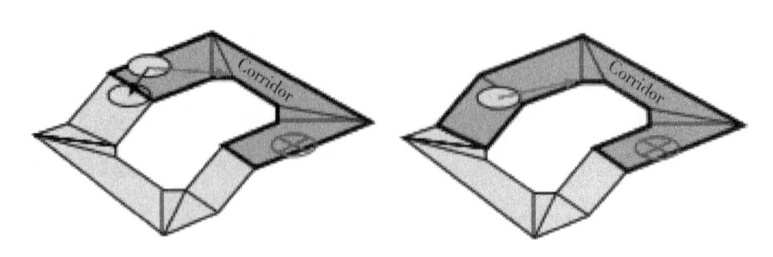

图 9-14 新代理同时移动

由于每一帧中的代理移动距离非常小，可以使用多边形的连接来修复走廊，以防我们需要稍微绕道而行。然后快速找到下一个需要抵达的可见拐角。

（4）躲避障碍物。转向逻辑将采用下一个拐角的位置并基于该位置计算出到达目标所需的方向和速度。使用所需的速度移动代理可能会导致与其他代理发生碰撞，如图9-15所示。

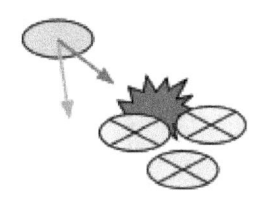

图9-15 躲避障碍物

障碍躲避系统将选择新的速度，该速度可平衡"代理在所需方向上移动"和"防止未来与其他代理及导航网格边缘发生碰撞"这两个问题。Unity采用倒数速度障碍物（RVO）来预测和防止碰撞。

（5）移动代理。最后在转向和障碍躲避之后计算最终速度。在Unity中使用简单的动态模型来模拟代理，该模型还考虑了加速度以实现更自然和平滑的移动。在此阶段，可以将速度从模拟的代理提供给动画系统，从而使用根运动移动角色，或让导航系统处理该问题。

使用任一方法移动代理后，模拟代理位置将移动并约束到导航网格，最后这一小步对于实现强大的导航功能非常重要。

（6）全局和局部。关于导航需要了解的最重要事项之一是全局和局部导航之间的区别。全局导航用于在整个世界中寻找走廊，在整个世界中寻路是一项代价高昂的操作，需要相当多的处理能力和内存，如图9-16所示。

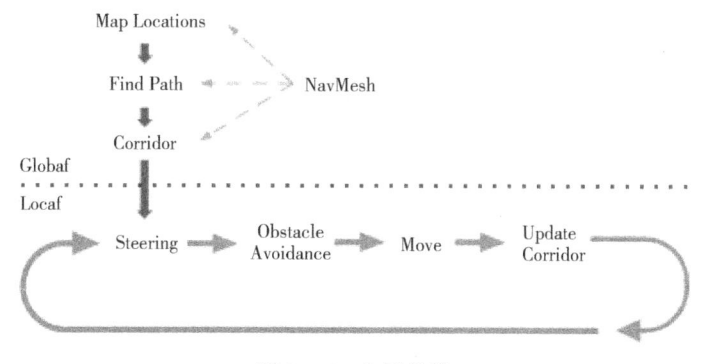

图9-16 全局导航

描述路径的多边形的线性列表是用于转向的灵活数据结构，并可在代理的位置移动时进行局部调整。局部导航试图确定如何有效移动到下一个拐角而不与其他代理或移动对象发生碰撞。

（7）障碍物的两种情况。许多导航应用需要其他类型的障碍物而不仅是其他代理，这些障碍物可能是射击游戏中的常规板条箱和木桶，或者是车辆，可使用局部障碍躲避或全局寻路功能来应对障碍物。当障碍物为移动状态时，最好使用局部障碍躲避功能进行处理，这样，代理可预测性地避开障碍物。当障碍物变为静止状态并可认为其阻挡了所有代理的路径时，障碍物应该影响全局导航，即导航网格。

更改导航网格称为"雕刻"（carving），如图 9-17 所示，该过程将检测障碍物的哪些部分会接触导航网格并在导航网格中雕刻孔洞。此操作的计算成本十分高昂，因此这也是应该使用碰撞躲避功能来处理移动障碍物的另一个充分理由。

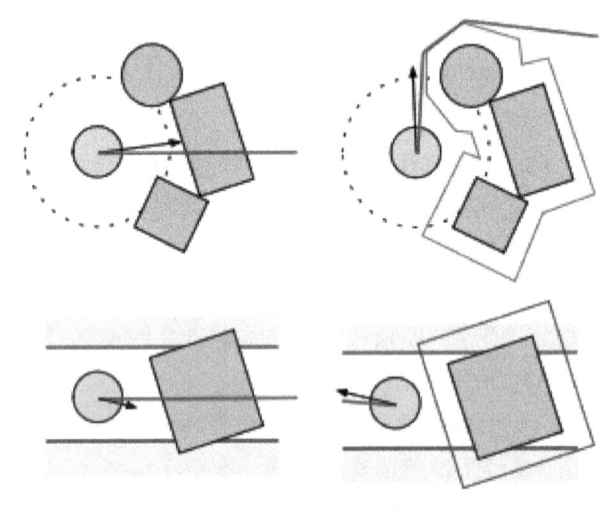

图 9-17　雕刻

局部碰撞躲避功能也常用于绕过稀疏分散的障碍物。由于算法是局部的，因此它只考虑即将发生的碰撞，并且不能绕过陷阱或处理障碍物挡路的情况。这些情况可使用雕刻技术来解决。

（8）描述网格外链接。导航网格多边形之间的连接是使用寻路系统内的链接描述的。有时需要让代理在不可步行位置进行导航，例如，跳过围栏或穿过关闭的门，如图 9-18 所示，这些情况需要知道动作的位置。

可使用网格外链接来注释这些动作，如图 9-18 所示，此类链接会告诉寻路器（pathfinder）存在一条通过指定链接的路线，稍后在跟随路径时可访问此链接，并可执行特殊动作。

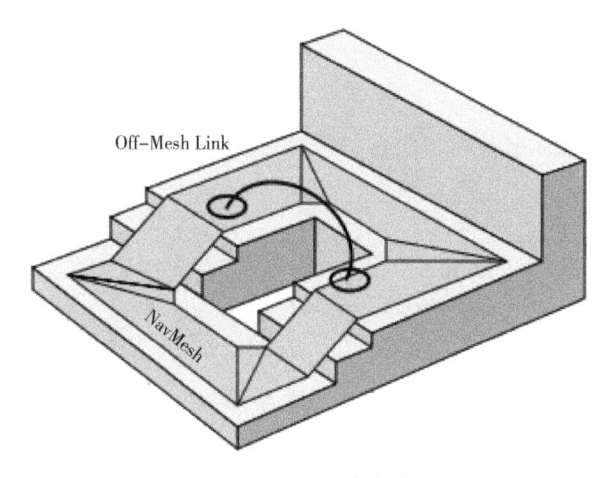

图 9-18 网格外链接

## 9.3.2 静态游戏对象

如果游戏对象在运行时未移动，则被称为静态游戏对象。如果游戏对象在运行时移动，则被称为动态游戏对象。

Unity 中的许多系统都可以在 Editor 中预计算有关静态游戏对象的信息。由于静态游戏对象不会移动，因此这些计算的结果在运行时仍然有效，这意味着 Unity 可以节省运行时计算成本，并可能提高性能。

Static Editor Flags 属性列出了许多 Unity 系统，这些系统的预计算中可以包含一个静态游戏对象。使用下拉选单可定义哪些系统应在它们的预计算中包含此游戏对象。在运行时设置 Static Editor Flag 对这些系统没有影响。

仅当系统需要了解某个游戏对象时，才应该将这个游戏对象包含在预计算中。如果系统无须了解某个游戏对象，但仍然将这个游戏对象包含在预计算中，可能会导致计算资源浪费，产生不必要的大数据文件或意外行为。

Static Editor Flags 属性位于游戏对象的 Inspector 的最右上角，这个属性包含一个复选框（将值设置为 Everything 或 Nothing）和一个下拉菜单（可选择要包含的值），如图 9-19 所示，可用值如下：

（1）Nothing：对于任何系统，都不将游戏对象包含在预计算中。

（2）Everything：对于下方的任何系统，都将游戏对象包含在预计算中。

（3）ContributeGI：如果启用此属性，Unity 在全局光照计算中包含目标网格渲染器，这些计算是在烘焙时预计算光照数据时进行的。ContributeGI 属性公开 ReceiveGI 属性。ContributeGI 属性仅在对目标场景启用全局光照设置（如 Baked Global Illumination 或 Realtime Global Illumination 时生效。

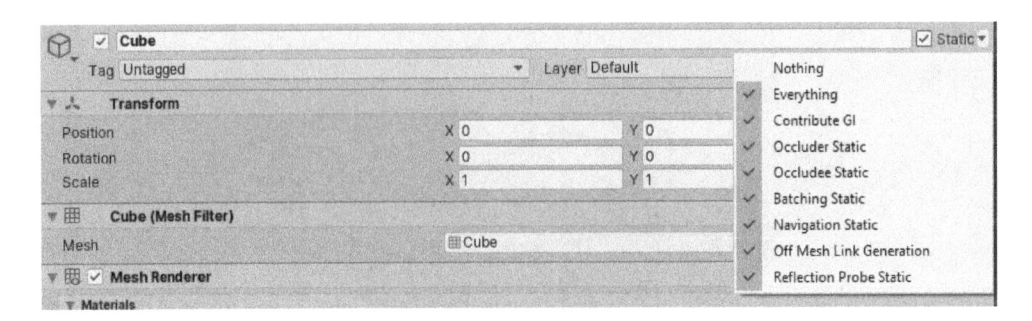

图 9-19 在 Inspector 中查看游戏对象时显示的 Static Editor Flags 复选框和下拉菜单

（4）Occluder Static：在遮挡剔除系统中，将游戏对象标记为静态遮挡物。

（5）Occludee Static：在遮挡剔除系统中，将游戏对象标记为静态被遮挡物。

（6）Batching Static：将游戏对象的网格与其他符合条件的网格组合起来，有可能降低运行时渲染成本。

（7）Navigation Static：在预计算导航数据时包含游戏对象。

（8）Off Mesh Link Generation：在预计算导航数据时，尝试生成一个从该游戏对象开始的网格外链接。

（9）Reflection Probe：为 Type 属性设置为 Baked 的反射探针预计算数据时，包含此游戏对象。

### 9.3.3 构建导航网格

从关卡几何体创建导航网格的过程称为导航网格烘焙（NavMesh Baking）。该过程收集所有标记为 Navigation Static 的游戏对象的渲染网格和地形，然后处理它们以创建近似于关卡的可行走表面的导航网格。在 Unity 中，导航网格生成方式是在 Navigation 窗口（菜单：Window>AI>Navigation）中进行处理的。

为场景构建导航网格可以通过 4 个快速步骤完成：

（1）选择应影响导航的场景几何体：可行走表面和障碍物。

（2）选中 Navigation Static 复选框以便在导航网格烘焙过程中包括所选对象。如图 9-20 所示，选中某个游戏对象，在 Navigation \ Object 标签中，可以看到是否有 Navigation Static 标记，如果没有，也可以在这里添加这个标记。

在 Navigation Area 中还可以设置某个对象是否可以行走或者跳跃。

（3）调整烘焙设置以匹配代理大小，如图 9-21 所示。

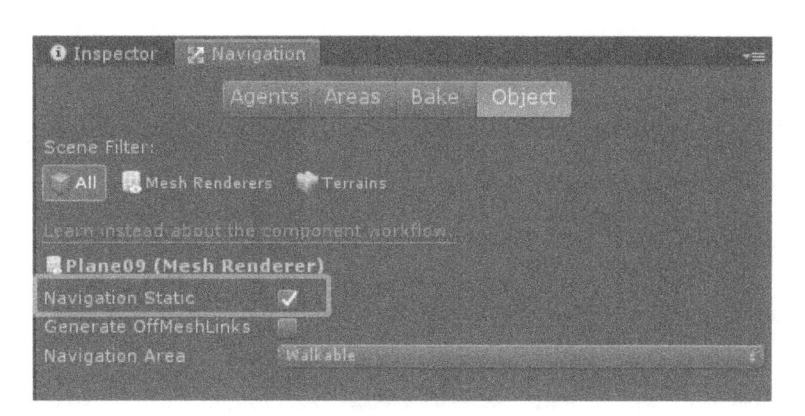

图 9-20 构建网格

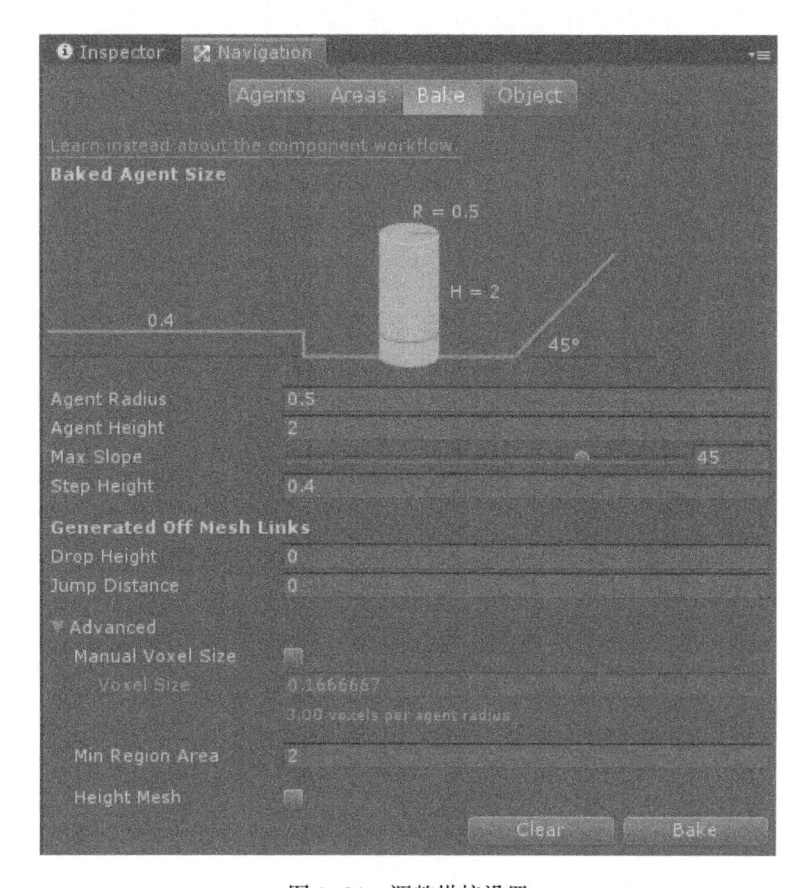

图 9-21 调整烘焙设置

-Agent Radius：定义代理中心与墙壁或窗台的接近程度。
-Agent Height：定义代理可以达到的空间有多低。

-Max Slope：定义代理能走的路的最大的斜率，超过这个值，代理就不能走在那条路线上。

-Step Height：定义代理可以爬上去的最大的高度。上台阶时，如果台阶高过这个值，代理无法爬上去。这个值必须小于代理高度。

-Drop Height：掉落的高度。

-Jump Distance：跳跃的距离。

-Manual Voxel Size：网格分割尺寸。这个值越小，分割出的网格越细密，性能消耗越大。

-Min Region Area：寻路能识别的最小的区域。小于这个值的区域不会被当作可寻路的区域，就不会被烘焙。

-Height Mesh：是否开启高度网格。开启后，路线就不是平的了，会像上楼梯突然往上，或者往下；不开启路线就是平的，楼梯相当于斜着放的平板，不会有突然的上下。这个可以让寻路更精确，楼梯就是楼梯，斜面就是斜面，可以被区分。

（4）单击 Bake 以构建导航网格，如图 9-22 所示。

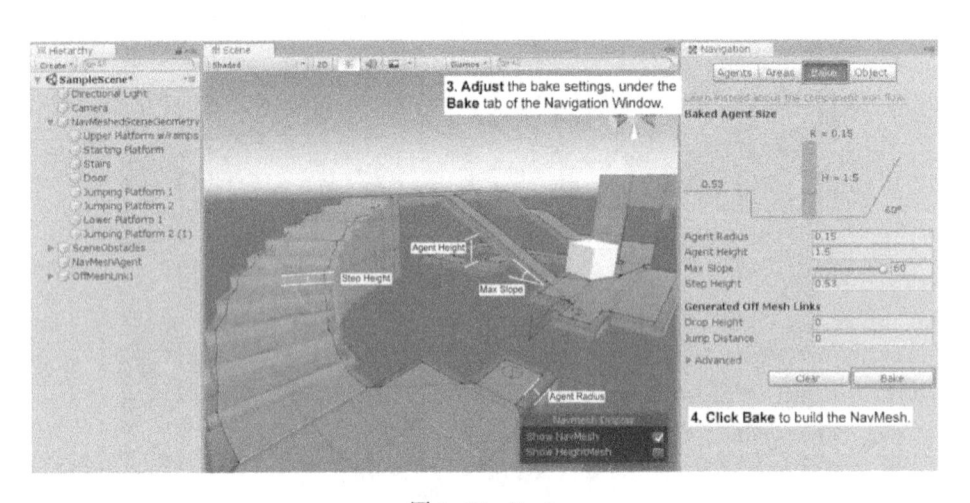

图 9-22 Back

每当 Navigation 窗口打开且可见时（如图 9-23 所示），生成的导航网格便会在场景中显示为底层关卡几何体上的蓝色覆盖层。开发者可能已经在上面的图片中注意到，生成的导航网格中的可行走区域显示为缩小状态。导航网格表示代理中心可进行移动的区域。从概念上讲，无论将代理视为缩小的导航网格上的点还是全尺寸的导航网格上的圆都无关紧要，因为这两者是等效的。但是，解释为点有助于提高运行时效率，并可让设计人员立即看到代理是否可以挤过间隙而不用担心代理半径问题。

另外要记住的是导航网格是可行走表面的近似形状，例如，在楼梯中就能看出这一点，楼梯表示为平坦表面，但原始表面是有台阶的。这种表示方式是为了使导航网格数据大小保持较小。这种近似表示方式的副作用是，有时您会希望在关卡几何体中留出一些额外的空间，让代理能够通过一个狭窄位置。

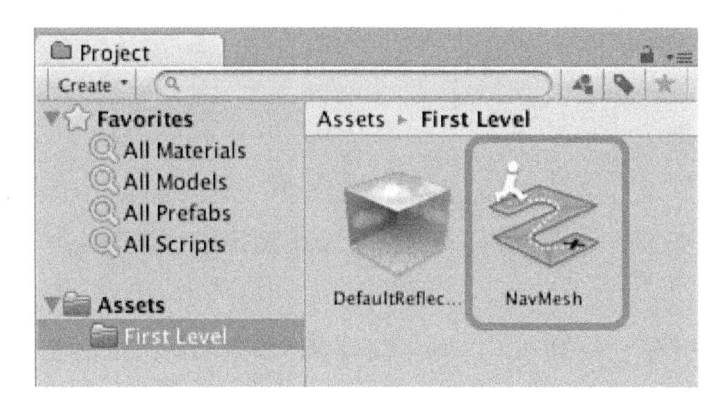

图 9-23　Navigation 窗口

烘焙完成后，将在一个与导航网格所属场景同名的文件夹中找到导航网格资源文件，例如，如果在 Assets 文件夹中有一个名为 First Level 的场景，则导航网格将位于 Assets>First Level>NavMesh.asset。除了如上所述在 Navigation 窗口中将对象标记为 Navigation Static 之外，还可以使用 Inspector 顶部的 Static 菜单，如果刚好没有打开 Navigation 窗口，这个操作会很方便。

## 9.4　导航网格构建组件

导航网格构建组件可提供在运行时以及在 Unity Editor 中构建（也称为烘焙）和使用导航网格的额外控制力。

从 Unity 商店下载的标准 Unity Editor 安装程序中未提供下列高级导航网格构建组件，请从 Unity Technologies GitHub 下载这些组件并单独安装，或者在 Unity Technologies GitHub 上的导航网格组件（NavMesh Components）页面中（https://github.com/Unity-Technologies/NavMeshComponents），单击绿色的 Clone or download 按钮以克隆或下载代码仓库。使用 Unity 打开导航网格组件项目（NavMesh Components Project），或者将 Assets/NavMeshComponents 文件夹的内容复制到现有项目。

可在 Assets/Examples 文件夹中查找其他示例。

这样在添加组件的时候就会出现如下 4 个配套的高级组件：

（1）导航网格表面（NavMesh Surface）——用于为一种类型的代理构建和启用导航网格表面。

（2）导航网格修改器（NavMesh Modifier）——用于根据变换层级视图来影响导航网格区域类型的导航网格生成。

（3）导航网格修改器体积（NavMeshModifierVolume）——用于根据体积来影响导航网格区域类型的导航网格生成。

（4）导航网格链接（NavMeshLink）——用于为一种类型的代理连接相同或不同的导航网格表面。

## 9.5 导航网格表面（NavMesh Surface）

导航网格表面（NavMesh Surface）组件表示特定导航网格代理（NavMesh Agent）类型的可行走区域，并定义应构建导航网格的场景部分。导航网格表面组件不在 Unity 标准安装中，有关如何访问该组件的信息，请参阅前文导航网格构建组件。

要使用导航网格表面组件，请导航至 GameObject>AI>NavMesh Surface，此操作会创建一个附加了导航网格表面组件的空游戏对象，一个场景可以包含多个导航网格表面。如果这里找不到 NavMesh Surface，可以先创建一个空游戏对象，然后选择该游戏对象，在添加组件中搜索 NavMesh Surface。

可以将导航网格表面组件添加到任何游戏对象。如图 9-24 所示，当想要使用游戏对象管控层级视图来定义哪些游戏对象对导航网格有影响时，这非常有用。

（1）Agent Type：使用导航网格表面的导航网格代理类型。用于烘焙设置以及在寻路期间将导航网格代理与正确的表面相匹配，包括两种选项：

-Humanoid

-Ogre

（2）Collect Objects：定义要用于烘焙的游戏对象。

-All：使用所有激活的游戏对象（这是默认选项）。

-Volume：使用与包围体重叠的所有激活状态游戏对象。

-Children：使用所有充当导航网格表面组件的子项的激活状态游戏对象。

（3）Include Layers：定义要将哪些层上的游戏对象包含在烘焙中。除 Collect Objects 外，此属性还允许从烘焙中进一步排除特定的游戏对象（如，效果或动画角色）。

此属性在默认情况下设置为 Everything，但可以单独对以下选项进行开关切换

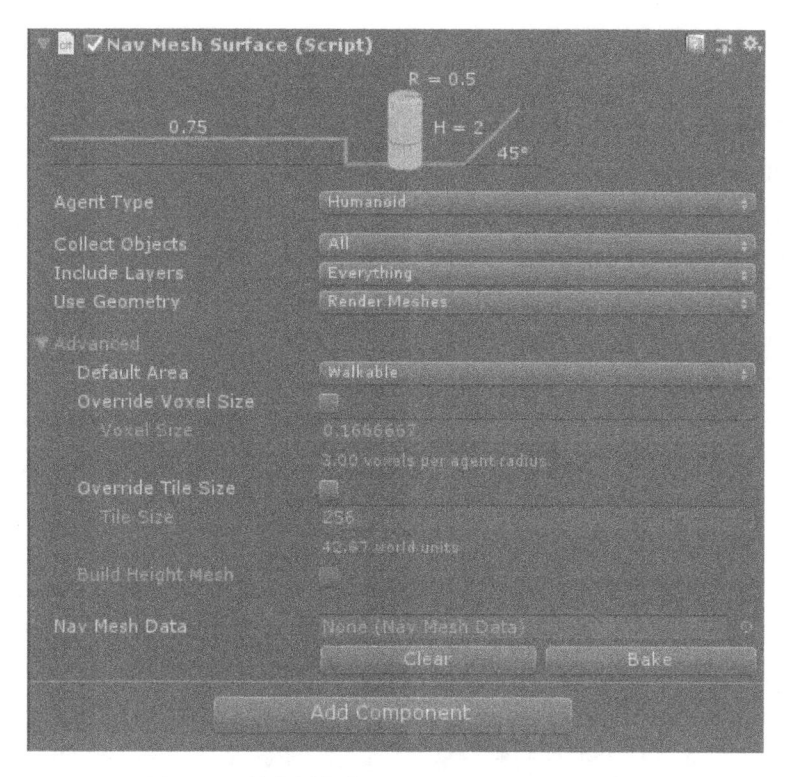

图 9-24 导航网格表面（NavMesh Surface）组件

（由选中标记表示）：

-无：自动取消勾选所有其他选项，将它们关闭

-所有的：自动勾选所有其他选项，将它们打开

-默认的：

-透明层

-忽略射线投射

-水

-用户界面

（4）使用几何体：选择用于烘焙的几何体。

-渲染网格：使用渲染网格和地形中的几何体。

-物理碰撞器：使用碰撞体和地形中的几何体。此选项与 Render Meshes 选项相比，代理可以移动到更接近环境物理边界的边缘。

使用导航网格表面组件的主要设置可以大范围过滤输入几何体。使用导航网格修改器（NavMesh Modifier）组件可以微调 Unity 针对每个游戏对象处理输入几何体的方式。

烘焙过程会自动排除具有导航网格代理（NavMesh Agent）或导航网格障碍物（NavMesh Obstacle）的游戏对象。这些游戏对象是导航网格的动态用户，因此不参与导航网格构建。

在 Advanced 设置部分可自定义以下附加参数：

（5）Default Area 定义构建导航网格时生成的区域类型。

-Walkable（这是默认选项）

-Not Walkable

-Jump

使用导航网格修改器组件可以更详细地修改区域类型。

（6）Override Voxel Size：控制 Unity 处理导航网格烘焙的输入几何体的准确程度（这是速度和准确度之间的权衡），选中复选框可启用该属性，默认情况下会取消选中该复选框（禁用）。

每个代理半径 3 个体素（每个直径 6 个）允许捕获狭窄的通道（如门），同时保持快速烘焙。对于大型开放区域，每个半径使用 1 或 2 个体素可加快烘焙速度。室内的密集点更适合较小的体素，例如每个半径 4~6 个体素。每个半径超过 8 个体素通常不会进一步带来好处。

（7）Override Tile Size：为了使烘焙过程并行执行且提高内存效率，场景将分区进行烘焙。导航网格上可见的白线是区块边界，默认区块大小为 256 个体素，这种大小在内存使用和导航网格碎片之间提供了良好的折衷。

要更改此默认区块大小，请选中此复选框，然后在 Tile Size 字段中输入您希望 Tile Size 包含的体素数。区块越小，导航网格就越碎片化，这种情况下有时会导致非最佳路径。导航网格雕刻也基于区块进行。如果有很多障碍物，通常可以通过减小区块大小（例如 64~128 个体素）来加速雕刻。如果计划在运行时烘焙导航网格，请使用较小的区块大小以使最高内存使用率处于较低水平。

（8）Build Height Mesh：不支持。

（9）Nav Mesh Data：导航网格数据。

在更新的版本中包括高级调试可视化的功能。使用 Debug Visualization 部分中的设置可诊断导航网格构建过程中遇到的任何问题。不同的复选框显示了导航网格构建过程的每个步骤，包括输入场景体素化（Input Geometry）、区域分割（Regions）、轮廓生成（Contours）和导航网格多边形（Polygon Meshes）。

## 9.6　导航网格修改器（NavMesh Modifier）

导航网格修改器（NavMesh Modifier）可在运行时调整特定游戏对象在导航网

格烘焙期间的行为方式。要使用导航网格修改器组件，创建一个空游戏对象，然后添加组件 NavMesh Modifier。

导航网格修改器在整个层级视图上影响游戏对象，这意味着该组件附加到的游戏对象及其所有子项都受到影响。此外，如果在变换层级视图的下层找到另一个导航网格修改器，则新的导航网格修改器将覆盖层级视图上层的导航网格修改器。导航网格修改器也会影响导航网格生成过程，这意味着必须更新导航网格以反映对导航网格修改器的任何更改。

（1）Ignore From Build：选中此复选框可从构建过程中排除游戏对象及其所有子项。

（2）Override Area Type：选中此复选框可更改包含修改器的游戏对象及其所有子项的区域类型。

（3）Area Type：从下拉菜单中选择要应用的新区域类型。

（4）Affected Agents：修改器影响的一系列代理（Agent），例如，可选择为特定代理排除某些障碍物。

## 9.7 导航网格修改器体积（NavMesh Modifier Volume）

导航网格修改器体积（NavMesh Modifier Volume）组件不在 Unity 标准安装中，导航网格修改器体积会将一个已定义的区域标记为特定类型（如 Lava 或 Door），而导航网格修改器会将某些游戏对象标记为某种区域类型。导航网格修改器体积允许在本地根据特定体积更改区域类型。

要使用导航网格修改器体积组件，请导航至 GameObject>AI>NavMesh Modifier Volume。导航网格修改器体积用于标记不能表示为单独几何体的可行走表面的某些区域，例如危险区域。此组件也可用于使某些区域不可行走。导航网格修改器体积也会影响导航网格生成过程，这意味着必须更新导航网格以反映对导航网格修改器体积的任何更改，如图 9-25 所示。

图 9-25　导航网格修改器体积

NavMesh Modifier Volume 组件包括如下属性：

（1） Size：导航网格修改器体积的尺寸，由 XYZ 测量值定义。

（2） Center：相对于游戏对象中心的导航网格修改器体积的中心，由 XYZ 测量值定义。

（3） Area Type：描述导航网格修改器体积适用的区域类型。

-Walkable（这是默认选项）

-Not Walkable

-Jump

（4） Affected Agents：导航网格修改器体积影响的一系列代理（Agent）。例如，可选择仅针对特定代理类型将选定的导航网格修改器体积标记为危险区域。

-None

-All（这是默认选项）

-Humanoid

-Ogre

## 9.8　导航网格链接（NavMesh Link）

导航网格链接（NavMesh Link）组件不在 Unity 标准安装中。导航网格链接在使用导航网格的两个位置之间创建可导航的链接，此链接可以是点到点，也可以跨越间隙，在后一种情况下，代理（Agent）使用沿着入口边缘的最近位置来跨越链接。必须使用导航网格链接来连接不同的导航网格表面。

要使用导航网格链接组件，请导航至 GameObject>AI>NavMesh Link，如图 9-26 所示。

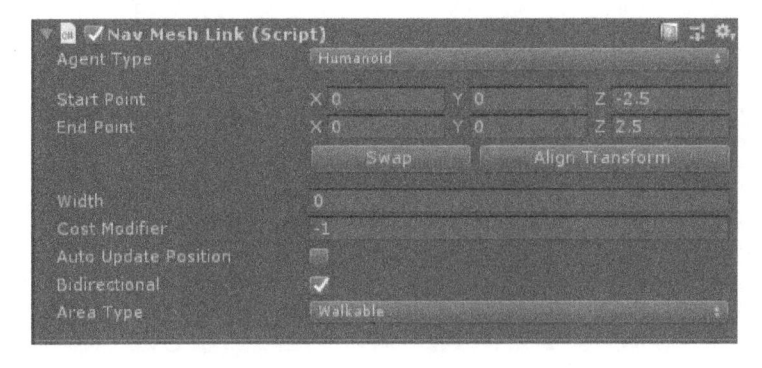

图 9-26　导航网格链接

（1）Agent Type：可使用该链接的代理类型。

-Humanoid

-Ogre

（2）Start Point：链接起点（相对于游戏对象），由 XYZ 测量值定义。

（3）End Point：链接终点（相对于游戏对象），由 XYZ 测量值定义。

（4）Align Transform To Points：单击此按钮可将游戏对象移到链接的中心点，并将变换的前向轴与终点对齐。

（5）Width

（6）Cost Modifier

（7）Auto Update Position

（8）Bidirectional：选中此复选框时，导航网格代理（NavMesh Agent）会双向遍历导航网格链接（从起点到终点，再从终点回到起点）。取消选中此复选框时，导航网格链接仅单向运行（仅从起点到终点）。

（9）Area Type 导航网格链接的区域类型（这会影响寻路成本）。

-Walkable（这是默认选项）

-Not Walkable

-Jump

如果希望代理在场景中的多个导航网格表面之间移动，必须使用导航网格链接连接它们。在图 9-27 示例场景中，蓝色和红色导航网格在不同的导航网格表面中定义，并使用导航网格链接连接它们。

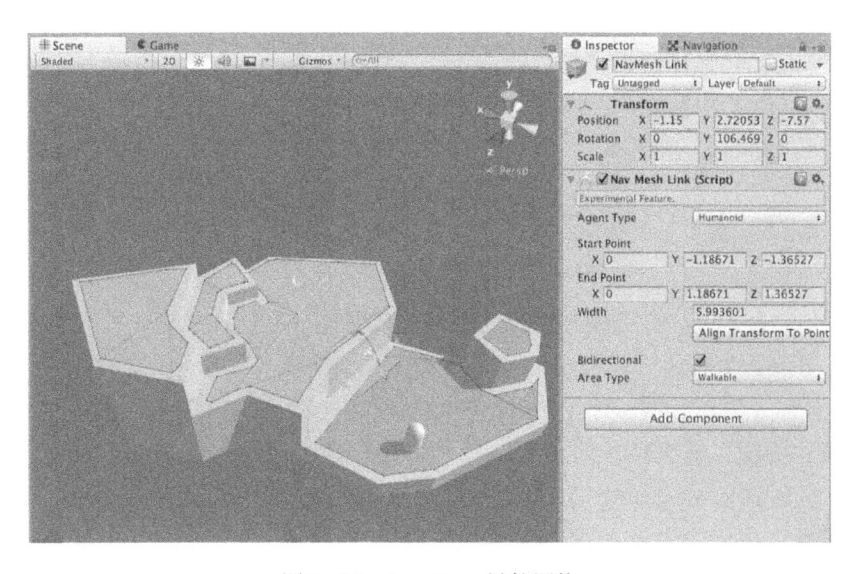

图 9-27　Area Type 导航网格

在连接导航网格表面时，应注意以下几点：

（1）可使用多个导航网格链接来连接导航网格表面。

（2）导航网格表面和导航网格链接都必须具有相同的代理类型。

（3）导航网格链接的起点和终点只能在一个导航网格表面上。

（4）如果要加载第二个导航网格表面，并在第一个场景中有未连接的导航网格链接，请确保它们未连接到任何不需要的导航网格表面。

## 9.9　导航网格构建组件 API

导航网格构建组件可提供在运行时以及在 Unity Editor 中构建（也称为烘焙）和使用导航网格的额外控制力。

### 9.9.1　导航网格表面（NavMeshSurface）

（1）agentTypeID：需要构建导航网格的代理类型的 ID。

（2）collectObjects：定义如何从场景收集输入几何体，为 UnityEngine. AI. CollectObjects 之一。

All：使用场景中的所有对象。

Volume：使用场景中与包围体接触的所有游戏对象（请参阅 size 和 center）

Children：使用导航网格表面（NavMesh Surface）附加到的游戏对象的所有子对象。

（3）size：构建体积的尺寸，该大小不受缩放影响。

（4）center：构建体积的中心（相对于变换中心）。

（5）layerMask：位掩码，用于定义必须将哪些层上的游戏对象包含在烘焙中。

（6）useGeometry：定义用于烘焙的几何体，为 UnityEngine. NavMeshCollectGeometry 之一：

RenderMeshes：使用渲染网格和地形中的几何体。

PhysicsColliders：使用碰撞体和地形中的几何体。

（7）defaultArea：所有输入几何体的默认区域类型（除非另有说明）。

（8）ignoreNavMeshAgent：如果具有导航网格代理（Nav Mesh Agent）组件的游戏对象应作为输入被忽略，则为 True。

（9）ignoreNavMeshObstacle：如果具有导航网格障碍物（Nav Mesh Obstacle）组件的游戏对象应作为输入被忽略，则为 True。

（10）overrideTileSize：如果设置了区块大小，则为 True。

（11）tileSize：以体素为单位的区块大小（组件描述包含有关如何选择区块大小的信息）。

（12）overrideVoxelSize：如果设置了体素大小，则为 True。

（13）voxelSize：以世界单位表示的体素大小（组件描述包含有关如何选择区块大小的信息）。

（14）buildHeightMesh：未实现。

（15）bakedNavMeshData：对表面使用的 NavMeshData 的引用，如果未设置，则为 null。

（16）activeSurfaces：所有激活状态的导航网格表面的列表。

上述值会影响烘焙的结果，因此必须调用 Bake（）来包含它们。

公共函数：void Bake（）。根据导航网格表面上设置的参数烘焙新的 NavMeshData，可通过 bakedNavMeshData 访问该数据。

### 9.9.2 导航网格修改器（NavMesh Modifier）

（1）overrideArea：如果修改器覆盖区域类型，则为 True。

（2）area：要应用的新区域类型。

（3）ignoreFromBuild：如果包含修改器的游戏对象及其子项不应当用于导航网格烘焙，则为 True。

（4）activeModifiers：所有激活状态的导航网格修改器的列表。

公共函数：bool AffectsAgentType（int agentTypeID）。如果修改器应用于指定的代理类型，则返回 true，否则返回 false。

### 9.9.3 导航网格修改器体积（NavMesh Modifier Volume）

（1）size：包围体的大小（采用局部空间单位）。变换会影响该大小。

（2）center：包围体的中心（采用局部空间单位）。变换会影响该中心。

（3）area：要应用于包围体内的导航网格区域的区域类型。

公共函数：bool AffectsAgentType（int agentTypeID）。如果修改器应用于指定的代理类型，则返回 true。

### 9.9.4 导航网格链接（NavMesh Link）

（1）agentTypeID：可使用该链接的代理类型。

（2）startPoint：链接的起点（采用局部空间单位）。变换会影响该位置。

（3）endPoint：链接的终点（采用局部空间单位）。变换会影响该位置。

（4）width：链接的宽度（采用世界长度单位）。

（5）bidirectional：如果为 true，则可以双向遍历链接。如果为 false，只能按照从起点到终点的方向遍历链接。

（6）autoUpdate：如果为 true，则链接将更新端点以跟随每帧的游戏对象变换。

（7）area：链接的区域类型（用于计算寻路成本）。

公共函数：void UpdateLink（）。更新链接以便与关联的变换匹配。这对于更新链接很有用（例如在更改变换位置之后），但如果启用了 autoUpdate 属性，则不需要。但是，如果很少更改链接变换，则调用 UpdateLink 可能对性能产生的影响要小得多。

## 9.10　导航网格代理（NavMesh Agent）

NavMeshAgent 组件可创建在朝目标移动时能够彼此避开的角色。代理（Agent）使用导航网格来推断游戏世界，并知道如何避开彼此以及其他移动障碍物。如图 9-28 所示，寻路和空间推断是使用导航网格代理的脚本 API 进行处理的。

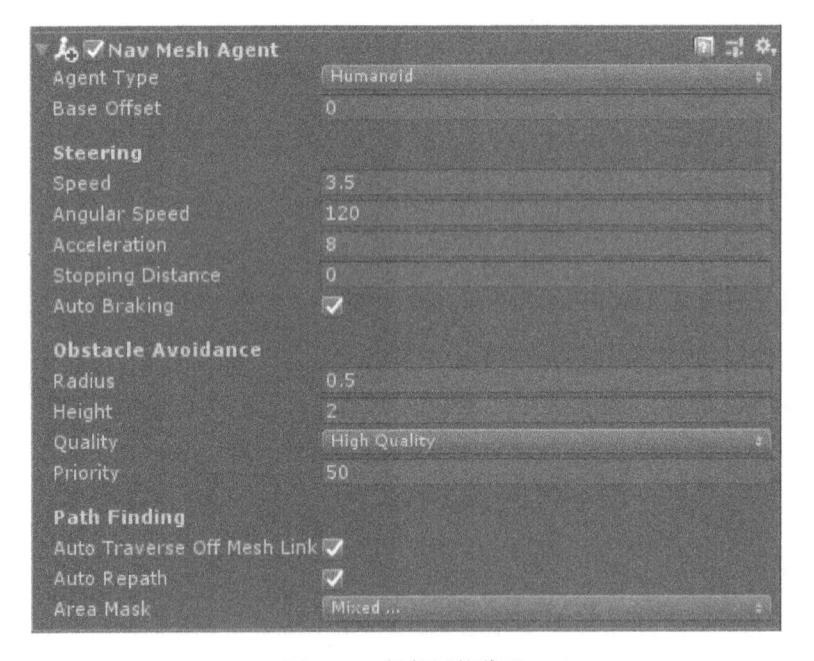

图 9-28　导航网格代理

（1）Agent Type。

（2）Base offset：碰撞圆柱体相对于变换轴心点的偏移。

（3）Speed：最大移动速度（以世界单位/秒表示）。

（4）Acceleration：最大加速度（以世界单位/平方秒表示）。

（5）Stopping distance：当靠近目标位置的距离达到此值时，代理将停止。

（6）Auto Braking：启用此属性后，代理在到达目标时将减速。对于巡逻等行为（这种情况下，代理应在多个点之间平滑移动）应禁用此属性。

（7）Radius：代理的半径，用于计算障碍物与其他代理之间的碰撞。

（8）Height：代理通过头顶障碍物时所需的高度间隙。

（9）Quality：障碍躲避质量。如果拥有大量代理，则可以通过降低障碍躲避质量来节省 CPU 时间。如果将躲避设置为无，则只会解析碰撞，而不会尝试主动躲避其他代理和障碍物。

（10）Priority：执行避障时，此代理将忽略优先级较低的代理。该值应在 0~99 范围内，其中较低的数字表示较高的优先级。

（11）Auto Traverse OffMesh Link：设置为 true 可自动遍历网格外链接（Off-Mesh Link）。如果要使用动画或某种特定方式遍历网格外链接，则应关闭此功能。

（12）Auto Repath：启用此属性后，代理将在到达部分路径末尾时尝试再次寻路。当没有到达目标的路径时，将生成一条部分路径通向与目标最近的可达位置。

（13）Area Mask：Area Mask 描述了代理在寻路时将考虑的区域类型。在准备网格进行导航网格烘焙时，可设置每个网格区域类型。例如，可将楼梯标记为特殊区域类型，并禁止某些角色类型使用楼梯（图 9-29）。

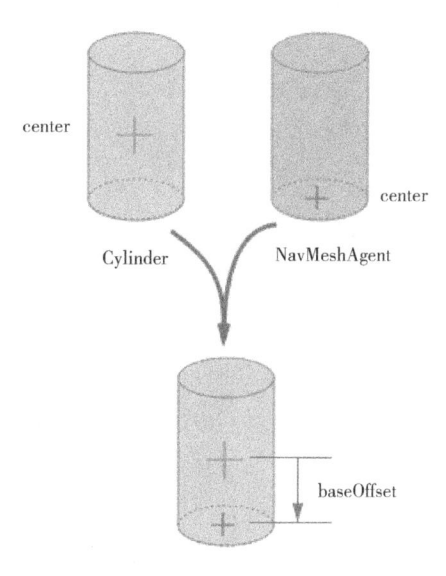

图 9-29　Area Mask

代理由直立圆柱体定义，而该圆柱体的大小由 Radius 和 Height 属性指定。圆柱体随对象移动，但即使对象本身旋转也始终保持直立。圆柱体的形状用于检测并响应其他代理和障碍物之间的碰撞。当游戏对象的锚点不在圆柱体的底部时，可使用 Base Offset 属性来获取高度差。

圆柱体的高度和半径实际上在两个不同的位置指定：导航网格烘焙设置和各代理的属性。导航网格烘焙设置描述了所有导航网格代理如何碰撞或避开静态世界几何体。为了保持内存在预算范围内和 CPU 负载在控制范围内，只能在烘焙设置中指定一种大小。

导航网格代理属性值描述代理如何与移动障碍物及其他代理碰撞，通常在这两个位置设置相同的代理大小。但在某些情况下，例如，一个沉重的士兵可能有更大的半径，所以其他代理会在他周围保持更大间隔空间，但在其他情况下他避开环境的方式是相同的。

## 9.11　导航网格障碍物（Nav Mesh Obstacle）

导航网格障碍物（Nav Mesh Obstacle）组件允许描述导航网格代理在世界中导航时应避开的移动障碍物（例如，由物理系统控制的木桶或板条箱）。当障碍物正在移动时，导航网格代理会尽力避开它。当障碍物静止时，它会在导航网格中雕刻一个孔。如图 9-30 所示，导航网格代理随后将改变它们的路径以绕过障碍物，或者如果障碍物导致路径被完全阻挡，则寻找其他不同路线。

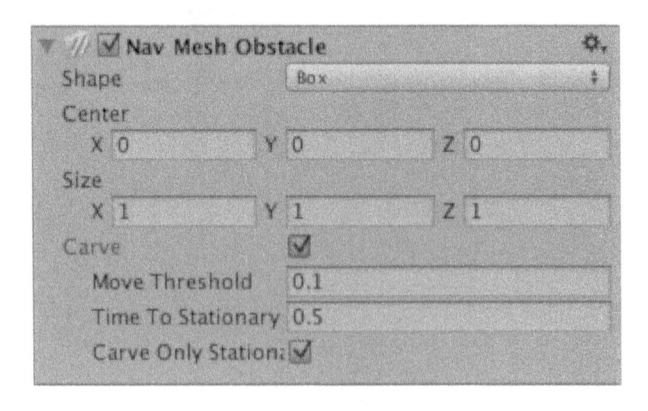

图 9-30　导航网格障碍物

（1）Shape：障碍物几何体的形状。选择最适合对象形状的选项。

Box
> Center 盒体的中心（相对于变换位置）。
> Size 盒体的大小。

Capsule
> Center 胶囊体的中心（相对于变换位置）。
> Radius 胶囊体的半径。
> Height 胶囊体的高度。

（2）Carve：勾选 Carve 复选框后，导航网格障碍物会在导航网格中创建一个孔。

（3）Move Threshold：当导航网格障碍物的移动距离超过 Move Threshold 设置的值时，Unity 会将其视为移动状态。使用此属性可设置该阈值距离来更新移动的雕孔。

（4）Time To Stationary：将障碍物视为静止状态所需等候的时间（以秒为单位）。

（5）Carve Only Stationary：启用此属性后，只有在静止状态时才会雕刻障碍物。

导航网格障碍物可通过两种方式影响导航网格代理在游戏中的导航：

（1）障碍。未启用 Carve 时，导航网格障碍物的默认行为类似于碰撞体的行为。导航网格代理会尝试避免与导航网格障碍物的碰撞，当靠近时，它们会与导航网格障碍物碰撞。障碍躲避行为是非常基本的，具有一条短半径。因此，导航网格代理可能无法在导航网格障碍物很混乱的环境中找到方向。此模式最适合用于障碍物不断移动的情况（例如，车辆或玩家角色）。

（2）雕刻。启用 Carve 时，障碍物处于静止状态时将在导航网格中雕刻一个孔。移动时，障碍物即为障碍物。在导航网格中雕刻一个孔后，寻路器（pathfinder）能够让导航网格代理绕过雕有障碍物的位置周围，或者如果当前路径被障碍物阻挡，则寻找另一条路线。对于通常会阻碍导航但可被玩家或其他游戏事件（如爆炸）移动的导航网格障碍物（例如板条箱或木桶），最好为其开启雕刻功能（图 9-31）。

当导航网格障碍物的移动距离超过 Carve>Move Threshold 设置的值时，Unity 会将其视为移动状态。当导航网格障碍物移动时，雕刻的孔也会移动。但是，为了减少 CPU 开销，只在必要时才重新计算该孔。此计算的结果将在下一帧更新中可用。重新计算逻辑有两个选项：

——仅当导航网格障碍物静止时才进行雕刻。

——导航网格障碍物移动后进行雕刻。

仅当导航网格障碍物静止时才进行雕刻这是默认行为，要启用此选项，请勾选

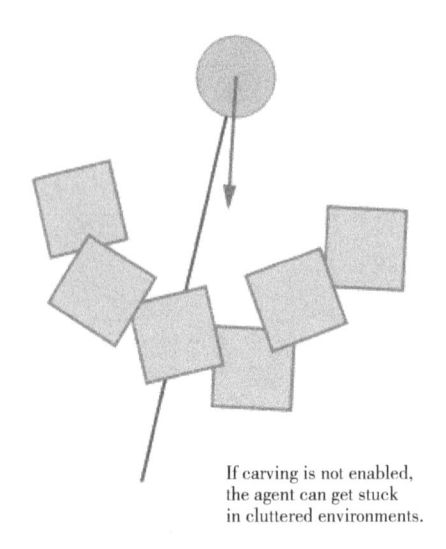

If carving is not enabled, the agent can get stuck in cluttered environments.

图 9-31 雕刻

导航网格障碍物组件的 Carve Only Stationary 复选框，在此模式下，当导航网格障碍物移动时，雕刻的孔将被移除。当导航网格障碍物已停止移动并且静止时间超过 Carving Time To Stationary 设置的值时，障碍物将被视为静止状态，并再次更新雕刻的孔。当导航网格障碍物为移动状态时，导航网格代理会使用碰撞躲避功能避开它，但不会在它周围规划路径。

Carve Only Stationary 通常是性能方面的最佳选择，当与导航网格障碍物相关联的游戏对象由物理系统控制时，是很适合的选项。

要启用导航网格障碍物移动后进行雕刻的模式，请取消勾选导航网格障碍物组件的 Carve Only Stationary 复选框，取消勾选此复选框的情况下，当障碍物移动的距离超过 Carving Move Threshold 设置的值时，雕刻的孔会更新。此模式适用于大型缓慢移动的障碍物。

使用导航网格查询方法时，应考虑到更改导航网格障碍物与该更改对导航网格生效之间存在一帧延迟。

## 9.12 网格外链接（Off-Mesh Link）

Off-MeshLink 组件允许合并无法使用可行走表面来表示的导航捷径，例如，跳过沟渠或围栏，或在通过门之前打开门，全都可以描述为网格外链接（图 9-32）。

（1）Start：描述网格外链接起始位置的对象。

（2）End：描述网格外链接起始位置的对象。

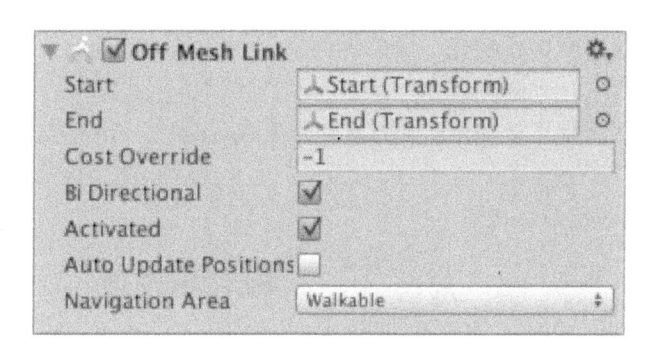

图 9-32 网格外链接

（3）Cost Override：如果值为正，则在计算处理路径请求的路径成本时使用该值。否则，使用默认成本（此游戏对象所属区域的成本）。如果 Cost Override 设置为值 3.0，则在网格外链接上移动的成本将是在默认导航网格区域上移动相同距离的成本的 3 倍。如果希望让代理通常优先选择步行，但当步行距离明显更长时使用网格外链接，则 Cost Override 设置将变得有用。

（4）Bi-Directional：如果启用此属性，则可以在任一方向上遍历链接。否则，只能按照从 Start 到 End 的方向遍历链接。

（5）Activated：指定寻路器（pathfinder）是否将使用此链接（如果将此属性设置为 false，则将忽略它）。

（6）Auto Update Positions：如果启用此属性，当端点移动时，网格外链接将重新连接到导航网格。如果禁用，即使移动了端点，链接也将保持在其起始位置。

（7）Navigation Area：描述链接的导航区域类型。如图 9-33 所示，该区域类型允许对相似区域类型应用常见的遍历成本，并防止某些角色根据代理的区域遮罩（Area Mask）访问网格外链接。

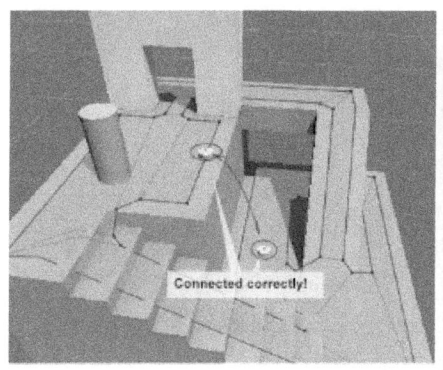

图 9-33 操作图

如果代理未遍历网格外链接，请确保两个端点都已正确连接。正确连接的端点应在接入点周围显示一个圆圈。

另一个常见原因是导航网格代理（Navmesh Agent）的 Area Mask 没有包含网格外链接的区域。

## 9.13　高级导航网格烘焙设置

### 9.13.1　Min Region Area

借助 Min Region Area 高级构建设置，可剔除未连接的小型导航网格区域。表面积小于指定值的导航网格区域将被移除，如图 9-34 所示。

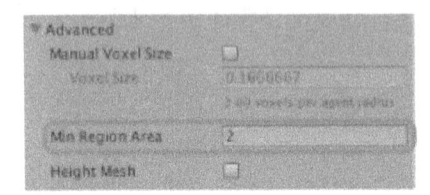

图 9-34　Min Region Area

尽管有 Min Region Area 设置，可能也无法删除某些区域。导航网格是以区块网格形式并行构建而成的，如果某个区域跨越区块边界，则不会移除该区域。此情况的原因是区域修剪发生在构建过程中无法访问周围区块的阶段。

### 9.13.2　体素大小（Voxel Size）

通过 Manual Voxel Size 设置可更改烘焙过程的准确度。导航网格烘焙过程使用体素化从任意级别几何体构建导航网格。在算法的第一轮中，场景被光栅化为体素，然后提取可行走表面，最后将可行走表面变成导航网格。体素大小描述了生成的导航网格表示场景几何体的准确程度。默认的精度设置为每个代理半径为 3 个体素，即整个代理宽度为 6 个体素。此设置可在精确度和烘焙速度之间实现良好折中。

体素大小减半将使内存使用量增加 4 倍，构建场景需要的时间也为 4 倍（图 9-35）。

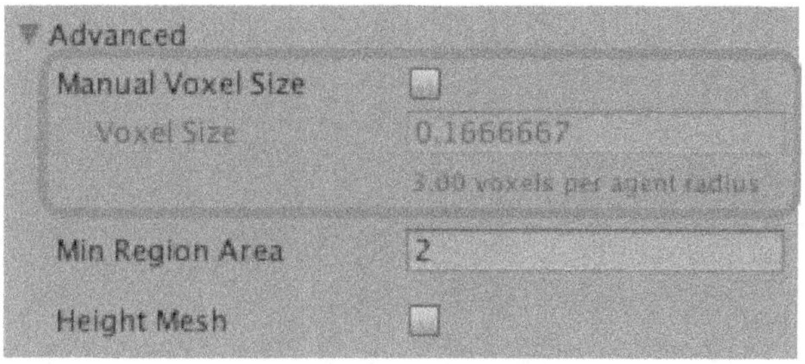

图 9-35　体素大小

通常情况下不应调整体素大小，但有两种情况可能需要这样做：构建更小的代理半径或更准确的导航网格。

### 9.13.3　更小的代理半径

针对人为减小的代理半径进行烘焙时，导航网格烘焙系统也会减小体素大小。如果其他代理尺寸保持不变，可能没有必要增加导航网格构建分辨率。最简单的方法如下：

（1）将 Agent Radius 设置为实际代理半径。
（2）启用 Manual Voxel Size，这样将采用当前的体素大小并"将其冻结"。
（3）设置人为减小的 Agent Radius，因为已经选中了 Manual Voxel Size，体素大小不会改变。

### 9.13.4　更准确的导航网格

如果关卡有很多密集点，可能希望通过减小体素来提高准确度。Voxel Size 下的标签显示了体素大小和代理半径之间的关系。较好的范围介于 2~8，好于通常会导致构建时间大幅延长的设置。

当有意在游戏中构建紧凑的走廊时，除代理半径外还应留出至少 4 * voxelSize 的空隙，特别是走廊成角度的情况下。如果需要更小的走廊且超出了导航网格烘焙能够支持的范围，请考虑使用网格外链接。这些链接具有额外的好处，可以检测它们何时被使用，并可以播放特定动画等。

### 9.13.5　创建导航网格代理

为关卡烘焙导航网格后，即可创建能够在场景中导航的角色了。我们将使用圆柱体构建原型代理，并将代理设置为运动状态。为实现此目的，需要使用导航网格代理（NavMesh Agent）组件和简单脚本，如图 9-36 所示。

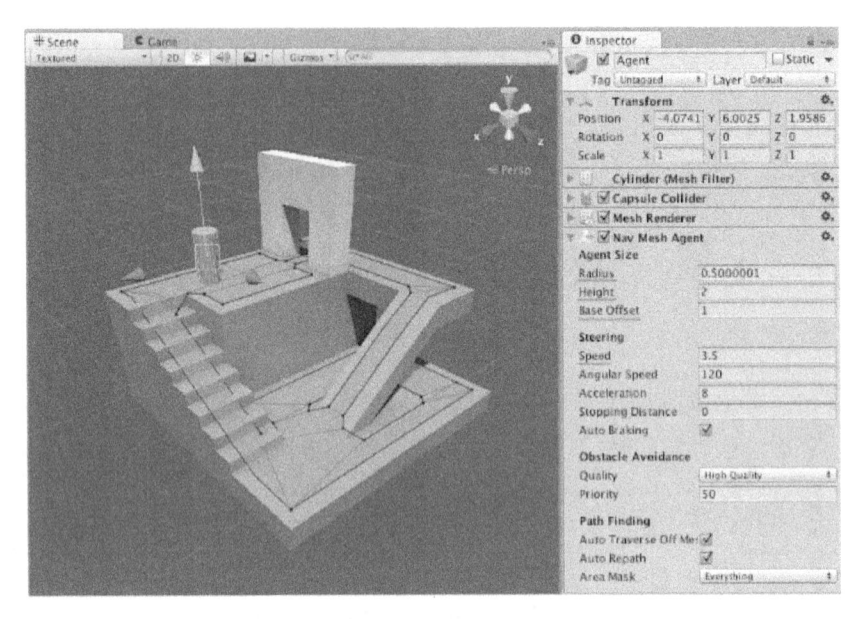

图 9-36　导航网格代理

（1）创建一个圆柱体：GameObject>3D Object>Cylinder。

（2）默认的圆柱体尺寸（高度 2 和半径 0.5）适用于人形代理，因此我们将这些尺寸保持原样。

（3）添加一个导航网格代理组件：Component>Navigation>NavMesh Agent。

现在已设置简单的导航网格代理来准备接收命令。开始尝试使用导航网格代理时，很可能需要根据角色大小和速度调整代理的尺寸。导航网格代理组件将负责角色的寻路和移动控制。在脚本中，导航的设置十分简单，只需设置所需的目标点：导航网格代理可从此处进行所有内容的处理。

```
//MoveTo.cs
using UnityEngine;
using UnityEngine.AI;

public class MoveTo:MonoBehaviour{

    public Transform goal;

    void Start(){
```

```
        NavMeshAgent agent = GetComponent<NavMeshAgent>( ) ;
        agent. destination = goal. position;
    }
}
```

接下来，需要构建一个简单的脚本，通过此脚本可将角色发送到另一个游戏对象指定的目标，并构建一个用作移动目标的球体：

(1) 创建一个新的 C#脚本（MoveTo.cs）并将其内容替换为以上脚本。
(2) 将 MoveTo 脚本分配给刚刚创建的角色。
(3) 创建一个球体，此球体将用作代理移动到的目标。
(4) 将球体从角色移动到靠近导航网格表面的位置。
(5) 选择角色，找到 MoveTo 脚本，并将球体分配给 Goal 属性。
(6) 按 Play，可看到代理导航到球体的位置。

总而言之，在脚本中，需要获取对导航网格代理组件的引用，然后为了将代理设置为运动状态，只需将一个位置分配给其 destination 属性。导航操作方法部分提供了进一步的一些示例来说明如何使用导航网格代理解决常见的游戏问题。

### 9.13.6 创建导航网格障碍物

导航网格障碍物（NavMesh Obstacle）组件可用于描述代理在导航时应避开的障碍物。例如，代理应该在移动时避开物理控制的物体，例如板条箱和木桶。我们将添加一个板条箱来阻挡该关卡顶部的通道，如图 9-37 所示。

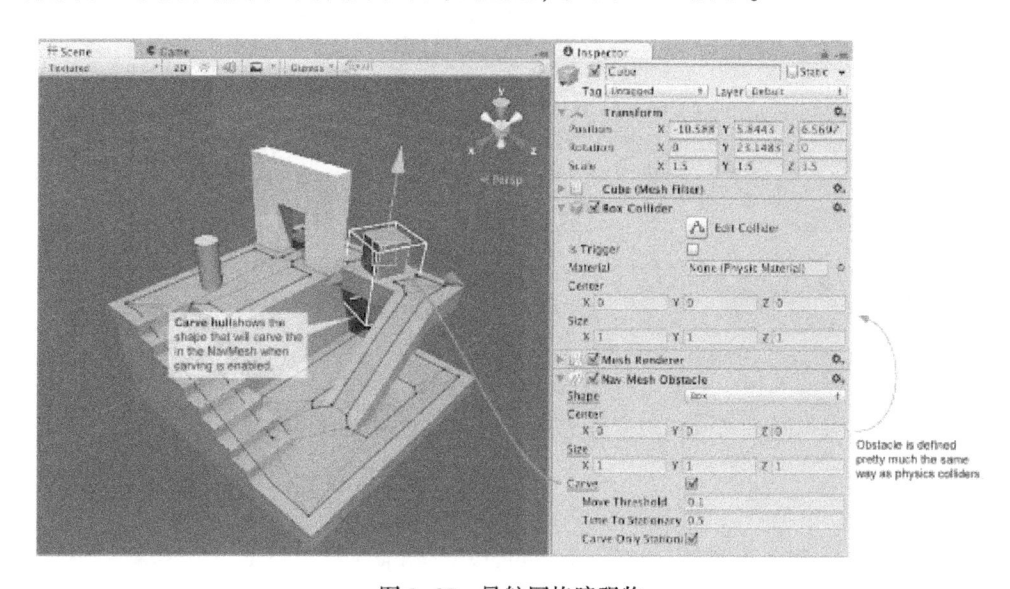

图 9-37　导航网格障碍物

(1) 首先创建一个立方体来表现板条箱：Game Object>3D Object>Cube。

(2) 将立方体移动到平台顶部，立方体的默认大小很适合板条箱，因此请保持原样。

(3) 将一个导航网格障碍物组件添加到立方体。从 Inspector 中选择 Add Component，然后选择 Navigation>NavMesh Obstacle。

(4) 将障碍物的形状设置为盒体（Box），更改形状将使中心和大小自动适应渲染网格。

(5) 将一个刚体添加到障碍物。从 Inspector 中选择 Add Component，然后选择 Physics>Rigid Body。

(6) 最后从 NavMesh Obstacle Inspector 中开启 Carve 设置，以便代理了解如何在障碍物周围寻路。

现在我们有一个物理控制的有效板条箱，并且 AI 了解如何在导航时避开。

### 9.13.7 创建网格外链接

网格外链接（Off-Mesh Link）用于创建穿过可步行导航网格表面外部的路径。例如，如图 9-38 所示，跳过沟渠或围栏，或在通过门之前打开门，全都可以描述为网格外链接。我们将添加一个网格外链接组件来描述从上层平台到地面的跳跃。

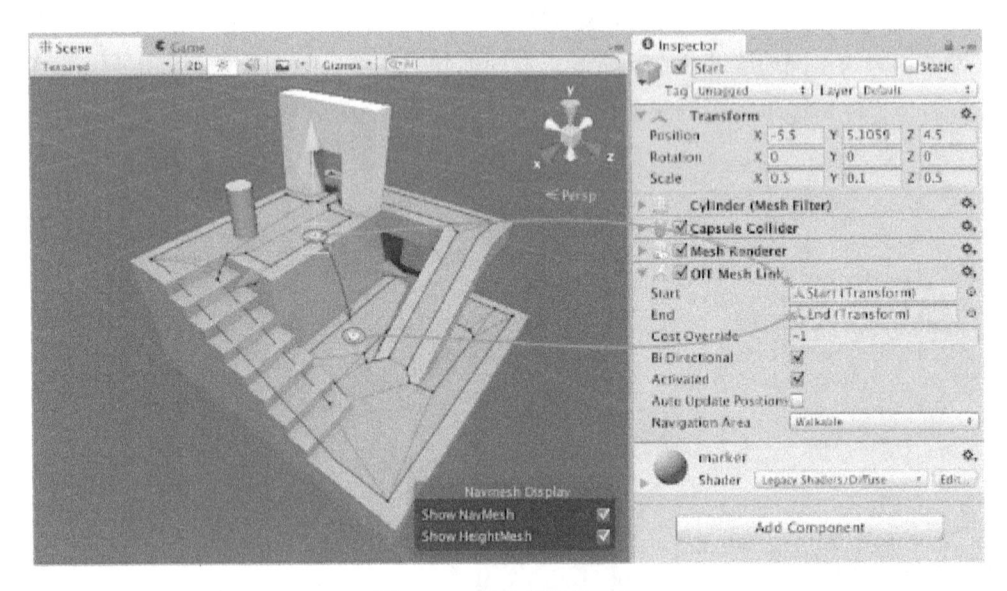

图 9-38 网格外链接组件

(1) 首先创建两个圆柱体。Game Object>3D Object>Cylinder。

(2) 可将圆柱体的比例设置为（0.1，0.5，0.1）以便于使用它们。

(3) 将第一个圆柱体移动到上层平台的边缘，靠近导航网格表面。

(4) 将第二个圆柱体放在地面上，靠近导航网格，再链接应着陆的位置。

(5) 选择左侧的圆柱体，并为其添加网格外链接组件。从 Inspector 中选择 Add Component，然后选择 Navigation>Off Mesh Link。

(6) 在 Start 字段中分配最左侧的圆柱体，并在 End 字段中分配最右侧的圆柱体。

现在设置好了能正常运行的网格外链接。如果通过网格外链接的路径短于沿导航网格行走的路径，则将使用网格外链接。可使用场景中的任何游戏对象来容纳网格外链接组件，例如，围栏预制件可包含网格外链接组件。同样，可使用任何以变换作为开始和结束标记的游戏对象。导航网格烘焙过程可以自动检测并创建常见的跳过和掉下链接。

### 9.13.8 自动构建网格外链接

可自动检测网格外链接（Off-Mesh Link）的一些用例。两个最常见的用例为：掉下（Drop-Down）和跳过（Jump-Across）。掉下链接的作用是从平台上掉下；跳过链接的作用是跳过缝隙。

为了自动找到跳跃位置，构建过程沿着导航网格的边缘行走，并检查跳跃的着陆位置是否在导航网格上。如果跳跃轨迹畅通无阻，则会创建网格外链接。让我们来设置网格外链接的自动生成，如图 9-39 所示。

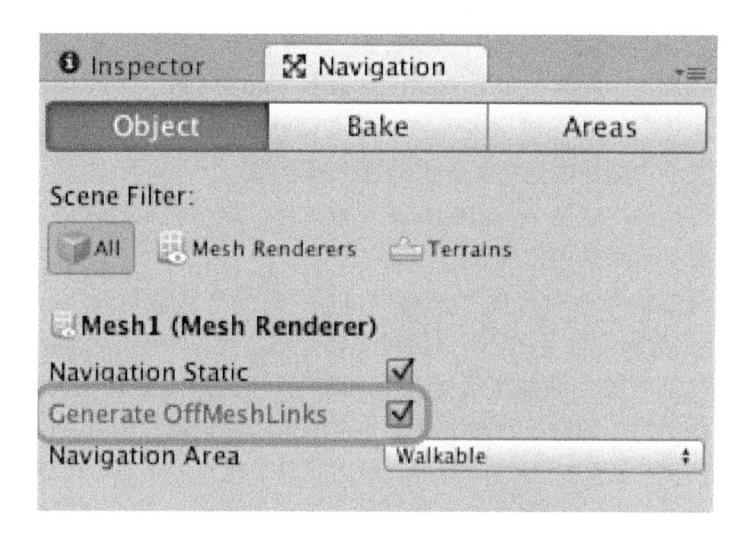

图 9-39　自动构建网格外链接

首先，需要标记场景中的跳跃起始位置对象。为此，需要在 Navigation 窗口中的 Objects 选项卡下选中 Generate Off-Mesh Links 选项，如图 9-40 所示。

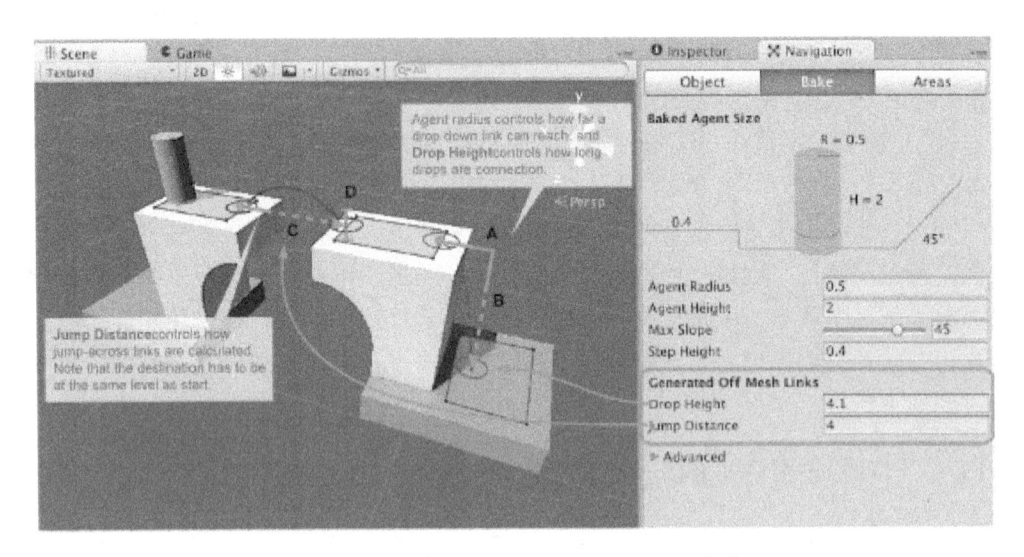

图 9-40　选中 Generate Off-Mesh Links 选项

第二步是设置掉下和跳过轨迹：

——掉下链接的生成由 Drop Height 参数控制，该参数可控制将要连接的最高掉落高度，将值设置为 0 将禁用生成。

定义掉下链接的轨迹时应使水平行程（A）为：_ 2 * agentRadius + 4 * voxelSize。即，掉落将刚好落在平台的边缘之外。此外，垂直行程（B）需要大于烘焙设置的 Step Height（否则只会走下平台）并小于 Drop Height。应按体素大小进行调整，确保在体素化期间的任何舍入误差都不会阻止生成链接。应将 Drop Height 的值设置得比在关卡中测量的值略大，使链接正确连接。

——跳过链接的生成由 Jump Distance 参数控制，该参数可控制将要连接的最远距离。将值设置为 0 将禁用生成。

定义跳过链接的轨迹时应使水平行程（C）大于 2 * agentRadius 且小于 Jump Distance。此外，着陆位置（D）不得超过距离起始位置关卡的 voxelSize。

现在已经标记对象并调整了设置，按 Bake 按钮，随即自动生成网格外链接。当更改场景并烘焙时，旧链接将被丢弃，并将根据新场景创建新链接。

如果未在所需位置生成网格外链接，请注意以下几点：

——Drop Height 应当比在关卡中测量的实际距离略大一点，这样可确保在导航网格烘焙过程中发生的小偏差不会阻止链接的连接。

——Jump Distance 应当比在关卡中测量的实际距离略远一点。Jump Distance 是从导航网格上的一个位置到导航网格上的另一个位置之间的测量值,这意味着应加上 2 * agentRadius(加一点)才能确保跨过缝隙。

### 9.13.9　构建高度网格以准确放置角色

高度网格(Height Mesh)可用于将角色更准确地放置在可行走表面上,如图 9-41 所示。

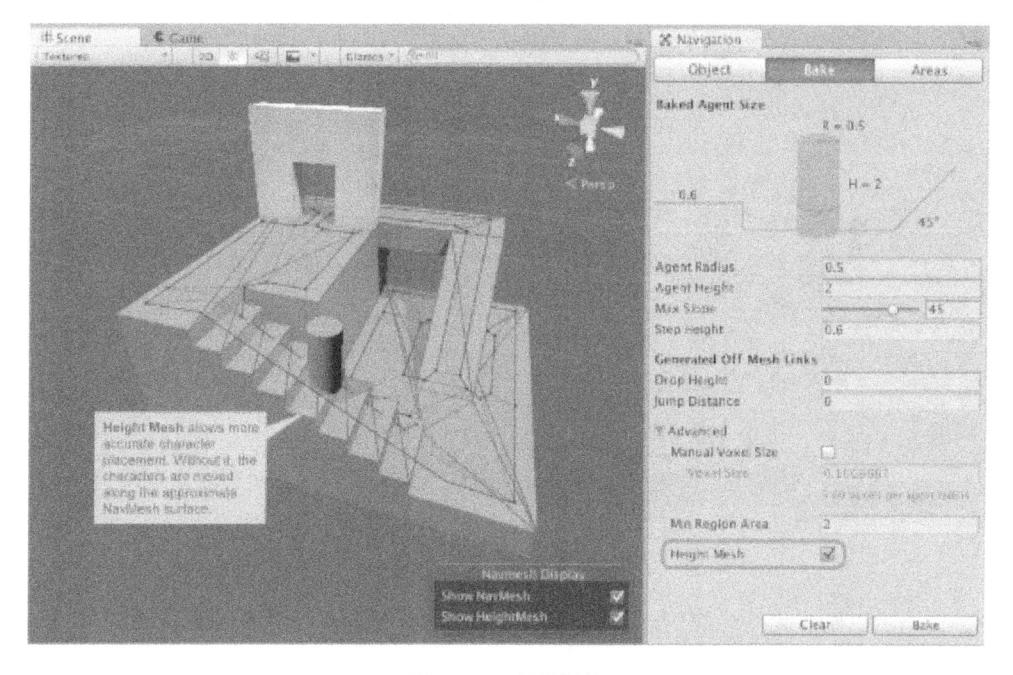

图 9-41　高度网格

在导航时,导航网格代理(NavMesh Agent)被约束在导航网格的表面上。由于导航网格是可行走空间的近似形状,因此在构建导航网格时会使某些特征扁平化,例如,楼梯可能在导航网格中显示为斜坡。如果游戏需要准确放置代理,则应在烘焙导航网格时启用 Height Mesh 构建,可在 Navigation 窗口的 Advanced 设置下找到该设置。构建高度网格将在运行时占用内存和处理资源,并需要更长一点的时间来烘焙导航网格。

### 9.13.10　导航区域和成本

(1)导航区域(Navigation Areas)。定义了穿越特定区域的难度,在寻路期间将优先选择成本较低的区域。此外，每个导航网格代理（NavMesh Agent）都有一个区域遮罩（Area Mask），可用于指定代理可以移动的区域。

在图 9-42 的示例中，区域类型用于两种常见用例：

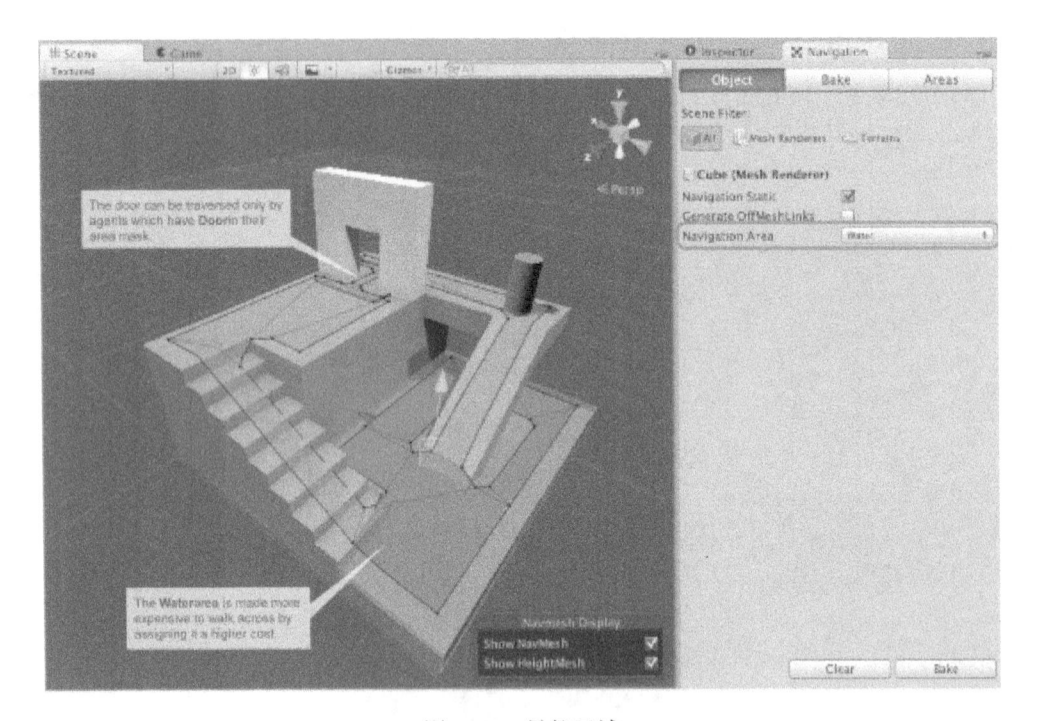

图 9-42 导航区域

Water 区域：通过分配更高的成本使该区域的行走成本更高，从而应对在浅水上行走速度较慢的情况。

Door 区域：让该区域可由特定角色访问，从而创建人类可以但僵尸不能穿过门的情况。

可将区域类型分配给导航网格烘焙中包含的每个对象，此外，每个网格外链接都有一个属性用于指定区域类型。

（2）寻路成本。简而言之，通过成本可以控制寻路器（pathfinder）在寻路时优先选择的区域，例如，如果将某个区域的成本设置为 3.0，则意味着跨越该区域的行程将是其他替代路线的 3 倍。寻路器的工作原理如图 9-43 所示。

Unity 使用 A* 计算导航网格上的最短路径，A* 适用于具有连接节点的图形。算法从距离路径起点最近的节点开始访问连接节点，直至到达目标。由于 Unity 导航表示形式为多边形网格，因此寻路器首先要做的是在每个多边形上放置一个点，这便是节点的位置。随后将计算这些节点之间的最短路径。

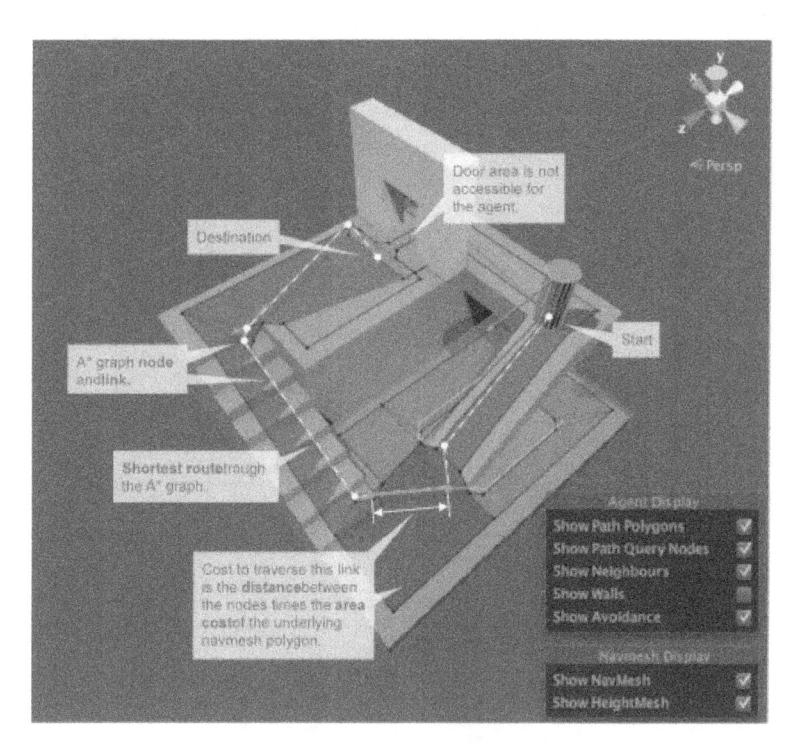

图 9-43 寻路成本

图 9-43 中黄色的点和线显示了节点和链接在导航网格上的分布情况，以及在 A*期间遍历这些节点和链接的顺序。在两个节点之间移动的成本取决于行进距离以及与该链接下的多边形的区域类型相关联的成本，即距离*成本。实际上，这意味着，如果一个区域的成本为 2.0，则此类多边形的距离将显示为两倍。A*算法要求所有成本必须大于 1.0。

成本对最终路径的影响可能难以调整，尤其是对于较长的路径，使用抵达成本的最佳方式是将其视为提示，例如，如果希望代理不要经常使用网格外链接，可增加这些链接的成本。但是，调整代理偏好在人行道上行走的行为可能存在挑战性。

在某些关卡中，有一个现象是寻路器并不总是选择最短的路径，此现象的原因在于节点的放置方式。在以下场合中，该现象可能会很明显：大型开放区域与微小障碍物相邻，从而造成导航网格具有非常大和非常小的多边形，在这种情况下，大型多边形上的节点可能放置在大型多边形的任何位置，从寻路器的角度看起来好像是绕行道。

可在 Areas 选项卡中设置每种区域类型的成本，也可使用脚本根据每个代理覆盖这些设置。

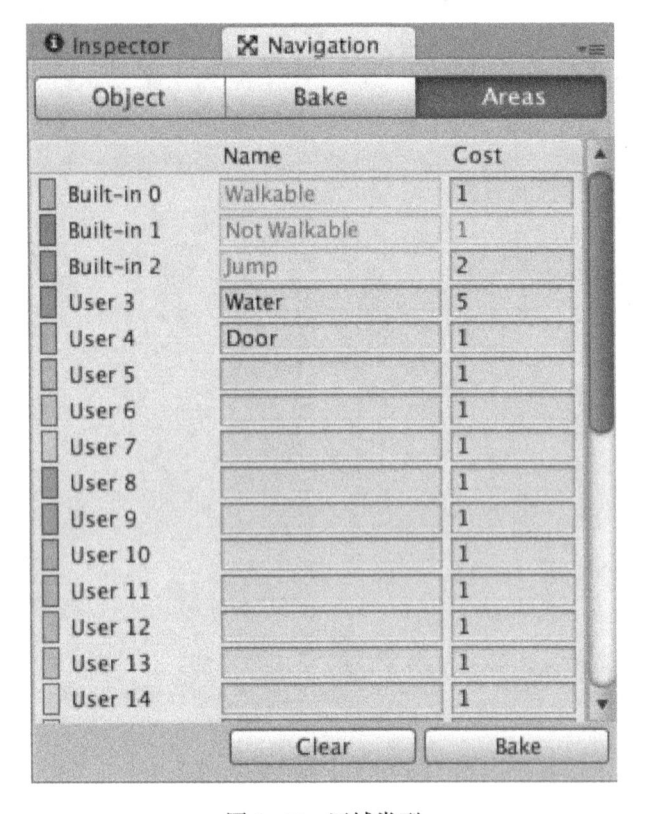

| | Name | Cost |
|---|---|---|
| Built-in 0 | Walkable | 1 |
| Built-in 1 | Not Walkable | 1 |
| Built-in 2 | Jump | 2 |
| User 3 | Water | 5 |
| User 4 | Door | 1 |
| User 5 | | 1 |
| User 6 | | 1 |
| User 7 | | 1 |
| User 8 | | 1 |
| User 9 | | 1 |
| User 10 | | 1 |
| User 11 | | 1 |
| User 12 | | 1 |
| User 13 | | 1 |
| User 14 | | 1 |

图 9-44　区域类型

（3）区域类型。

应在 Navigation 窗口的 Areas 选项卡中指定区域类型（图 9-44），此处提供了 29 个自定义类型和 3 个内置类型：Walkable、Not Walkable 和 Jump。

——Walkable 是一种可行走的通用区域类型。

——Not Walkable 是一种禁止导航的通用区域类型。如果希望将某个对象标记为障碍物，但不将导航网格置于其上，则可使用该类型。

——Jump 是分配给所有自动生成的网格外链接的区域类型。

如果不同区域类型的多个对象重叠，则生成的导航网格区域类型通常是索引最高的类型。但有一个例外：Not Walkable 始终优先。如果需要阻挡某个区域，此类型可能会有用。

（4）区域遮罩（Area Mask）（图 9-45）。

每个代理都有一个区域遮罩（Area Mask），用于描述代理在导航时可使用的区域，可在代理属性中设置区域遮罩，也可在运行时使用脚本来操作位掩码。

当希望只有某些类型的角色才能穿过某个区域时，区域遮罩非常有用，例如，

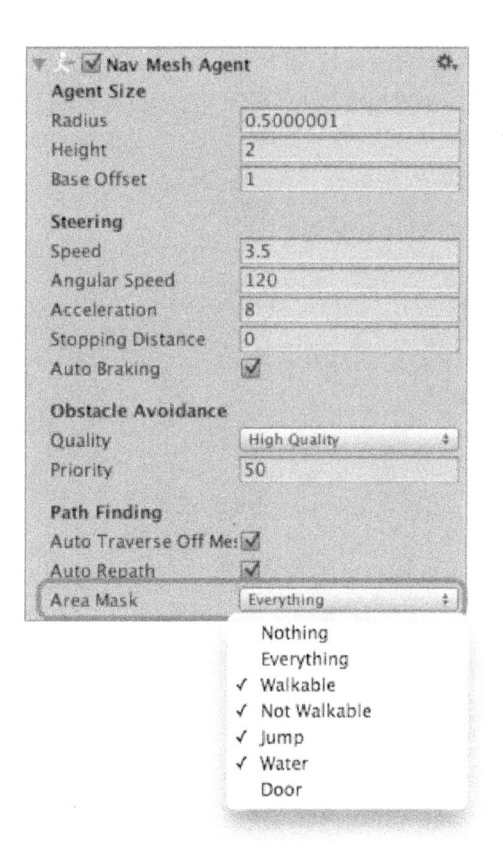

图 9-45 区域遮罩

在僵尸逃避游戏中，可使用 Door 区域类型来标记每个门下方的区域，并从僵尸角色的 Area Mask 中取消选中 Door 区域。

## 9.13.11 使用附加加载（Additive Loading）加载多个导航网格

默认情况下，不同场景中的导航网格未连接。如图 9-46 所示，使用 Application.LoadLevelAdditive（）加载另一个关卡时，需要使用网格外链接（Off-Mesh Link）连接不同场景中的导航网格。

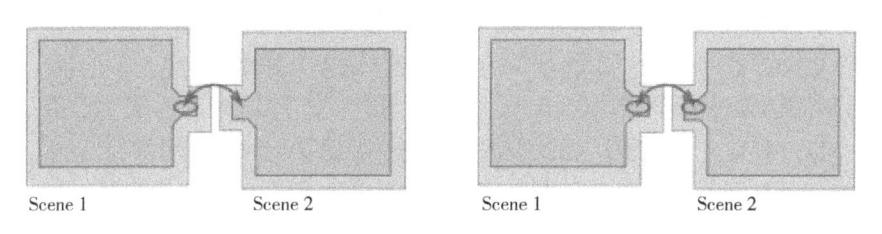

图 9-46 使用附加加载

在此示例中有两个场景：Scene 1 和 Scene 2。Scene 1 有一个网格外链接从一个可行走区域开始，并在 Scene 2 中的一个可行走区域上着陆。可根据需要设置多个连接场景的网格外链接。

在创作时，连接场景的网格外链接的另一个端点是未连接的。加载新场景后将重新连接网格外链接，如图 9-47 所示。

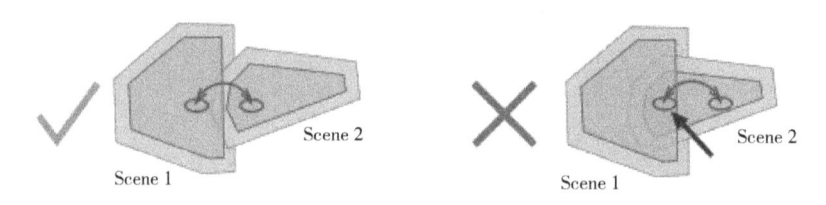

图 9-47　加载新场景

如果多个场景的导航网格在同一区域重叠，则位置选取对象可能是该位置的任意导航网格，此情况适用于使用导航网格 API 的代理、网格外链接和位置选取。应该创建跨越网格外链接的场景，使这些链接仅在一个导航网格上明确开始和结束。重叠的导航网格区域不会自动连接。

### 9.13.12　导航网格代理与其他组件结合使用

可以将导航网格代理（NavMesh Agent）、导航网格障碍物（NavMesh Obstacle）和网格外链接（Off Mesh Link）组件与其他 Unity 组件一起使用。此处列出了混用不同组件时的一些注意事项。

（1）导航网格代理和物理组件。

无须向导航网格代理添加物理碰撞体来让它们彼此避开，因为导航系统会模拟代理及其对障碍物和静态世界的反应。此处所说的静态世界是指烘焙的导航网格。

如果希望导航网格代理推开物理对象或使用物理触发器：

——添加碰撞体（Collider）组件（如果不存在）。

——添加刚体（Rigidbody）组件。

——启用运动学（Is Kinematic）-这很重要！

——运动学意味着刚体由物理模拟以外的其他事物控制。

如果导航网格代理和刚体（非运动学）同时处于激活状态，表示存在竞争条件，两个组件都可能尝试移动相同位置的代理，从而导致不明行为。

可使用导航网格代理移动玩家角色之类的代理，无须使用物理组件：

——将玩家代理的躲避优先级设置为较小数字（高优先级），从而允许玩家穿过群体；

——使用 NavMeshAgent.velocity 移动玩家代理，使其他代理能够预测玩家的移动以避开玩家。

（2）导航网格代理和动画器。

导航网格代理和带有根运动的动画器可能会导致竞争条件：

——两个组件都尝试在每帧移动变换。

——两种可能的解决方案。

信息应始终朝一个方向流动：

——要么由代理移动角色并使动画跟随。

——要么根据模拟结果由动画移动角色。

——否则，最终将发生难以调试的反馈循环。

动画跟随代理

——使用 NavMeshAgent.velocity 作为动画器的输入，从而将代理的移动大致匹配成动画。

——强大且易于实现，将导致脚滑（此情况下动画无法与速度匹配）。

代理跟随动画

——禁用 NavMeshAgent.updatePosition 和 NavMeshAgent.updateRotation 以从游戏对象位置解除模拟。

——使用模拟代理的位置（NavMeshAgent.nextPosition）和动画根（Animator.rootPosition）之间的差异来计算动画的控制。

（3）导航网格代理和导航网格障碍物（不要混用）。

——同时启用两者将使代理尝试避开自己。

——如果此外还启用雕刻，则代理会尝试不断重新映射到雕刻孔的边缘，甚至会伴随出现更多错误行为。

确保在任何给定时间只有其中一个为激活状态

——死亡状态，可关闭代理并开启障碍物以迫使其他代理避开它。

——或者，可使用优先级来更多地避开某些代理。

（4）导航网格障碍物和物理组件。

如果希望物理控制的对象影响导航网格代理的行为，则将导航网格障碍物组件添加到代理应该知道的对象，这允许避让系统推断障碍物。

如果游戏对象附加了刚体和导航网格障碍物，则自动从刚体获得障碍物的速度。这可让导航网格代理预测并避开移动的障碍物。

## 9.14 常用代码

### 9.14.1 告诉导航网格代理移动到目标位置

只需将 NavMeshAgent. destination 属性设置为希望代理移动到的点，即可告诉代理开始计算路径。计算完成后，代理将自动沿路径移动，直至到达目标位置。下面的代码实现了一个简单的类，该类使用一个游戏对象来标记在 Start 函数中分配给 destination 属性的目标点。该脚本假定已从 Editor 中添加并配置了导航网格代理（NavMeshAgent）组件。

```
//MoveDestination.cs
using UnityEngine;

public class MoveDestination:MonoBehaviour{

    public Transform goal;

    void Start(){
        NavMeshAgent agent = GetComponent<NavMeshAgent>();
        agent.destination = goal.position;
    }
}
//MoveDestination.js
var goal:Transform;

function Start(){
    var agent:NavMeshAgent = GetComponent.<NavMeshAgent>();
    agent.destination = goal.position;
}
```

### 9.14.2 将代理移动到鼠标单击的位置

此脚本允许通过在对象表面上单击鼠标来选择导航网格上的目标点。单击位置由射线投射确定，而非像将激光束指向对象来查看其所在位置。由于 GetComponent

函数的执行速度相当慢,因此该脚本在 Start 函数期间将其结果存储在变量中,而不是在 Update 中重复调用它。

```csharp
//MoveToClickPoint.cs
using UnityEngine;
using UnityEngine.AI;

public class MoveToClickPoint:MonoBehaviour{
    NavMeshAgent agent;

    void Start(){
        agent=GetComponent<NavMeshAgent>();
    }

    void Update(){
        if(Input.GetMouseButtonDown(0)){
            RaycastHit hit;

            if(Physics.Raycast(Camera.main.ScreenPointToRay(Input.mousePosition),out hit,100)){
                agent.destination=hit.point;
            }
        }
    }
}
```

```javascript
//MoveToClickPoint.js
var agent:NavMeshAgent;

function Start(){
    agent=GetComponent.<NavMeshAgent>();
}

function Update(){
    if(Input.GetMouseButtonDown(0)){
```

```
                var hit:RaycastHit;

            if
(Physics.Raycast(Camera.main.ScreenPointToRay(Input.mousePosition),hit,100)){
                agent.destination=hit.point;
            }
        }
    }
```

## 9.14.3 在一组点之间进行代理巡逻

许多游戏都有 NPC 负责在游戏区域周围自动巡逻。使用导航系统可实现此行为，但它比标准寻路方法稍微复杂一些，标准寻路方法仅使用两点之间的最短路径就可以实现有限且可预测的巡逻路线。为获得更有说服力的巡逻模式，可保留一组"有用"的关键点让 NPC 以某种顺序通过并访问它们，例如，在迷宫中，可将关键巡逻点放置在交叉点和拐角处，从而确保代理检查每个走廊。对于办公楼，关键点可能是各个办公室和其他房间。

理想的巡逻点序列将取决于所需的 NPC 行为方式，例如，机器人可能只是按照有条不紊的顺序访问这些点，而人类守卫可能会尝试通过使用更随机的模式来发现玩家。可使用下面显示的代码实现机器人的简单行为。应使用公共变换数组将巡逻点提供给脚本，可从检视面板分配此数组，并使用游戏对象来标记巡逻点的位置。GotoNextPoint 函数可设置代理的目标点（也开始移动代理），然后选择将在下次调用时使用的新目标。就目前而言，该代码将按照巡逻点在数组中出现的顺序循环遍历巡逻点，但可以轻松修改这种设置，例如使用 Random.Range 来随机选择数组索引。

在 Update 函数中，该脚本使用 remainingDistance 属性检查代理与目标的接近程度。当此距离非常小时，将调用 GotoNextPoint 来启动巡逻的下一段。

```
//Patrol.cs
    using UnityEngine;
    using UnityEngine.AI;
    using System.Collections;

    public class Patrol:MonoBehaviour{

        public Transform[]points;
```

```
private int destPoint=0;
privateNavMeshAgent agent;


void Start( ){
    agent=GetComponent<NavMeshAgent>( );

    //禁用自动制动将允许点之间的
    //连续移动(即,代理在接近目标点时
    //不会减速)。
    agent. autoBraking=false;

    GotoNextPoint( );
}


void GotoNextPoint( ){
    //如果未设置任何点,则返回
    if( points. Length = = 0)
        return;

    //将代理设置为前往当前选定的目标。
    agent. destination=points[ destPoint]. position;

    //选择数组中的下一个点作为目标,
    //如有必要,循环到开始。
    destPoint=( destPoint+1) % points. Length;
}


void Update( ){
    //当代理接近当前目标点时,
    //选择下一个目标点。
    if(! agent. pathPending && agent. remainingDistance<0. 5f)
```

```
            GotoNextPoint();
        }
    }
//Patrol.js
    var points:Transform[];
    var destPoint:int=0;
    var agent:NavMeshAgent;


    function Start(){
        agent=GetComponent.<NavMeshAgent>();

        //禁用自动制动将允许点之间的
        //连续移动(即,代理在接近目标点时
        //不会减速)。
        agent.autoBraking=false;

        GotoNextPoint();
    }


    function GotoNextPoint(){
        //如果未设置任何点,则返回
        if(points.Length==0)
            return;

        //将代理设置为前往当前选定的目标。
        agent.destination=points[destPoint].position;

        //选择数组中的下一个点作为目标,
        //如有必要,循环到开始。
        destPoint=(destPoint+1)%points.Length;
    }
```

```
function Update( ){
    //当代理接近当前目标点时,
    //选择下一个目标点。
    if( ! agent. pathPending && agent. remainingDistance<0. 5f)
        GotoNextPoint( );
}
```

## 9.14.4 耦合动画和导航

耦合动画和导航最重要的功能之一是设置人形角色的导航以使用导航系统进行移动。

(1) 创建动画控制器。

为了获得响应迅速且多功能的动画控制器（涵盖各种动作），需要一组向不同方向移动的动画。有时将其称为扫射集（strafe-set）。除了移动动画，还需要一段站立角色的动画，继续将扫射集组织在 2D 混合树中，选择混合类型：2D Simple Directional，并使用 Compute Positions>Velocity XZ 放置动画。为进行混合控制，需要添加两个浮点参数 velx 和 vely，并将它们分配给混合树。

如图 9-48 所示，放置 7 段奔跑动画，每段都有不同的速度，除了前进（+左/右）和后退（+左/右），还使用了原地奔跑的动画剪辑，后者在下面的 2D 混合图的中心位置进行了突出显示。采用原地奔跑动画有两个原因，首先，该动画可在与其他动画混合时保持奔跑风格；其次，该动画可以防止混合时出现脚滑。

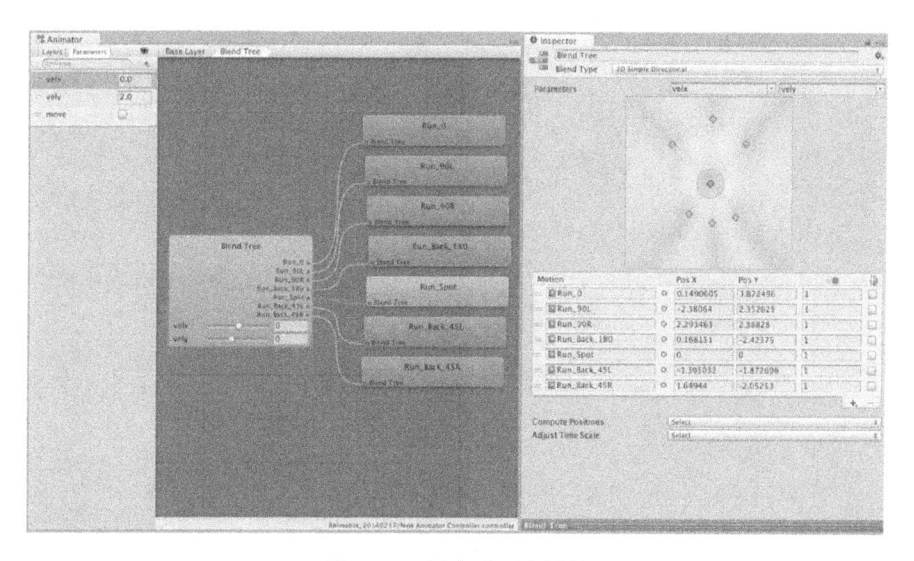

图 9-48 耦合动画和导航

如图 9-49 所示，在空闲节点（Idle）本身中添加空闲动画剪辑，现在有两个独立动画状态，将它们与两个过渡耦合。

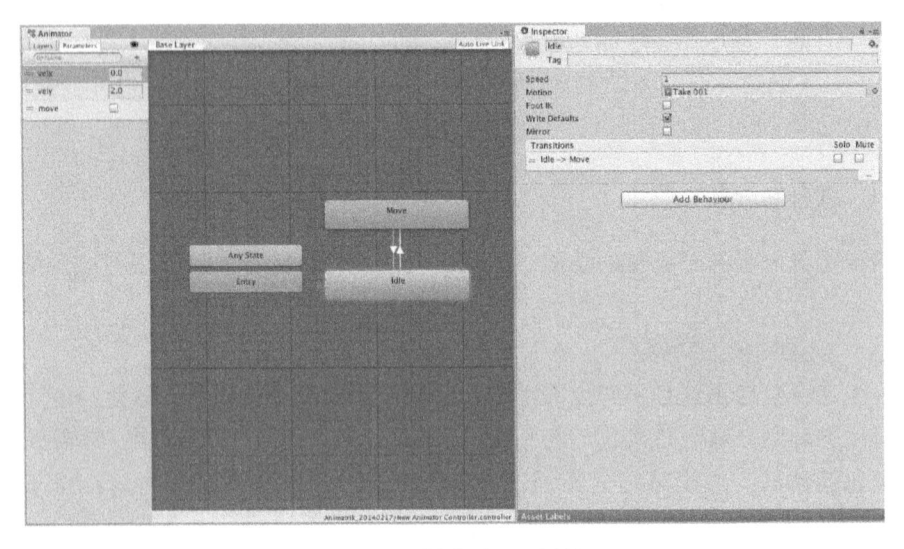

图 9-49　耦合动画和导航

为了控制移动状态和空闲状态之间的切换，需添加一个布尔值控制参数 move，然后对过渡禁用 Has Exit Time 属性。如此便可在动画期间的任何时间触发过渡，为获得快速响应的过渡，过渡时间应设置为约 0.10 秒，如图 9-50 所示。

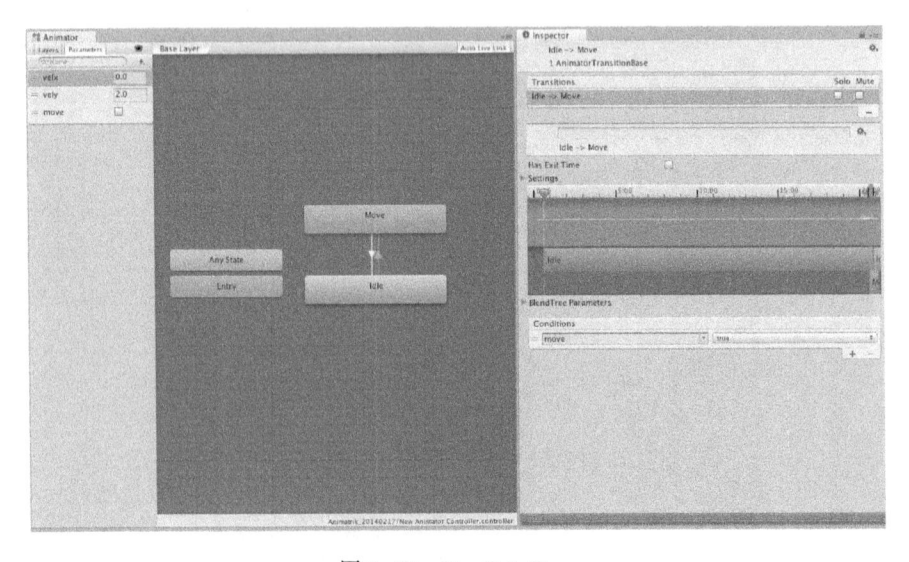

图 9-50　Has Exit Time

现在将新创建的动画控制器放在要移动的角色上，按 Play 并在 Hierarchy 窗口中选择该角色，可在 Animator 窗口中手动控制动画值，并更改移动状态和速度。下一步是创建其他控制动画参数的方法。

（2）导航控制。

在角色上放置一个 NavMeshAgent 组件，调整半径和高度，并匹配角色（另外更改速度属性以匹配动画混合树中的最大速度）。为放入角色的场景创建导航网格。接下来，需要告诉角色要导航的目标，此设置通常与具体应用有非常大的关联性，我们选择"单击进行移动"（click to move）行为：根据用户点击屏幕的位置，角色移动到世界中的相应点。

```
//ClickToMove.cs
using UnityEngine;
using UnityEngine.AI;


[RequireComponent(typeof(NavMeshAgent))]
public class ClickToMove:MonoBehaviour{
    RaycastHit hitInfo = new RaycastHit();
    NavMeshAgent agent;

    void Start(){
        agent = GetComponent<NavMeshAgent>();
    }
    void Update(){
        if(Input.GetMouseButtonDown(0)){
            Ray ray = Camera.main.ScreenPointToRay(Input.mousePosition);
            if(Physics.Raycast(ray.origin, ray.direction, out hitInfo))
                agent.destination = hitInfo.point;
        }
    }
}
```

按下 Play，然后在场景中单击，便会看到角色在场景中移动。但是，动画与动作完全不符，需要将代理的状态和速度传达给动画控制器。

为了将代理的速度和状态信息传输到动画控制器，需添加另一个脚本。

```
//LocomotionSimpleAgent.cs
using UnityEngine;
```

```
using UnityEngine.AI;

[RequireComponent(typeof(NavMeshAgent))]
[RequireComponent(typeof(Animator))]
public class LocomotionSimpleAgent:MonoBehaviour{
    Animator anim;
    NavMeshAgent agent;
    Vector2 smoothDeltaPosition = Vector2.zero;
    Vector2 velocity = Vector2.zero;

    void Start()
    {
      anim = GetComponent<Animator>();
      agent = GetComponent<NavMeshAgent>();
      //不要自动更新位置
      agent.updatePosition = false;
    }

    void Update()
    {
        Vector3 worldDeltaPosition = agent.nextPosition-transform.position;

        //将"worldDeltaPosition"映射到局部空间
        float dx = Vector3.Dot(transform.right, worldDeltaPosition);
        float dy = Vector3.Dot(transform.forward, worldDeltaPosition);
        Vector2 deltaPosition = new Vector2(dx, dy);

        //对 deltaMove 进行低通滤波
        float smooth = Mathf.Min(1.0f, Time.deltaTime/0.15f);
        smoothDeltaPosition = Vector2.Lerp(smoothDeltaPosition, deltaPosition, smooth);

        //如果时间推进,则更新速度
```

```
if( Time. deltaTime>1e-5f)
    velocity = smoothDeltaPosition/Time. deltaTime;

bool shouldMove = velocity. magnitude>0. 5f &&
agent. remainingDistance>agent. radius;

//更新动画参数
anim. SetBool("move", shouldMove);
anim. SetFloat("velx", velocity. x);
anim. SetFloat("vely", velocity. y);

GetComponent<LookAt>( ). lookAtTargetPosition =
agent. steeringTarget+transform. forward;
}

void OnAnimatorMove( )
{
    //将位置更新到代理位置
    transform. position = agent. nextPosition;
}
}
```

对于此脚本，需要进行一点说明，此脚本放置在角色上，而角色已附加 Animator 和 NavMeshAgent 组件以及上面的 click to move 脚本。首先，脚本告诉代理不要自动更新角色位置，我们处理脚本中最后的位置更新，方向由代理进行更新。通过读取代理速度来控制动画混合，该速度转换为相对速度（基于角色方向），经过平滑，转换后的水平速度分量将传递到 Animator，另外，空闲状态和移动状态之间的状态切换由速度（即速度幅度）进行控制。在 OnAnimatorMove（ ）回调中，我们更新角色的位置以便与 NavMeshAgent 匹配。再次播放场景显示动画在最大限度上与动作匹配。

（3）提高导航角色的质量。

为了提高动画和导航角色的质量，探索以下几个可能性。

A. 注视。让角色注视和转向兴趣点对于表现注意力和期待效果十分重要。我们将使用动画系统 lookat API，因此需要另一个脚本。

```csharp
//LookAt.cs
using UnityEngine;
using System.Collections;

[RequireComponent(typeof(Animator))]
public class LookAt:MonoBehaviour{
    public Transform head=null;
    public Vector3 lookAtTargetPosition;
    public float lookAtCoolTime=0.2f;
    public float lookAtHeatTime=0.2f;
    public bool looking=true;

    private Vector3 lookAtPosition;
    private Animator animator;
    private float lookAtWeight=0.0f;

    void Start()
    {
       if(! head)
       {
          Debug.LogError("No head transform-LookAt disabled");
          enabled=false;
          return;
       }
       animator=GetComponent<Animator>();
       lookAtTargetPosition=head.position+transform.forward;
       lookAtPosition=lookAtTargetPosition;
    }

    void OnAnimatorIK()
    {
       lookAtTargetPosition.y=head.position.y;
       float lookAtTargetWeight=looking ? 1.0f:0.0f;
```

　　　　Vector3 curDir=lookAtPosition-head. position；
　　　　Vector3 futDir=lookAtTargetPosition-head. position；

　　　　curDir=Vector3. RotateTowards（curDir,futDir,
6. 28f * Time. deltaTime,float. PositiveInfinity）；
　　　　lookAtPosition=head. position+curDir；

　　　　float blendTime=lookAtTargetWeight>lookAtWeight？
lookAtHeatTime；lookAtCoolTime；
　　　　lookAtWeight=Mathf. MoveTowards（lookAtWeight,
lookAtTargetWeight,Time. deltaTime/blendTime）；
　　　　animator. SetLookAtWeight（lookAtWeight,0. 2f,0. 5f,0. 7f,0. 5f）；
　　　　animator. SetLookAtPosition（lookAtPosition）；
　　　}
　}

　　将该脚本添加到角色，并将head属性分配给角色变换层级视图中的head变换。LookAt脚本没有导航控制的概念，所以为了控制注视位置，我们回到Locomotion-SimpleAgent. cs脚本，并添加几行代码来控制注视。在Update（）末尾添加：
LookAt lookAt =GetComponent<LookAt> （）；
　　　　　　if（lookAt）
　　　　　　　lookAt. lookAtTargetPosition=agent. steeringTarget+transform. forward；
　　这样就会告诉LookAt脚本将兴趣点设置为沿路径的大致下一个角点，或者如果没有角落，设置为路径的末端。
　　B. 使用导航的动画驱动角色。到目前为止，角色完全由代理指定的位置控制，这确保了对其他角色和障碍物的躲避直接转换为角色位置。但是，如果动画未跟上建议的速度，则可能导致脚滑现象，可以稍微放松一下对角色的约束，我们可以用躲避质量换取动画质量。
　　将LocomotionSimpleAgent. cs脚本上的OnAnimatorMove（）回调行替换为以下代码：
void OnAnimatorMove（）
　　　{
　　　　//根据动画移动情况使用导航表面高度来更新位置
　　　　Vector3 position=anim. rootPosition；
　　　　position. y=agent. nextPosition. y；

```
                transform.position = position;
    }
```

尝试运行此代码时，角色可以游离于代理位置（绿色线框圆柱体），可能需要限制该角色动画游离问题。为此，可将代理拉向角色，或者将角色拉向代理位置。在 LocomotionSimpleAgent.cs 脚本上的 Update（）方法末尾添加以下代码。

//将角色拉向代理

```
            if (worldDeltaPosition.magnitude>agent.radius)
                transform.position = agent.nextPosition-
0.9f * worldDeltaPosition;
```

或者，如果希望代理跟随角色，请添加以下代码：

//将代理拉向角色

```
            if (worldDeltaPosition.magnitude>agent.radius)
                agent.nextPosition = transform.position+
0.9f * worldDeltaPosition;
```

我们已经设置一个使用导航系统移动的角色并相应地设置了动画，调整混合时间数字、注视权重等可以改善视觉效果，也是进一步探索此设置的好方法。

# 参考文献

[1] 王爱军，李中永，颜世波．基于Unity 3D的博物馆虚拟漫游系统设计［J］．湖南工程学院学报：自然科学版，2019，29（1）：49-53，59.

[2] 李勋祥．虚拟现实技术与艺术［M］．武汉：武汉理工大学出版社，2009.

[3] 丛晓丹，吴冈，管练武．基于Unity3D的数字纪念馆虚拟漫游设计［J］．自动化技术与应用，2017，36（11）：85-88，92.

[4] 赵润泽．虚拟现实沉浸式艺术交互形式研究［D］．西安：西北大学，2018.

[5] 刘颜东．虚拟现实技术的现状与发展［J］．中国设备工程，2020（14）：162-164.

[6] 曹戊．论身临其境的艺术设计—虚拟艺术设计研究［D］．北京：清华大学，2004.

[7] 傅耀威，孟宪佳．虚拟现实技术及产业发展现状与趋势［J］．科技中国，2019（11）：8-10.

[8] （德）奥利弗·格劳著，陈玲译．虚拟艺术［M］．北京：清华大学出版社，2007.

[9] （美）库伯，瑞宁，克洛林著，刘松涛译．交互设计精髓［M］．北京：电子工业出版社，2008.

[10] 雷思思．浅析《白蛇缘起》的视听语言［J］．艺术评鉴，2019（14）：157-158.

[11] 曹燕．动画电影剧本的改编思路研究与探索［D］．沈阳：沈阳建筑大学，2015.

[12] 葛岩，吴帆，王泽华，等．基于Unity3D的虚拟校园漫游系统设计与开发［J］．数字技术与应用，2019，37（6）：167，169.

[13] 易巧玲，何家勇．基于Unity3D的虚拟校园漫游系统设计［J］．计算机产品与流通，2019（1）：246，250.

[14] 邓强．三维动画艺术创作维度研究［D］．西安：西安美术学院，2019.

[15] 李遇涵．基于Unity3D的虚拟校园漫游系统的研究［D］．武汉：华中科技大学，2019.

[16] 霍鹏磊．基于Unity3D的实验室虚拟漫游系统设计与实现［D］．昆明：云南大学，2018.

[17] 叶盛. 中国传统艺术造型元素在动画角色设计中的应用 [J]. 中国文艺家, 2020 (11): 61-62.

[18] 马跃. 基于三维动画角色建模的资源库设计与应用 [D]. 上海: 复旦大学, 2010.

[19] 张凤军, 戴国忠, 彭晓兰. 虚拟现实的人机交互综述 [J]. 中国科学: 信息科学, 2016, 46 (12): 1711-1736

[20] 黄林. 现代动画场景设计中传统建筑元素的融合与应用 [J]. 美术界, 2016 (12): 76.

[21] 王锦锦. 交互媒体造型形式与风格 [D]. 北京: 北京交通大学, 2012.

[22] 吕悦宁. 交互媒体界面设计中得视觉语言研究 [D]. 北京: 北京师范大学, 2013.

[23] 尹大伟, 张熙若, 李欢欢, 等. 基于 Unity3D 的虚拟校园漫游系统及其关键技术研究 [J]. 软件工程, 2019, 22 (9): 17-19

[24] 刘崇进, 吴应良, 贺佐成, 等. 沉浸式虚拟现实的发展概况及发展趋势 [J]. 计算机系统应用, 2019, 28 (3): 18-27.

[25] 张丽, 郭佳, 刘春, 马玉鹏. 基于 Delmia/Quest 的钣金零件生产线的仿真与分析 [J]. 机械工程师, 2011 (01): 48-50.

[26] Dorota Kamińska, Tomasz Sapiński, Sawomir Wiak, et al. Virtual Reality and Its Applications in Education: Survey. 2019, 10 (10).

[27] 马帅. 基于 Unity3D 的机械产品虚拟仿真及增强现实应用技术研究 [D]. 石家庄: 河北科技大学, 2017.

[28] 任国栋, 陈林华, 陶学锋, 等. 基于 Unity3D 的虚拟博物馆信息可视化系统. 计算机系统应用, 2013, 22 (09): 86-90, 59

[29] Hirt Julian, Beer Thomas. Use and impact of virtual reality simulatio in dementia care education: A scoping review [J]. Nurse education today, 2020: 84.

[30] 王丹婷, 蒋友燏. 古建筑三维虚拟建模与虚实交互软件实现 [J]. 计算机应用, 2017, 37 (S2): 186-189

[31] Palenchar, Joseph. Samsung Gear VR Headset Comes To T-Mobile [J]. TWICE, 2015, 30 (23).

[32] Ta-Te Lin, Yuan-Kai Hsiung, Guo-Long Hong. Development of a virtual reality GIS using stereo vision [J]. Elsevier, 2008, 63 (1): 23-25.

[33] 阚研. 基于 Unity3D 的测控类虚拟仿真实验技术研究 [D]. 武汉: 华中科技大学, 2019.

[34] 谢振清. 基于 Unity 3D 的虚拟装配技术研究与实现 [D]. 哈尔滨: 哈尔

滨工业大学，2018.

[35] 秦志南. 沉浸式虚拟装配系统的可用性研究［D］. 广州：华南理工大学，2018.

[36] 于文斐. 基于虚拟现实技术的碰撞检测算法综述［J］. 民航学报，2019，3（04）：85-87，96.

[37] 武桐. 王晓雨. Unity3D 中碰撞检测问题的研究［J］. 电子测试，2018（01）：83-84.

[38] 舒俊. 基于 Unity3D 与 HTC Vive 的校园展示及交互系统实现［D］. 南昌航空大学，2019.

[39] 王志岗. 基于 Unity3D 的自动寻路导航系统的研究［J］. 电脑知识与技术，2019，15（36）：209-211.

[40] 单盛，李曙光. 基于 Unity3D 的虚拟场景模型构建与优化探析［J］. 现代商业，2019（08）：177-178.

[41] 王志岗. 基于 Unity3D 的自动寻路导航系统的研究［J］. 电脑知识与技术，2019，15（36）：209-211.

[42] 廖浩宏，韦宇炜，刘强. 工业仿真系统动态导入 OBJ 模型的研究与实现［J］. 计算机应用，2020，40（S1）：161-164.

[43] 孔德瀚，刘永山. 基于路网的三维虚拟现实场景间接可视查询框架［J］. 计算机学报，2016，39（10）：2045-2060.

[44] 周信文，俎晓芳，罗津等. 基于 Unity3D 的地铁三维虚拟漫游设计［J］. 计算机系统应用，2018，27（3）：258-262.

[45] 赵林，吕健. 基于因子分析的虚拟现实环境评价方法［J］. 计算机应用，2019，39（S1）：159-163

[46] 苏超凡，郭仁春. Unity3D 中欧拉角与四元数关系的研究. 计算机科学与应用［J］，2019，9（5）：97-99.

[47] Chicchi Giglioli Irene Alice, de Juan Ripoll Carla, Parra Elena, et al. Are 3D virtual environments better than 2D interfaces in serious games performance？ An explorative study for the assessment of executive functions［J］. Applied neuropsychology. Adult，2019，19（21）：39-40.

[48] Isonkobong Udousoro. Effective Requirement Engineering Process Model in Software Engineering［J］. Software Engineering，2020，8（1）：24-26.

[49] 汪光跃，彭杨，张茂军. 基于 Unity3D 的大规模倾斜摄影模型加载策略［J］. 计算机应用，2019，39（S2）：194-198.